河南省高校人文社科重点研究基地"产业与创新研究中心"成果

河南省科技厅科技攻关项目（202102310305）

河南省研究生教育改革与质量提升工程项目（HNYJS2020JD04）

河南省高等教育教学改革研究与实践项目（2019SJGLX589）之部分成果

河南省高校人文社会科学研究项目资助（2018-ZZJH-618）

中国本土营销演进研究

ZHONGGUO BENTU YINGXIAO
YANJIN YANJIU

符加林 著 ◆

中国财经出版传媒集团

经济科学出版社

Economic Science Press

图书在版编目（CIP）数据

中国本土营销演进研究/符加林著. —北京：经
济科学出版社，2021.11
ISBN 978 – 7 – 5218 – 3194 – 8

Ⅰ.①中…　Ⅱ.①符…　Ⅲ.①市场营销 – 研究 – 中国
Ⅳ.①F723

中国版本图书馆 CIP 数据核字（2021）第 253329 号

责任编辑：李　雪　高　波
责任校对：杨　海
责任印制：邱　天

中国本土营销演进研究

符加林　著

经济科学出版社出版、发行　新华书店经销
社址：北京市海淀区阜成路甲 28 号　邮编：100142
总编部电话：010 – 88191217　发行部电话：010 – 88191522
网址：www. esp. com. cn
电子邮箱：esp@ esp. com. cn
天猫网店：经济科学出版社旗舰店
网址：http：//jjkxcbs. tmall. com
固安华明印业有限公司印装
710×1000　16 开　18 印张　250000 字
2021 年 12 月第 1 版　2021 年 12 月第 1 次印刷
ISBN 978 – 7 – 5218 – 3194 – 8　定价：90.00 元
（图书出现印装问题，本社负责调换。电话：010 – 88191510）
（版权所有　侵权必究　打击盗版　举报热线：010 – 88191661
QQ：2242791300　营销中心电话：010 – 88191537
电子邮箱：dbts@esp. com. cn）

前言
PREFACE

本书以历史唯物主义、辩证唯物主义为指导，以中国本土营销实践为研究对象，结合演化思想与方法，系统梳理中国营销数十年来的发展历程。通过研究中国情境下丰富多彩、极具成效的营销实践，探讨分析中国本土营销的演进历程和发展特色。

本研究以面、线、点结合的方式呈现中国营销发展概貌。面的方面主要是由前三章呈现中国营销发展。第1章运用可视化软件CiteSpace和VOSviewer系统梳理了中国本土营销模式演进脉络，分析了不同阶段营销模式侧重点。第2章从价值营销的视角探讨中国营销本身的演进路径，总结了中国营销演进的驱动因素。第3章以知识图谱呈现中国消费业态演进，概括了几种不同因素主导下的消费业态。线的方面主要体现在第4~8章中，这五章又分别从两个视角展开。其中，第4~6章主要体现传统的业态、品牌、渠道等市场运营方面；第7、第8章则是从营销新理念方面分析其演进。具体而言，第4章以生鲜农产品为例，分析已有的零售业态的演进规律以及生鲜农产品零售业态的特殊规律，探讨影响生鲜农产品零售业态变革的因素。第5章和第6章分别以手机行业和家电行业为例，依时间纵轴研究中国手机品牌与营销渠道的演进过程。第7章和第8章分别以绿色营销和数字营销为对象，研究一些新营销理念在中国的演进发展情况，文中依次采用可视化、知识图谱等方式。最后是第9~11章点的方面呈现，主要选取了近几年比较有特色的本土企业，以营销实践展示中国营销"点"的特色。

本书 2018 年就已构思并拟定了写作框架，期间因各种原因修改了几次大纲。直到今天出版，仍然感觉很不满意。尽管已经很努力了，还是没能按原设想完成写作，只待后期继续研究完善吧。书中借鉴引用了很多学者的研究贡献，在此真诚感谢。我的学生赵喜、陶晓舟、李政道、王洪波、赵沛兰、袁志威、赵雅娜等对本研究都做出了贡献，这里一并感谢，并祝他们前程似锦、更上层楼。欢迎有缘浏览此书的读者与作者交流，提供改进意见和建议。本书研究内容和结论可能存在疏漏或不当之处，敬请读者批评指正！

符加林

2021 年秋

目录
CONTENTS

第1章
中国营销模式演进研究纵览
——基于可视化知识图谱的分析

1.1 中国营销模式发展概略

概括来看，中国营销模式的发展可以分为三个时期：一是从 20 世纪 70 年代到 80 年代，营销模式理论的探索阶段；二是从 20 世纪 90 年代到 21 世纪初期，营销模式实践的深入阶段；三是从 2010 年至今，营销模式在新技术推动下的新发展阶段。

1.1.1 营销模式初步探索（20 世纪 70 年代到 80 年代）

在改革开放之前，企业的产品供不应求，这一时期的中国无需考虑营销模式的问题。在改革开放后很长一段时间内，企业对于营销模式不甚了解。同时，我国也在持续学习西方的营销理论，比如，货仓式营销模式等。这一时期企业对于营销模式的理解仅仅是各种营销战略的组合。

1.1.2 营销模式实践不断深入（20世纪90年代到21世纪初期）

在这一时期，营销模式被企业广泛接受。营销理论的研究开始分析各种营销模式对企业实践的作用，企业也开始将营销模式应用于商业实践中。

1.1.3 新技术推动着营销模式持续创新（2010年至今）

这一时期营销模式研究可以分为两部分：一部分学者注重线上线下的共同发展，构建线上线下一体化的体验营销模式。这种模式实施效果最好的是连锁企业，线下企业可以通过线上平台引流消费者进店消费，增加自己的附加产品销售。另一部分学者则在国家提出的产业融合的政策下进行与农村相关的研究。比如，借助新媒体与大数据进行营销模式创新，以直播带货和乡村特色旅游等方式宣传农产品。更重要的改变是微信、微博、抖音等App的出现，使社群开始出现线上的形式。各种直播博主都可以建立自己的粉丝群售卖产品，还有各种自发建立起来的拼团群及优惠群等。

在互联网时代，顾客的个性化需求更加突出。企业需要使用先进的技术，制订灵活的营销模式，精准定位顾客需求，增加顾客的满意度与黏性。总而言之，互联网技术与传统营销模式的结合形成了更符合时代特征的新型营销模式。各种营销模式在使用过程中趋于融合，企业在创造利益的同时也降低了消费者成本，实现了两者的共赢。

1.2 中国营销模式研究可视化图谱分析

本节的数据来自于中国知网（CNKI）核心及以上水平的文章，检索标题为营销模式，不限时间跨度，检索日期为 2020 年 10 月 7 日，检索到 2051 篇文章。去除无关文章后，共有 2026 篇文章参与分析，其中，有 809 篇文章来自工商管理学科，563 篇文章来自商业经济学科。

研究采用可视化文献分析软件（CiteSpace v5.7. R1）和文献可视化软件（VOSviewer），通过绘制研究领域的知识图谱进行可视化。

1.2.1 营销模式文献年度发文量与基金资助情况分析

1.2.1.1 营销模式研究文献数量情况

研究某领域的文献发表数量随着时间的变化发展趋势可以帮助我们分析背后的原因，以及相应的影响因素。通过图 1-1 所示的营销模式研究发展趋势，可以将其分为五个阶段：①萌芽阶段（1989~1999 年）。学术界开始出现营销模式的文献，这一时期的主要营销模式以货仓式营销模式为主。在这一时期，我国的经济发展水平整体偏低，人们的购买能力不强，所以，这一时期的营销模式主要以大批量的廉价销售为主，商家通过降低固定成本与变动成本的方式让利于民。②快速增长阶段（2000~2007 年）。营销模式的文献呈现逐年增加的趋势。这一时期营销模式的研究发现，企业开始以消费者为导向，注重维护顾客关系的营销开始盛行。企业重视消费者的购物体验，特别是网络营销开始进入人们的生活，使顾客与企业间信息不对称的障碍减少，企业为顾客创造良好购物体验在这时候显得尤其重要。③稳定增长阶段（2008~2011 年）。这一时期的研究范围开始涉足整合营销范畴，文献开始更加注重企业社会形象对于消费者购买意愿的影响，比如，绿色营销的环保意识等。企业开始有了品牌意识，通过自身品牌的建立，使顾客具备了差异化区分的能力。④平稳阶段（2012~2017 年）。这一阶段的营销模式研究文献与前期相比略有波动，但整体呈现稳定增加的趋势，营销模式研究进入了相对成熟的阶段。自媒体营销已经是企业应用相对较多的营销方式。
⑤下降阶段（2018 年至今）。这一时期的营销模式文献发表数量急剧下降，年度发表文献数量稳定，说明营销模式研究已经进入一个新的周期。以后随着政策、市场等营销宏微观环境的变化，以及新技术等的变革，营销模式研究可能进入一个新周期。

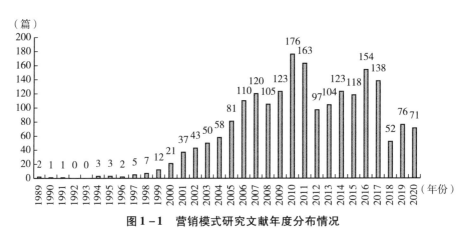

图 1-1　营销模式研究文献年度分布情况

资料来源：笔者绘制。

从图 1-1 我们可以看出，有关营销模式的发文量几次出现快速增加的趋势，去除新技术带来的影响之外，通过查阅相关资料，我们发现，之所以这样还与国家相关的政策法规有关。2005 年，国务院发布关于实施《促进产业结构调整暂行规定》，为市场配置资源提供了更好的条件。2008 年，宏观调控时确定积极的财政政策，为企业营销模式的发展提供了良好的契机。因此，关于营销模式的发文量开始逐年攀升，并在 2010 年达到巅峰。2012 年 6 月，中国银行保险监督管理委员会发布了《关于坚定不移推进保险营销体制改革的思路和措施》，为这一时期营销模式的发文量打下了坚定的基础。2015 年，政府工作报告中首次提出"制定'互联网+'行动计划"；2016 年，关于营销模式的发文达到高峰。2020 年，国家发展和改革委等 13 个部门发布《关于支持新业态新模式健康发展激活消费市场带动扩大就业的意见》，支持网络直播等多样化自主就业，将会进一步推动营销模式研究。

1.2.1.2 营销模式研究基金资助情况

表1-1统计了资助文献量最多的、排名在前10位的基金名称。从表1-1可以看出，国家基金和地方基金在营销模式研究资助中所占比重相当，国家与地方层面对于营销模式研究都十分重视。表1-2关于营销模式研究层次分布，则向我们展现了该领域以实践为主要研究目的，并兼顾基础理论发展的研究情况。

表1-1　　　　　营销模式研究文献排在前10名的基金资助情况

排名	基金	资助量
1	国家自然科学基金	79
2	国家社会科学基金	59
3	河南省软科学研究计划	11
4	江苏省教育厅人文社会科学研究基金	10
5	湖南省哲学社会科学基金	8
6	湖南省教委科学基金	7
7	高等学校博士学科点专项科研基金	6
8	山西省软科学研究计划	4
9	中国博士后科学基金	4
10	教育部新世纪优秀人才支持计划	3

资料来源：笔者整理。

表1-2　　　　　　　　营销模式研究层次分布

研究层次	文献数量
行业指导（社科）	880
基础研究	873
大众文化	105
政策研究	65
职业指导	58

续表

研究层次	文献数量
高等教育	24
工程技术（自科）	17
文艺作品	11
基础与应用基础研究（自科）	10
行业技术指导（自科）	2

资料来源：笔者整理。

1.2.2 营销模式研究的作者与研究机构分析

1.2.2.1 营销模式研究作者共现情况

我们通过分析营销模式研究作者，可以发现其高产作者及核心网络。图 1 - 2 为运用 CiteSpace 软件绘制的营销模式研究领域的作者共现网络图谱，分析时间为 1989 ~ 2020 年，时间切片为 3 年，发文量阈值为 Top10%。图中的节点越大，说明该作者在这个领域发表的文献数量越多，节点和图谱上方的时区线，以及各个节点之间的连线说明作者之间存在着合作关系。

从软件绘制结果我们可以看出，网络图谱一共有 127 个节点（N），27 条连线（E），密度（D）为 0.0034，表明 127 名作者完成了 2026 篇文献，作者之间合作比较少，没有形成相对集中的核心研究网络。图 1 - 2 中显示：①罗永泰是最高产的作者，居第二位的是韩德昌，之后是程绍珊、王新业、王学军、葛洪波、范小军和李飞等，他们是营销模式领域的高产作者，发表文献的数量遥遥领先。②多数发文量较多的作者，其发表文章的时间点都位于营销模式研究年度发文量上升时期，与我们研究的年度发展阶段的时间点也很吻合。③营销模式领域形成了以罗永泰、王学军、范小军、韩德昌、柯平等学者为核心的合作网络。

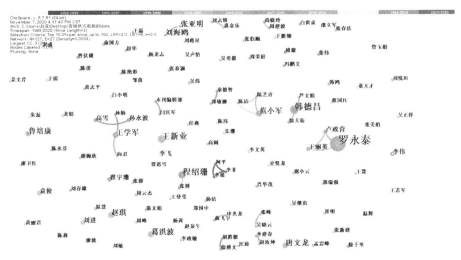

图1-2　营销模式研究领域作者共现网络图谱

资料来源：笔者运用 CiteSpace 软件分析绘制。

　　通过对营销模式研究领域的作者网络分析，发现该领域的研究方式主要为：营销模式的研究综述、案例研究，以及借助互联网大数据等技术研究社交媒体营销等方面。徐大佑和韩德昌（2007）通过对绿色营销模式研究发现，营销模式既可以帮助营销管理人员解决现实问题，又可以为制定未来发展方向提供参考。罗永泰和卢政营（2008）提出，消费者隐性需求的质变带来了新的市场需求的变化。企业为了谋求市场地位，必须满足新顾客群体的需求，消费者的隐性需求对于企业营销实践策略的制订具有重要的意义。葛洪波（2012）提出，"三屏联动"社会化媒体的注意事项，在自媒体取得快速发展的今天依然具有重要的意义。自媒体作为社交型媒体，企业在借助这些平台进行宣传时，要注意把握传递信息的方式，减少顾客对于广告的负面情绪。在此基础上，更要注意与消费群体的良好互动，因为良好的互动可以最大限度增加顾客对于企业的忠诚度，加快消费者对于企业品牌的认可度。当然更重要的是企业在对多种社会化媒体平台选择的时候，要在自己的产品特点、用户人群，以及相应的策略制订等方面进行权衡。

随着市场经济的快速发展，消费者与企业开始实现价值共创。在这种现实情景下，学者根据不同行业产品的特点开始有针对性地进行研究。吴瑶和肖静华（2017）提出，企业通过一些意见领袖影响，带动其他消费者对产品或服务的购买，企业则根据各自产品特点的不同，进行不同营销模式的选择。

1.2.2.2 营销模式研究机构分布情况

通过对营销模式领域研究机构的共现分析，可以看出这个领域的重要研究机构及各个机构之间的合作关系（见图1－3）。

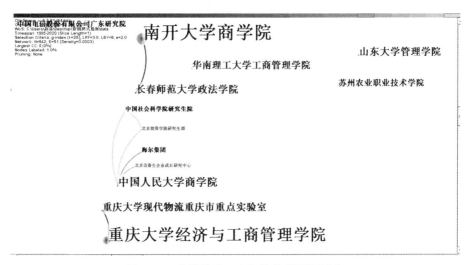

图1－3　营销模式研究机构共现网络图谱

资料来源：笔者根据资料绘制。

图1-3是我们绘制的营销模式研究机构网络图谱。从图1-3可以看出，营销模式的研究机构数量比较多，其中，以高校及科研机构最多，表现为：①从发表文章的数量看，南开大学商学院、重庆大学经济与工商管理学院是发表文章数量最多的机构，实力与影响力都比较突出，该领域发文量排在前5位的机构如表1-3所示。②从发表文献的机构类型来看，主要是高校或者科研院所。

表 1 - 3　　　　　　　　营销模式研究发文量排在前 5 名的机构

机构名称	发文量（篇）
南开大学商学院	32
重庆大学经济与工商管理学院	23
中国人民大学商学院	7
重庆大学现代物流重庆市重点实验室	6
长春师范大学政法学院	6
武汉大学信息管理学院	6
山东大学管理学院	6
中南财经政法大学工商管理学院	6

资料来源：笔者根据资料整理而得。

另外，从图 1 - 3 中可以发现，营销模式领域的机构合作不够紧密，尚未形成合作比较密切的网络。图 1 - 3 中的连线代表着各个机构间的合作情况，可以看出南开大学商学院节点最大，表示该机构发表文章数量最多，在该领域研究的影响力较大。图 1 - 3 中还显示出其与长春师范大学政法学院合作较多。重庆大学经济与工商管理学院处于发文量处于第 2 名的位置，且与重庆大学现代物流重庆市重点实验室合作密切。中国人民大学商学院、中国社会科学院研究生院、北京物资学院研究生部、海尔集团和北京迈普生企业成长研究中心形成校企合作的网络，提高了知识转化的进程。

1.2.3　营销模式研究热点演进分析

关键词是对于文献全文思想的主要概括，是高度凝练的文章要义。通过 CiteSpace 对文献中的关键词出现的频率及中心度进行分析，可以发现营销模式领域的研究热点。图 1 - 4 是利用 VOSviewer 软件做出的营销模式研究领域关键词的知识图谱。

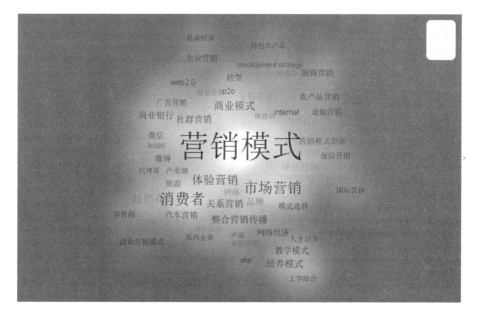

图 1 - 4　营销模式领域热点知识图谱

资料来源：笔者运用软件分析绘制。

1. 2. 3. 1　营销模式研究热点分析

图 1 - 5 中，由 CiteSpace 软件分析，共得到 778 个关键节点和 1392 条连线，密度（D）为 0.0046，由此可见，营销模式研究联系比较密切。这个领域的高频关键词包括营销模式、网络营销、电子商务、市场营销、消费者、体验营销和商业模式等。

778 个关键词分布在 1995 ~ 2020 年的时间轴上。营销模式共出现 355 次，居第 1 位；网络营销出现 117 次，排第 2 位。关键词共现频次出现 50 ~ 100 次的有 6 个，分别是电子商务（79 次）、营销（67 次）、消费者（64 次）、模式（61 次）、市场营销（60 次）、营销策略（50 次）；出现频次在 20 ~ 49 次的关键词共现有 15 个，主要是有关新技术和具体行业领域的，比如，农产品（41 次）、互联网（31 次）、移动互联网（24 次）；出现频次在 10 ~ 19 次的关键词有 23 个，主要是各种自媒体下的营销模式及互联网时期

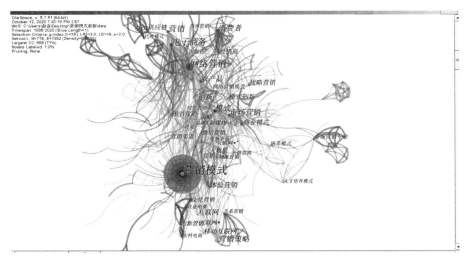

图 1 - 5　营销模式关键词共现图

资料来源：笔者运用软件分析绘制。

的营销模式，比如，微信营销（17 次）、微博营销（11 次）、网络营销模式（13 次）、社群营销（10 次）和精准营销（10 次）；出现频次在 9 次及以下的一共是 732 个，涉及到营销模式研究的方方面面。从中心度来看，营销模式中心度最高达到 0.49；网络营销的中心度次之，为 0.17；排在第 3 位的是消费者中心度，为 0.14，第 4 位是中心度为 0.1 的电子商务和市场营销。

　　从图 1 - 4 和图 1 - 5 中显示的知识图谱我们可以知道，营销模式一直在与时俱进的创新。自从将消费者引入营销模式的理念中后，体验营销就一直取得了较好的实践效果。互联网的发展使网络营销和电子商务进入了消费者的生活。现在大数据技术的发展及新媒体形式的出现，又推动着微信营销和直播行业的兴起与发展。

1.2.3.2　关键词聚类分析

　　通过 CiteSpace 聚类分析功能，我们可以更加深入地了解营销模式研究领域各关键词之间的关系，从而更好地了解该领域的研究热点。根据 LLR

算法得到的聚类结果，我们发现与实际较为符合，且体现了实践的特点。通过 K 聚类的方式，我们得到较多的聚类结果。由此，我们判断营销模式领域已经形成明显的聚类结果，图 1-6 中，我们保留了 10 个聚类结果。图 1-6 中显示，聚类排第 1 位的是#0 营销模式，第 2 位是#1 网络营销，第 3 位是#9 直播。由此可以推测，营销模式研究领域已经形成了多个研究视角。

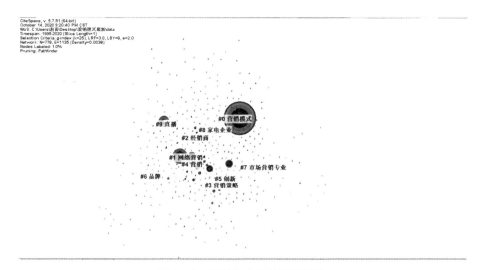

图 1-6　营销模式关键词聚类图

资料来源：笔者运用软件分析绘制。

通过上述关于营销模式研究领域的分析，该部分把对该领域的研究关注点分为以下三类：

第一类，关于不同营销模式的探讨。庄贵军和席酉民（2003）提出，中西方的关系营销虽然存在一定的差异性，但殊途同归，并指出中国文化还可能解决关系营销中存在的某些问题。应斌（2005）通过对病毒营销与传统营销模式进行对比分析，提出相应的营销策略，对企业开展病毒营销具有一定的指导意义。张立玮（2010）提出，企业通过不断改善服务质量，提供超值服务等方式来培养顾客的忠诚度。汪涛（2003）等对于体验营销的理论进行了更新与完善，提出了企业可以借鉴的体验营销组合策略。互联网的发展造就的一大批社交型平台（微博、微信、抖音等），开展社交型营销为企业创造了更多的价值。网络营销与传统营销整合，通过发挥两者不同优势，实现互补，即时为顾客提供个性化的需求，以提高顾客的满意度。随着互联网与大数据的发展，特别是物联网的应用，为精准营销提供了发挥的平台。金晓彤、汪涛（2013）等采用案例的研究方式，说明了联动式数据库营销模式，这样做可以加深企业间的相互依赖，使企业间由相互竞争转向了互惠共赢。

通过对不同营销模式文献的研读，可以发现存在两个共同点：一是所有营销模式的研究几乎都采用了与传统营销对比的方式进行分析，展示两者的区别与互补。二是营销模式最终要本土化，要与我国的文化、国情，以及市场发展阶段相匹配。

第二类，主要是针对不同行业实施的营销模式研究。蔡宾（2018）分析了汽车行业存在的四种营销模式，并指出目前汽车行业的网络营销处于开始阶段。李艳文（2012）总结了现在出版行业主要存在的六种营销模式，并针对每一种模式提出一些可行的方法与建议。在互联网时代，农业也要更新营销观念，与"互联网＋"相适应，当然这个过程少不了政府的引导与支持。

第三类，以顾客为中心的价值共创。企业采取各种营销模式的目的是要销售产品获得利润。在如今各种技术的支持下，消费者加入企业的生产与销售环节成为可能，这样做在很大程度上提高了二者的积极性与满意度。吴瑶（2017）等从协同演化的角度，剖析了企业从价值提供过渡到与消费者进行价值共创的发展过程。李燕琴（2020）通过案例、实证方法，提出了关于消费者价值共创的参与度模型和可能影响价值共创的因素。

1.2.4 营销模式研究前沿演进分析

研究营销模式领域的热点词和突现词可以帮助我们了解该领域的前沿及

发展趋势。

1.2.4.1　基于热点词的营销模式前沿知识图谱时区图

从图 1-7 中我们可以看出，营销模式研究领域每个阶段都有相对集中的研究热点出现。早期的营销模式研究比较宏观，表现为与各个领域的结合，比如，创新营销、文化营销、农村电商、市场营销模式和商业模式等。但是随着经济与社会的发展，营销模式开始结合新的市场环境与技术，形成体验营销、网络营销、电子商务、绿色营销、关系营销和"互联网＋"等。随着大数据营销及自媒体的兴起，微博营销、微信营销和社群营销开始盛行，互联网技术的快速发展极大便利了企业实施精准营销。随着时间的推移，我们还可以看到，"互联网＋"的出现，使各种营销模式开始出现相互融合的情况，企业在进行营销模式策略制定时，开始出现多种营销模式的共同存在，依靠单一的营销模式进行产品或服务销售的情况几乎消失，多种营销模式共同服务农产品、乡村旅游和出版等领域。

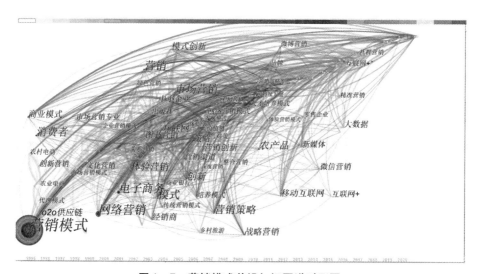

图 1-7　营销模式前沿知识图谱时区图

资料来源：笔者运用软件分析绘制。

1.2.4.2　基于突现词的营销模式研究前沿演进图

通过分析营销领域的突现词知识图谱，发现了 37 个营销领域的突现词，时间切片为 1 年（见图 1 – 8）。

引用次数最多的37个营销领域突现词

关键词	年份	强度	开始	结束	1995~2020年
农业电商	1995	3.5645	1995	2000	
代理模式	1995	4 8513	1995	2005	
农村电商	1995	3.4449	1995	2000	
农业经济发展	1995	3.803	1995	2000	
公共图书馆	1995	3.6839	1995	2000	
创新营销	1995	3.5093	1995	1999	
市场营销模式	1995	3.7672	1997	2003	
企业营销模式	1995	3.3415	1999	2003	
消费者	1995	11.1793	2000	2011	
网络营销	1995	3.78	2000	2001	
关系营销	1995	4.8686	2002	2007	
经销商	1995	7.3328	2002	2010	
模式	1995	5.7474	2003	2009	
体验营销	1905	4.6207	2004	2010	
营销创新	1995	4.5437	2006	2012	
整合营销	1995	4.0563	2007	2008	
网络营销模式	1995	3.319	2007	2012	
战略营销	1995	13.8616	2008	2009	
市场营销	1995	5.3128	2008	2014	
人才培养模式	1995	3.8939	2009	2014	
品牌	1995	4.0176	2010	2012	
体验营销模式	1995	3.8039	2010	2011	
创新	1999	3.297	2011	2018	
微博营销	1995	6.1833	2012	2014	
图书营销	1995	4.7965	2012	2017	
新媒体	1995	4.8007	2013	2020	
农产品	1995	10.3509	2014	2020	
微信营销	1995	7.238	2014	2017	
大数据	1995	8.6961	2015	2017	
互联网	1995	8.6108	2015	2020	
精准营销	1995	3.6488	2015	2020	
移动互联网	1995	7.2972	2015	2018	
营销策略	1995	4.4136	2016	2017	
互联网+	1995	8.5223	2016	2020	
乡村旅游	1995	4.2086	2017	2020	
社群营销	1995	5.0552	2017	2020	

图 1 – 8　营销模式研究突现词演进

资料来源：笔者根据数据资料分析而得。

从图 1 - 8 中我们可以发现，营销模式的演进前沿可以根据突现词归纳成三个阶段：1995 ~ 1999 年为第一阶段。这一阶段出现 8 个突现词。创新营销作为突现词在 1995 年出现，并持续到 1999 年。这说明创新的意识一直是企业所追求的，市场营销模式与企业营销模式也是在体现创新营销模式的思想。2000 ~ 2010 年为第二阶段，这一时期的突现词一共有 14 个。关系营销、体验营销、网络营销，以及消费者等突现词的出现，说明网络营销进入了实践的重要阶段，而且开始强调消费者在营销中的重要性。这一时期的突现词还有战略营销及市场营销等，说明这一时期的营销模式领域的研究还是比较宏观，且开始具有整合营销的趋势。2011 ~ 2020 年为第三阶段，共出现了 15 个突现词。这一时期的突现词主要集中于借助互联网技术的营销模式，这一阶段的新媒体、大数据、移动互联网和"互联网 +"等技术几乎都从出现一直延续至今，说明这些突现词在如今的营销模式领域依然是研究的前沿与热点。另外，在这些技术的帮助下，微信营销、社群营销开始成为盛行的营销模式，精准营销使乡村旅游和农产品热销成为了可能。

从图 1 - 8 中我们还可以发现，关键词的突显度最高的为战略营销（13.8616），从 2008 年开始突现到 2009 年结束。通过文献阅读发现，为了促进企业乃至整个行业的进一步发展，各行业开始表现出整合自身优势资源的需求；消费者（11.1793）从 2000 年开始突现，到 2011 年结束；农产品（10.3509）从 2014 年开始突现，到现在依然是研究的热点与前沿，说明学术界对于农产品领域的重视。

1.2.5　不同时期具体营销模式演进进程

营销模式可以依据不同标准划分为多种分类，本节根据 CiteSpace 突现图结果，将各种营销模式突现的起止时间作为标准，在此基础上展开分析与阐述。

1.2.5.1　20 世纪 80～90 年代研究重点是营销模式的初步探索

在 20 世纪 80 年代，中国市场对于营销的认识还不够全面，这时候许多人把推销与营销混为一谈。但是这一时期我国企业也在积极引进国外先进的营销方式，进行符合我国市场发展现状的营销实践探索，比如，超级市场和连锁商店等。

1.2.5.2　20 世纪 90 年代研究的重点营销模式是货仓式营销

随着市场经济理念开始在我国传播，学习国外先进经验的热情进一步被点燃。企业在分析市场与消费者购买能力的基础上，开始实行仓储式的营销模式。货仓式营销成为我国学者这一时期的主要研究对象。这一时期，我国人均购买力低下，更好地服务工薪阶级，在经营过程中最大程度压低成本，让利于人民。

1.2.5.3　2000～2001 年研究的重点营销模式是网络营销

自从 20 世纪末网络营销开始在我国应用之后，人们开始享受到网络发展带来的便利，比如，网络营销打破了时空的限制，人们可以随时随地购买到世界各地的产品。网络营销也在这一时期得到了前所未有的发展。虽然网络营销获得了很高的关注度，但是我国的软硬件设施和企业间的网络竞争意识都不强，仍然有很大的发展空间。

1.2.5.4　2002～2007 年研究的重点营销模式是关系营销

随着市场竞争越来越激烈，企业开始关注与顾客关系的维护，产品的生产与销售环节也开始更多地考虑顾客的利益。企业意识到市场是由许多需求迥异的个体组成，企业不仅要维护现有顾客群体，也开始强调与具有潜在消费需求的顾客建立良好的关系。企业对于关系营销的探索包括三个层次：低层次的关系营销认为，只要给顾客提供价格低廉的产品，就可以留住顾客，但价格战不利于企业的长期发展；中层次的关系营销开始关注消费者的需求，通过向消费者提供个性化、差异化的产品或服务，维持与顾客的良好关系；最高级的关系营销是企业与顾客实现价值共创，实现双赢。

1.2.5.5　2004～2010 年研究的重点营销模式是体验营销

当人们生活水平有了显著提高、物质生活得到较大满足之后。消费者开始追求精神世界的满足。为满足消费者的需求，企业开始提供体验营销的服务。体验营销最重要的是提供一个能够满足消费者需求的场景。体验营销的设计包含了很多方面，从产品和服务到品牌，以及最终的消费体验，每一个环节企业都致力于打造良好的体验营销模式。在消费者体验过程中，企业可以发现顾客的需求，进一步改善服务，实现良性循环。经过长时间的实践，企业已经从体验营销逐步过渡到营销体验，从企业主导转变为企业与顾客两者价值共创，最大限度实现双赢。体验过程不限制人群特征与阶层，企业将能够获得更多的忠诚顾客。

1.2.5.6　2012～2014 年研究的重点营销模式是微博营销

微博使用方式简单，实时性强。微博热搜每 10 分钟更新一次，用户可以在很短的时间内了解到世界上发生的事情，还可以表达自己的观点和看法。这种创新的交互方式，吸引了许多人注册成为微博用户，这为微博影响力的扩大奠定了基础。微博也适时推出新的广告宣传方式，最大限度地开发了微博的商业价值。企业也抓住这一机遇，在微博上开设自己的企业主页，用于与消费者进行沟通与品牌推广，以此达到宣传产品或服务的效果。而且企业注册微博平台的账号，利用主页宣传产品是免费的，节省了企业的营销成本，所以，一时间微博成为学者研究的热点领域。

1.2.5.7 2014～2017年研究的重点营销模式是微信营销

互联网技术的快速发展，带动了一大批社交媒体的兴起，微信就是其中最具代表性的社交平台。与快手、西瓜视频等自媒体平台相比，微信的熟人圈子对于企业产品或服务宣传的吸引力更大，因为熟人之间信息传播的可靠性显著增加。另外，在微信上开设公众号的企业，可能会在信息推送时吸引到一部分价值观相同的用户为其免费宣传。用户这种分享行为打破了企业小范围寻找顾客的模式，更加有利于企业获取潜在顾客。

微信公众号的问世，推动着微信作为一种新的营销模式进一步发展。各种类型的企业通过微信公众号的方式进行着产品价值理念的传递，寻求消费者对其价值观的认同。现在，人们的物质生活与精神生活都获得了很大程度的满足，所以顾客在消费时除了对产品的质量有要求外，也开始越来越关注企业的价值观与企业形象的问题。因此，微信营销在这一时期成为研究的重点。

1.2.5.8 2017年至今研究的重点营销模式是社群营销

社交平台的兴起使网络社群开始盛行。人们对于网络的依赖性开始逐渐增强，线上交流的频率也快速增加，人们因为某一共同点聚集成群。现在，直播行业正呈现出如日中天之势，各直播博主开始建立自己的粉丝群体。博主们在进行销售行为之前，都会经历一段吸纳粉丝的过程。他们通过直播聊天或普及一些专门领域的知识手段，寻找潜在用户。主播和用户在经过一段时间的直播互动后产生了一定程度的了解和信任，这时主播在推荐产品时就可以很好地满足顾客的需求。

社群模式在带给企业产品销售便利的同时，也在很大程度上让利给了消费者。因为消费者购买行为一般都是通过群体的方式进行，具有很大的议价空间。另外，企业通过直播的方式进行粉丝群的建立，也减少了宣传成本，做到了精准营销，所以社群营销在目前来说是发展最为良好的营销模式。

社群模式是以社群经济为前提发展起来的，这就要求企业在建立网络社群时，要考虑到以后社群经济的转化问题。集中大量社群不是企业的目的，通过这些社群创造价值才是企业的追求。

1.3 主要结论与展望

1.3.1 结论

前面通过 CiteSpace 及 VOSviewer 软件可视化知识图谱得出了五点结论。

（1）学术界对于营销模式的研究不断全面深入。①从营销模式领域文献发布的年限来看，我们总结了 1995～2020 年该领域所有发文量的发布状态，根据柱状图细分为 5 个阶段，分别是萌芽期、发展期、高速发展期、成熟期以及成熟后期。出现这种结果的原因，除了和互联网的发展有关之外，还与国家政策文件有关。②通过分析研究，我们还发现了该领域资助发文量最多的基金项目，分别是国家自然科学基金和国家社会科学基金。③通过分析得出了该领域的发文量最多的作者及与其合作比较密切的网络，研究结果表明，该领域已经形成了以张旭梅和李梦丽、罗永泰、李飞等学者，以及中国工商银行江苏省分行课题组为核心的子网络。④知识图谱展现：一是在对机构研究中发现，文献产出数量最多的是机构南开大学商学院和重庆大学经济与工商管理学院，这些机构的影响力都比较突出；二是从发表文献的机构类型来看，主要是高校或者科研院所；三是观察合作网络发现，该领域合作并不算紧密，比较具有代表性的就是中国人民大学商学院、中国社会科学院研究生院、北京物资学院研究生部、海尔集团和北京迈普生企业成长研究中心形成校企合作的网络。⑤本章着重分析了该领域的关键词共现、关键词时区图，以及突现图，发现研究热点与研究前沿，即营销模式、网络营销和电子商务是该领域的研究热点；新媒体、农产品、互联网、精准营销、"互联网＋"、乡村旅游和社群营销是领域的研究前沿。

（2）营销模式的发展与营销面临的环境相适应。营销模式环境的变化主要表现在互联网大数据的发展带来的自媒体等新技术的出现，降低了企业与消费者的信息不对称，减少了消费者获得信息的成本与时间，增加了顾客个性化和多样化的需求，实现了企业与顾客的即时双向沟通。

另外，企业面临着外部商业模式不断的变革与创新，为了适应这些变化，企业必须有与之配套的营销模式，进行产品或服务的生产和销售。

1.3.2 展望

立足当下，我们发现营销模式的发展表现为实践快于理论。营销模式的研究应该以实践为基础，进行理论的不断更新。营销模式的研究应该在理论的基础上进行实证性的研究；营销模式的研究应该为企业健康发展提供依据，发现企业营销策略实施过程中存在的不足，并提出相应的解决措施的作用。在营销模式不断发展的几十年里，特别是改革开放之后的 40 多年里，营销模式取得了巨大的发展，主要原因有：①我国居民的物质和精神生活不断改善。随着我国社会主义市场经济体制不断健全，我国居民的生活水平不断提高，消费能力显著增强，物质生活较大丰富之后，我们开始追求精神生活的满足，人们的购买动机由追求物美价廉到强调个性化，消费者由被动接受企业产品的推销到主动参与销售环节。②技术的不断革新也推动着企业不断地更新营销模式，以便更好地为消费者服务。互联网、大数据、社交型平台和物流水平的快速发展，在打破企业销售产品的时间和区域界限后，也为企业精准营销提供了可能性。

通过对以往营销模式发展的研究，笔者认为，未来进一步推进营销模式理论与实践的发展主要应从四个方面展开。

（1）充分发挥政府的主导作用。因为良好的营销模式需要政府提供稳定的市场经济环境作为支撑，特别是如今对于产业融合政策的颁布，进一步促进供给侧结构性改革的顺利进行，政府对各种资源的协调与整合，这些都为企业更好地发挥营销模式的作用奠定了基础。

（2）企业应该着重打造个性化的营销模式。市场上同质产品的增多，加上各种购物平台的发展，使人们对于产品价格与质量的信息获取变得更加容易。所以在这种现实情况下，不仅要求企业要打造属于自己的品牌，更要求企业要在行业中凸显出自己品牌与产品的独特性。这样可以更好地划分自己的受众人群，区分自己的市场定位，也可以更好地借助精准营销的模式，找到并满足自己的目标客户需求，增加顾客忠诚度与顾客黏性。

（3）行业之间可以构建线上线下一体化的营销体系。线上线下营销模式各有优劣，在如今消费群体的消费层次不断提高，消费需求日益强调个性化和追求与企业的价值理念契合的情况下，消费者在做出购买决策时，通常是在对于产品质量认可的基础上，更加之注重对于企业品牌价值与产品理念的认同。线上线下相互配合，构建一体化营销体系，可以更好地围绕顾客打造出其良好的购物体验营销模式，实现多方互赢，共同发展。

（4）利用好直播时代带来的价值共创优势。直播自 2016 年兴起，直到 2019 年才发展到家喻户晓。直播打破了之前网络营销单方面传递信息的方式，博主在直播时可以实时和用户互动，用户在观看直播视频时，可以将自己的想法以弹幕的形式发送给直播博主，博主看到后会将这些问题进行实时的解答，取得了良好的沟通效果。而且通过视频聊天的方式，可以更好地将产品性能与价值理念传递给用户，让顾客可以对此有更全面的了解，增加购买的意愿。另外，在直播时，主播可以通过询问顾客的购买需求，精准推销他们的产品。而且顾客还可以将自己使用后的感受，以评价的形式展现，有利于企业有针对性地改进。这样在良好的互动氛围中完成了双方的价值共创过程，实行了共赢。

最初，我国采取的营销模式主要是通过借鉴国外先进的营销模式理念，经过不断地实践，再结合我国国情为企业服务的。但是随着我国政治、经济、文化水平的不断变化，现在我国在营销模式的实践方面，已经居于世界前列。因此，我们已经没有可借鉴的理论供我们参考。在这种现实情境下，我国学者应该多立足于我国企业营销模式应用的实际，经过不断观察与思考，得出可以进一步指导营销模式发展的理论。

第 2 章

价值营销视角下中国营销演进研究

2.1 中国营销演进概览

在改革开放初期，中国物资极度缺乏，生产力水平极低，是中国营销学习、模仿的时期，也可称为中国营销探讨的幼年期。此时，中国营销在西方营销"4P"理论的基础上，结合当时中国的宏观环境，在渠道和宣传模式上进行探索。首先形成了"广告＋分销"的营销模式，然后由"广告＋分销"模式逐渐向精细化方向转变，进而形成"深度分销"模式。随着经济、技术，以及国家综合国力的提升，营销模式又出现了更多的演化形态，如网络营销、电子商务等。整个国家的营销趋势在逐渐的演变，移动互联技术的运用，使社交平台营销快速发展。物联网、大数据、AI 等技术的出现推动了以数据为特征的营销。营销新生态、新模式、新技巧也频频涌现，比如，大数据下的精准营销、基于社交媒体的微信营销、体验营销、IP 营销、病毒营销，再比如阿里巴巴集团前董事会主席马云提出的新零售，京东创始人刘强东提出的零利润零售商。在中国经济迅速发展，中国营销的模式、技巧不断被拓展、被深化的情况下，中国营销学者也不断重视并积极探索中国营销演进的逻辑及本质。中国营销在政府、企业的共同努力下，在短时间内完成了从理论到实践的探索，形成了百家争鸣的新气象。概言之，中国营销演进有其自身的特点和基础。

（1）改革开放之前，中国实行计划经济，物资在政府的统一调度中实现分配。改革开放之后，通过引进西方先进的营销管理理论，结合中国营销环境先后产生了"广告＋分销"、深度分销等营销模式，这些营销模式的产生是在外国先进营销理论的基础上，结合中国的营销环境，通过实践总结出来的。

（2）中西方营销环境之间存在差异，这决定了中国不能完全采用西方营销理论。中国营销不同于别国的营销，这是由中国的宏观环境决定的，所以中国营销不能被西方营销理论完全解释。中国营销未来道路的选择要从已经走过的"路"中归纳、总结。从中国营销的演变路径，挖掘出中国营销演变的驱动因素，总结中国营销演变的影响因子，为中国营销在新时代面临的新状况、新问题提供一定的参考。从价值营销角度解释中国营销的演进是一个新的视角。在西方有关价值营销的理论及我国学者的研究基础上，总结、归纳中国营销演进的路径。

（3）中国在诸多产业领域由原本的学习、模仿，到超越了模仿对象进入一个从未有人踏足过的领域。高品质的产品和服务、快速的迭代速度，以及新消费者的消费模式为企业的营销提出了更高的要求。当前，中国的第五代移动通信（5G）技术领先于世界，其他技术如人工智能（AI）、大数据等也处于世界前列。

随着中国经济总体量的一步一步超越，中国营销的发展对外国营销理论的借鉴越来越少，值得参考的内容也越来越有限，特别是中国互联网的快速发展，使中国营销在营销技术上实现了弯道超车。中国营销该何去何从，中国营销的逻辑在哪儿？中国营销理论体系应该从中国 40 余年的改革开放中总结、提炼，在中国的营销演变中探索中国营销演进的驱动因素。

2.2 相关理论综述

2.2.1 价值营销

市场营销概念诞生之初，价值营销就随之诞生了，只不过当时的营销学界并没有对价值营销进行系统研究。彭诗金、符加林（2017）等人在其编著的《市场营销学》中指出，市场营销的含义不是固定的，而是随着营销实践的发展不断演进的。美国营销协会（AMA）在 1960 年的对市场营销定义是：市场营销是引导货物和劳务从生产者向消费者或用户所进行的一切商务活动。1985 年，AMA 将市场营销的定义从单纯的商务活动转向了满足顾客需求的交换活动。2013 年，AMA 再次更新市场营销定义，开始强调为顾客和社会创造价值。从 AMA 对市场营销定义的变化可以看出，营销更倾向于对价值的营销。

价值营销在国外的研究先于国内。价值营销这个词语来自于英国著名的营销学家多伊尔（Doyle，2000）教授的《基于价值的营销》（*Value – Based Marketing*）一书中，原译是"基于价值的营销"，我国学者沈胜白（1992）将其引至国内译为价值营销。著名的营销学家泽瑟摩尔（Zaithaml，1988）认为，顾客价值就是顾客感知价值，并不是产品或服务固有的。他还总结出顾客价值感知的四层含义：①价值是低价格；②价值是满足顾客需求；③价值是以低价获得高质量产品；④价值是顾客全部的付出和所得。市场营销学之父科特勒（Kotler）在其著作《营销管理》中虽然没有给出顾客价值的具体定义，但首次提出市场营销的基础就是顾客价值，并提出顾客让渡价值理论。该理论主要表达消费者往往选择为自身提供更高让渡价值的企业。科特勒和阿姆斯托隆（Armstorong）共同编著的《市场营销学》中指出，市场营销就是"管理顾客价值"。

我国首次提到价值营销的是沈胜白教授。沈胜白（1992）认为，要想在市场竞争中取胜，只有不断地向消费者提供更大的价值，才能相应地得到生产者最大的价值。白长虹（2001）认为，价值营销就是企业努力降低顾客获得、拥有、使用产品或服务的总耗费，同时，还要让顾客获得满足。荆淑文、白怀志（2002）认为，价值营销就是让消费者花费最小的成本获取让自身感觉最大的价值。赵景阳、刘清志（2005）认为，价值营销就是指企业应该将营销的重点放到顾客所期待能获得的价值上，而不是营销方式上，在整个营销活动过程中尽可能多地为顾客创造价值。张竹林、潘慧鸣（2014）等认为，价值营销就是吸引和维系顾客，提高顾客满意度和忠诚度。王曼莹（2009）结合国内外学者的观点总结出，价值营销以产品或服务为载体，不断为顾客创造和传递价值，以最低的营销成本实现顾客价值、社会价值、企业价值的最大化。

结合国内外价值营销相关理论，总结出价值营销的含义，即价值营销就是以经济的可持续发展为基础，以提高人民生活水平为终极目标，以产品或服务为载体，以更小的成本投入创造更大的价值，最终通过价值交换实现顾客价值、企业价值、社会价值、国家价值最大化。在价值营销的内涵中，投入最少的成本、提供高价值，是价值营销的关键。

2.2.2　顾客价值特性相关理论

顾客价值是存在特性的。首先顾客价值存在主观性，简单描述为价值由企业创造被顾客感知。拉瓦尔（Ravald，1996）认为，不同的顾客有不同的价值观念、需求、个人经历经验、财务资源等，这些因素影响着顾客对价值的判断及顾客在购买产品过程中对价值的感知，与使用中或使用后截然不同。不同顾客可能有不同的价值感知，而同一顾客在不同时刻也会有不同的价值感知，即顾客价值具有明显的层次性和动态性。伍德拉夫（Woodruff，2002）通过运用手段—目的理论证明了顾客价值是层次性和动态性的，顾客期望价值的变化来源于顾客通过学习得到的感知、偏好、评价，以及消费情境对价值感知的影响，同时，还得出顾客价值受环境的影响的结论。董大海（2003，2018）在其研究中提出，顾客价值具有强烈的主观性、实践性、动态性、关系性及构成的复杂性。韩莉（2010）通过对国内外相关理论的梳理，总结出以下相关特性：①顾客价值的主观性；②顾客价值的情境性；③顾客价值的层次性；④顾客价值的动态性和层次性。

结合以上理论对顾客价值特点进行总结，我们认为顾客价值具有以下特性：①主观性，即顾客价值被顾客感知，因个体的不同而产生不一样的感知结果；②情景性，即顾客因所处环境的不同从而产生不一样的价值判断；③动态性，即顾客价值会随顾客自身的个人经验、知识获得、技能，以及价值观的不同而不同；④相对性，顾客价值在与竞争对手的对比中产生。

2.2.3 顾客让渡价值

科特勒（2018）认为，消费者选择是否购买产品取决于"顾客让渡价值"。顾客让渡价值理论自提出以来，对营销界的顾客价值研究产生了巨大影响，成为评定顾客价值的基本标准理论。顾客让渡价值即顾客在一次购买中获得总收益与顾客所付出成本的差额。其中顾客可以获得的总价值包括产品价值、服务价值、人员价值和形象价值。顾客总成本包括货币成本、时间成本、体力成本、精力成本（见图2-1）。企业在营销过程中努力提高顾客总价值、降低顾客总成本，就会吸引顾客并且产生购买行为。

图 2 - 1　顾客总成本、顾客总价值的构成

资料来源：笔者绘制。

将顾客让渡价值总结为：顾客让渡价值＝顾客总价值－顾客总成本。如果差值为负，则说明顾客在本次的购买活动中并没有得到让渡价值，顾客很难会产生下一次的购买行为；如果差值为正，则说明顾客在本次的购买活动中得到了顾客让渡价值，顾客很可能会产生下一次购买行为，差值越大，产生购买行为的这种可能性越大。基于上述解释，得出企业为顾客提供高让渡价值的途径有两个：一个是提高顾客总价值，另一个是降低顾客总成本。

2.2.4　企业－顾客价值链

迈克尔·波特（Michael Porter，1985）的企业价值链是研究企业—顾客价值链的基石。价值链最早提出企业的经营活动是一系列包括设计、生产、销售和起辅助作用的活动的集合。企业的活动分为辅助活动和增值活动，其中，辅助活动并不创造价值。国内许多学者在波特价值链的基础上进行了研究，董大海（2009）提出一个开发竞争优势模型，该模型表明企业与竞争对手是关于顾客价值创造能力的竞争。如果企业创造的价值让顾客满意，那么顾客给企业适当的金钱回报。并且该金钱回报一般高于企业生产该产品投入的成本，这样企业和顾客的价值交换就逐渐进入一个良性的循环。刘英姿、姚兰、严赤卫（2004）认为，企业竞争力是通过营销顾客价值链，在为顾客提供更多让渡价值的过程中形成的。车伟宁（2012）认为，企业营销活动可以使用顾客价值链研究顾客消费动机的演变。裴正兵（2017）将顾客价值链和波特价值链进行结合，构建了顾客—企业价值环。上述学者观点均是传统价值链的延伸，虽然在表达方式上有所差别，但本质上都是将顾客价值链及企业价值链进行有机结合。

笔者认为企业—顾客价值链是一个动态的系统。肖燕（2008）在医院营销中对顾客价值与传递规律进行了系统分析，她认为顾客价值是不断变化的，顾客价值链的起点是顾客期望价值，然后是顾客感知价值，最后则是顾客对价值的评价。在整个价值链中，顾客价值链是顾客价值期望到顾客价值感知再到评价的一个循环往复的过程。由于价值交换具有动态性和主观性特点，下一轮价值期望会出现变化和增长。顾客价值的载体是产品或服务，产品或服务是由企业生产，企业就是顾客价值创造的主体。在肖燕的价值循环体系中，出现价值流、价值墙，以及价值动力等，这是价值循环体系流动的基本条件。价值流是顾客感知的所有价值的集合体，从顾客产生价值期望到顾客感知价值再到评价都有价值流存在，但前期无法感知。价值墙就是价值在各个过程流动时所遇到的阻力，类比电路中的"电阻"。价值动力是顾客价值流源源不断产生的原因。

2.2.5　中国本土营销研究

中国学术界持续努力地研究中国本土营销理论与实践，特别是近两年，中国营销界对本国营销的理论研究进入新的时期。"中国营销是基于人民美好生活的营销"这是中国的基本国情及社会制度决定的，人民富起来、国家强起来自始至终都是中国营销的目的。金焕民（2019，2020）认为，中国营销是由国家主导、全民参与的规模最大的营销。这是中国的国家营销和企业营销的完美结合，中国政府在营销中发挥着不可忽视的作用。中国营销模式在不断的演进中实现中国营销的基本目的，并且中国营销的目的从未改变，一直为让人民过上更美好的生活而努力。虽然不论是中国企业还是外国企业均是以盈利为目的，但是中国企业是在实现人民美好生活的前提下，获得自身盈利。基于对中国营销的研究可知国家营销在中国营销中占据重要地位。国家也是需要一定的价值创造来实现的，国家的价值实现一方面是靠中国所有企业的共同努力将中国的经济推上更高的层级，增强国家的经济实力，进而增强国家的综合国力；另一方面是中国所有公民自身对美好生活的满足感，这是整个国家的目标。

通过相关理论的研究提出以下观点：①企业—顾客价值链存在动态性，其中，有价值流存在。②结合中国的营销特征及价值营销的定义，认为企业—顾客价值链尚不完整，应当加入政府价值、社会价值、员工价值、股东价值，从而形成价值网。③在整个价值网络运行的过程中，顾客价值由企业设计、生产、销售、展现给顾客，再由顾客进行价值感知、形成价值评价，并返还给企业一定的货币价值。④整个价值网络运行的过程中，企业秉持着"使用最低成本、提供给顾客最大让渡价值"的理念。⑤动态价值网络中的动力来自于顾客让渡价值。根据以上特征笔者将价值网络大致汇成如图2-2所示。

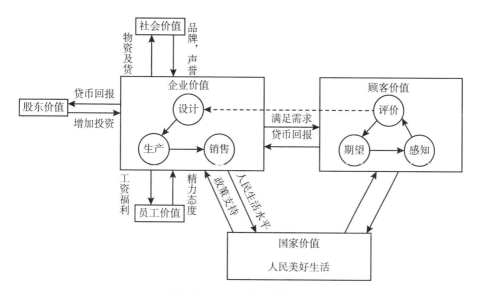

图2-2　企业—顾客价值网络

资料来源：笔者根据资料绘制。

如图 2-2 所示，中国企业价值在中国营销理论研究中的重要性得到体现，中国企业营销的基础是国家营销。图 2-2 中的箭头指向均表明了动态价值网络中的价值流向。由图 2-2 可以看出，在价值交换的每个个体之间都存在双向流动。对图 2-2 的解读：①价值由企业创造，在企业的设计、生产、销售等环节不断增值，通过销售被顾客所期望、感知、评价，最后以一定的货币回报，流回企业。②企业将货币回报分给员工、社会和股东；员工会返回企业并将更多的精力用于工作；在社会上树立良好的品牌声誉；股东增加投资及精力管理企业。③当顾客和社会的价值都得到满足时，人民生活水平就会提高，只有当全部的企业都朝着此方向努力时，才有可能实现国家价值。④当企业收到顾客对产品或服务的评价时就会重新设计、生产产品或服务，由此将进入新一轮的价值流动。价值流在不断循环往复中被逐渐扩大，推动价值流扩大的因素就是中国营销演进的驱动因素。

2.3　价值视角下中国营销演进

2.3.1　中国营销演进1.0

中国营销界对中国营销的演进路径众说纷纭，但有一点是中国营销界的共识，即中国营销是在 1978 年改革开放之后开始出现。1978～1993 年被称为中国营销的第一个阶段，此前中国实行的经济体制一直是计划经济。改革初期社会生产力水平低下，人们很难买到满足生活需要的用品。据国家统计局统计数据显示，1979 年国内生产总值（GDP）为 4100.5 亿元，到 1993年为 35599.2 亿元，在这 15 年的时间里，中国 GDP 以平均每年约 2100 亿元的速度增长。1978 年，居民消费水平为 206 元，到 1993 年，居民消费水平为 1324 元①。物资匮乏是当时中国的一大特征。在这个阶段，企业生产的产品只能满足小部分人群需求，知名企业的产品买不到。1978 年改革开放，一方面，我国鼓励私营企业发展；另一方面，积极引进外国资本与技术。同时，政府逐渐为企业营造良好的市场环境，逐步建立市场竞争机制，在生产力得到解放之后，各种产品如雨后春笋般出现。随着市场上产品的逐渐增多，对企业营销的考验也随之增加。此时，广告也开始大量出现，刚开始的广告是刊登在报纸上或者通过广播进行宣传，随后电视广告开始盛行，出现了各种各样的"牌子货"。中国的第一则商业广告是在 1979 年 1 月 28 日的上海，宣传的产品是：参桂补酒。从 1979 ~ 1992 年，中国不论是国有企业、民营企业还是跨国公司，均热衷于广告营销②。

1978 ~ 1993 年，中国营销的行为有四个特点：①中国营销受国家政策引导，此时国家极力解放生产力，发展经济，改善人民生活水平。这是国家的目标也是创造国家价值的途径。②中国此时社会生产力较为低下，只能满足部分民众的需求，产品"有没有"成为亟待解决的问题，也就是让民众享受到产品的核心价值。③产品数量供过于求，此时中国营销采用低价格的手段，让民众在享受产品核心价值的同时花费更低的货币成本。④电视广告的兴起，使此时的企业均想通过广告扩大知名度，形成产品的"品牌"，从而促进销售。中国群众在广告宣传中减少了寻找产品的成本。

2.3.2　中国营销演进 2.0

中国营销演进 2.0（1994 ~ 2003 年）开始于邓小平南方谈话后，改革

---

① 国家统计局．［DB］（2019 – 9 – 16）［2020 – 11 – 24］．http：//www. stats. gov. cn.

② 中国经济网．1979 年：广告成为发展市场经济的助推器．［EB/OL］［2008 – 11 – 27］（2020 – 10 – 15）. https：//views. ce. cn/fun/corpus/ce/fxz/200811/27/t20081127_17518489. shtml.

从"通货膨胀的泥淖"中再次被强化,邓小平希望改革的步伐要迈大一些。特别是朱镕基在 1993 年开启的一系列改革,此时市场化改革主要体现在两个方面:第一个方面就是财政和银行要分开,政府所有的支出不能都向银行借钱;第二个方面则是分税制,使中央和地方的税收要分开①。第一个措施解决了通货膨胀问题,第二个措施解决了地方政府对改革开放引进外资的不重视情况。1992 年中共十四大正式确立我国经济体制改革的目标是建立社会主义市场经济体制,以大卖场、百货商场、跨国零售商为首的现代零售商逐渐取代以国有企业、供销社为主的传统流通渠道。传统零售渠道被逐渐取代,大卖场和百货商场等逐渐兴起,销售终端和经销商之间也出现了变革。此时,厂家选择绕过经销商直接拜访终端零售商,厂商和终端商进行了互惠的合作,中国营销进入了深度分销。宝洁公司首先进入深度分销模式,此模式的特点是大型商场和专业连锁店由厂家直接负责供货,经销商只负责配送、仓储。随着中国渠道模式的变化,与之匹配的中国广告宣传也随之演化。1995 年,秦池酒进入中央电视台,以 6666 万元的高价夺取当年中央电视台广告的标王,此举为秦池酒带来了巨大的产品知名度和企业知名度,使秦池酒成为中国白酒的名牌,自此,中国企业的广告进入了"标王争夺战"②。很多大企业均通过中央电视台进行宣传,实力差一点的企业也基本上瞄向了地方卫视,并且选择请明星代言。

中国营销 2.0 的特征为:①由国家政策的进一步引导,构建社会主义市场经济,避免了通货膨胀,实现中国经济的快速发展,以及社会生产力的进一步提高;②中国营销进行了渠道变革,从传统的国有企业和供销社模式向百货商场、跨国零售模式转变;③中国广告媒体模式也从报纸广播向地方卫

---

① 资料来源:凤凰网财经. 金融改革总理的难题. [R] (2020 – 10 – 18). https://finance. ifeng. com/news/special/likeqiangqi/zldntjr. shtml.

② 曰酒. 秦池酒:一代"标王"的崛起和没落 [Z/OL]. (2020 – 10 – 24) [2021 – 1 – 29]. http://new. qq. com/rain/a/2020/023 AOIQHMDO.

视、中央电视台转变；④广告内容从单纯的产品介绍逐渐变为当红明星代言；⑤深度分销：厂商的业务员不断行走于各大卖场之间进行业务活动，为了获取终端更多的支持，业务员必须频繁拜访，与终端商建立良好的关系；⑥厂商与终端设立更好的形象展示，更亮眼的海报设计，更好的产品展示。

中国营销变化使用价值网络进行解释：①中国国家政策的引导依旧是基础，更大程度解放社会生产力，提高居民收入；②渠道变革使顾客购买途径多样化，购买更加方便，减少顾客购买成本的投入；③广告模式的演变使顾客在消费时省去了挑选的时间，以及购买名牌产品后获得心理上的满足感；④深度分销的产生使厂商直接对接终端卖场供货，无需经过经销商，减少厂商销售成本，进而消减顾客货币成本。

2.3.3　中国营销演进3.0

中国营销3.0是电子商务的时代。在中国营销演进3.0的进程中，以马云为首的创业人开创了中国以互联网为基础的电子商务模式。电子商务发展背景离不开当时的互联网技术发展、时代背景，以及消费者需求。2003年，"非典"爆发，很多人为减小被感染的风险，不得不减少外出。由此，"在线购买"模式就在这样一个时代背景下诞生与发展①。2003年上半年，淘宝网上线，下半年淘宝推出支付保障系统，保障在线交易的安全性。一直到2013年，平台型电商快速发展，服务型平台电商（1号店、唯品会等）、网购型平台电商（乐淘、优果网等），以及纯粹的"线下转线上型"快速崛起，这是中国营销进行革命的10年。在这个时代，线上销售渠道并没有完

---

① 付一夫. 复盘"非典"时期的消费形势，哪些板块受影响最大？［EB/OL］（2020 - 02 - 05）［2020 - 9 - 14］. https：//baijiahao. baidu. com/s？ id = 1657686458702849658&wfr = spider&for = PC.

全取代营销2.0所产生的大卖场、百货商店，以及超级市场等传统零售渠道，但是却给传统零售渠道带来了巨大的压力。据智研咨询数据统计，中国网络零售总额从2003~2011年以平均每年120%的增速增长，并在2013年中国电子商务营销额突破10万亿元人民币①。互联网的发展给广告也带来了很大的变化，企业选择广告宣传的途径由原来的报纸、电视、广播广告逐渐变为内容更加丰富，投放成本更加节约的网络、网站广告。

中国营销3.0的特征为：①传统零售与电子商务并生，企业的销售渠道多样化；②网店取代销售终端，产品直接通过快递送到顾客手中；③采用线上支付，收付款的效率远远高于传统柜台；④广告模式的转变使企业可以使用更少的广告费用，获取"看得见"的广告效果，并通过点击率的形式展现；⑤顾客购买途径多样化，可以通过电商平台的App进行购物，减少了出门逛街的成本。

中国营销3.0以价值网络为基础，以顾客让渡价值作为工具进行解释：①线上销售与线下销售并行。企业在渠道的铺设和维护成本方面的费用大大降低。渠道成本降低导致价格降低，从而使顾客的购买成本降低；②宣传成本减少这一系列原因造成产品销售价格降低，体现在顾客层面的就是顾客降低了货币成本；③线上挑选，付款购买，快递配送到家，降低顾客购买产品的时间成本；④网络广告内容的详细化使顾客挑选产品时的精力耗费降低。

2.3.4　中国营销演进4.0

如果说中国营销3.0是由于互联网技术及物流技术的发展而形成的，那么营销4.0就是以前两种技术为基础催生出来的。营销4.0使营销更加多样

---

① 人民日报海外版. 中国网络零售坐上全球头把交椅，用户规模超三亿. [EB/OL]（2014－06－04）[2020－9－20]. https：//www. chinanews. com. cn/qn/2014/06－04/6240513. shtml.

化，如O2O、移动社交服务、本地服务商、全天候的场景营销、个性化定制、基于移动互联技术的社交媒体营销、基于大数据的精准广告营销、基于移动通信技术快速发展的直播营销等。O2O是将线下线上接通，进行双向互联，如现阶段诸多购物中心和大型商超努力的方向，即通过短途的、社交化的购物平台，服务在购物中心和大型商超周围的人群。移动互联时代，企业销售时间会不断被延长，最终打破"下班"的规律，实现全天销售。个性化定制对于新时代的消费者来说，具有足够的吸引力，新时代顾客对与众不同的产品具有偏好。最新的调查数据显示，截至2020年12月，我国网民总数接近10亿人，其中使用手机上网的网民高达9.86亿人。以上数据表明，互联网已经进入千家万户，在其背景下，企业的营销发生了巨大改变。

中国营销4.0演进已经显露出一定的特征：①基于互联网的快速深入发展，特别是和移动通信技术有机结合，基于此的新营销逻辑也在加速变革；②数据已经成为企业营销必不可少的工具，基于此的智慧营销或智能化营销持续发展；③新一代年轻消息群体的消费心理与消费行为存在明显差异，顾客的收入水平大幅度提高，并且由于受教育水平的提升及知识获取难度的降低，使顾客购买的选择性及对价值的评判有了全新的标准；④共同富裕的国家战略导向对企业营销、社会营销必将产生深远影响。

2.4　价值视角下中国营销演进驱动因素分析

通过对不同时期营销概念的界定，我们可以发现市场经济的变化推动着市场营销的发展，营销为了适应市场营销的进步也一直在不断地更新。从营销1.0到营销4.0的演变中，营销的技巧、理念、模式、规律均发生了天翻地覆的变化。然而变化得再快，种类再多，仍逃不过营销的本质——价值交换。不管是顾客、企业或者是国家和政府，在整个价值交换网络中最核心的问题均是"以最低的成本，获取最大的价值"。对中国营销而言，价值交换的主体有三个，分别是企业、顾客和国家，并且国家在价值交换中占据主导地位，并不是说国家支配价值交换，而是国家的价值实现是"不断提高人民生活水平"，这是整个价值交换网进行价值交换的意义所在。

2.4.1 顾客价值期望

顾客购买产品的前提条件是该产品能否满足自己的心理需求与使用需求，这些需求的被满足程度可以反映在顾客对于该企业的忠诚度上。忠诚度作为一种情感，代表着顾客对于企业的信任与认可，其在企业产品的宣传上也起着很大的作用，而且这些情感在顾客做出购买决策时也发挥着重要的影响。在价值交换网络中，顾客感知价值是在不断发生变化的，与顾客的知识获取、收入水平、消费理念、顾客本身的价值观念的变化有关，感知价值的变化会造成顾客让渡价值的变化。

2.4.1.1 顾客的收入水平

中国居民的收入水平从 1978 年至今得到了大幅度提高。1978 年，党中央决定实行改革开放政策、解放生产力。随着社会生产力的逐步提高，经济的发展也进入到一个新的发展阶段，居民的收入水平也得到了大幅度的提高。1978 年，我国居民人均可支配收入为 171 元；截至 2020 年底，我国的居民人均可支配收入为 32189 元，是 1978 年居民人均收入水平的 180 倍。收入是消费的前提，高收入产生高消费①。1978～2019 年，中国的社会消费

---

① 姜超. 未来 10 年，中国经济靠什么？［EB/OL］［2019 - 10 - 18］(2020 - 10 - 02). https：//3g. 163. com/dy/article_ Cambrian/ERPSG7M505149666. html.

品零售总额从 1558.6 亿元增长到 411649 亿元，不仅消费规模扩大，消费种类也在不断扩大，从居民的衣食住行扩大到娱乐、休闲等。① 中国企业营销不断更新产品种类，并持续开发新产品，以满足中国消费者对产品或服务的需求。

2.4.1.2　顾客的知识水平

顾客的知识水平影响顾客对价值的感知。顾客的知识水平主要体现在顾客本身的知识储备，一方面，来自顾客受教育程度及在社会上的经历、经验；另一方面，来自对有关产品的相关知识及企业相关知识的了解。顾客知识的获取主要有以下途径：①顾客本身经过学校教育，学习了一些基本学识，对世界充满理性认识；②顾客有丰富的社会经验，能分辨出产品的好坏；③经过身边的熟人介绍，顾客对产品的了解更加深刻与具体；④企业通过宣传册、海报、电视节目等方式进行广告宣传，给顾客留下一个基本的印象。综上所述，顾客会对企业的产品产生一种期待，这种期待的程度决定顾客会不会选择该产品。顾客会对使用过的产品或服务进行评价，此时的顾客评价会形成顾客下一次购买同类产品的知识库。2000~2019 年，中国对教育经费的支出连年增加（见图 2-3）。截至 2019 年，中国国家接受教育情况的总人数（其中包括高校、中职中专、高中、初中、小学，以及特种教育学校毕业人群）约 12.9 亿人，占全国总人口的 97%。由此可见，顾客对产品或者服务会有自己的辨别及学习能力。

---

① 张紫祎. 统计局：2019 年社会消费品零售总额 411649 亿元同比增 8.0%［EB/OL］［2020 - 01 - 17］(2020 - 11 - 11). https：//finance. china. com. cn/newslspecial/jj20/ajjsi/20200117/5176237. shtml.

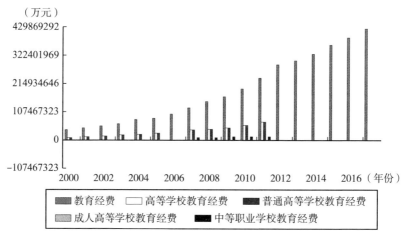

图 2 - 3 2000 ~ 2019 年国家教育经费支出情况

资料来源：智研咨询. 2016 年中国教育经费支出及国家财政性教育经费支出统计［EB/OL］.（2016 - 12 - 08）［2021 - 06 - 30］. https：//www. chyxx. com/industry/201612/475344. html.

2.4.1.3 顾客的消费理念

顾客的消费理念在收入水平及知识水平的影响下发生巨大改变。1978 年起，中国社会生产力低下，经济发展薄弱，居民的收入水平及消费水平极低，这是当时中国企业营销面临的环境。此时，中国企业注重的是产品生产，消费者追求的是拥有产品，并实现核心价值。进入到营销 2.0，随着社会生产力逐渐发展，物质水平逐渐提高，居民的收入水平也随之提升，居民的消费能力逐渐加强。顾客对产品的需求从产品的核心功能转向在实现核心功能的基础上追求更高的知名度。比如，秦池酒厂曾以 6666 万元拿下当时中央电视台广告的标王，本来不温不火的秦池酒一举打响产品知名度及"秦池"企业的知名度。进入营销 3.0，当社会生产力已经满足居民生活需要的时候，消费者的消费理念突变，"物美价廉"变成这个时代的主题。电子商务的发展促使电子商务平台取代了终端零售，电子支付取代了现金支付，浏览电商平台取代了逛街，一夜之间销售活动变得更加便捷。居民在网上购买产品的价格远远低于门店购买价格，购买产品也不用专门跑一趟门店。"方便、便宜"似乎成了营销3.0顾客对产品价值的理解。进入营销4.0，这时候电子商务发展到了顶层设计，各种电商平台井喷式出现，对于网络中流量的争夺已经进入到白热化阶段，新的消费群体、新的消费理念已经被企业所知晓。个性化产品定制成为主流消费理念，大众化的产品不受新一代消费群体推崇。个性定制、与众不同是这个群体的主旋律。

2.4.1.4 顾客的价值取向

追求性价比是中国消费者自始至终的价值取向，这里笔者所说的中国消费者是指那些居于相同消费阶层的人，这些人在中国的经济发展中贡献出的力量最大，虽然这些人群个体消费贡献比不上那些追求国外名牌的人群，但是就整体而言，这些人的总消费金额远远超过那些追求"大牌子"的人群。中国营销应该也必须将营销的目光放到这类人身上，即中国的普通大众。中国大众的价值观自始至终都没有发生太大的变化，一直追求的是性价比。当国家逐步放开市场，中国企业营销的方式主要是通过企业的广告宣传，但由于当时中国大众受教育水平普遍较低，对知识的获取并不像现在这样方便，所以大众认为电视上宣传的产品都是质量好的产品，促使让消费者认为价格贵是由于产品的质量更好、功能更多。进入到营销3.0以后，互联网在中国迅速发展，中国消费者受教育水平较之前得到提高，购物变得理性，并且从互联网中获取知识更加方便、消费者对于自身需求有了真正的认识，产品追求真正的性价比。进入营销4.0以后，中国主力消费者更趋于年轻化、更有活力，在追求性价比的同时加入了个性的因素，并认为"产品质量好、价格低、服务好、满足自身需求"才是自己想要的。

2.4.1.5 基于价值网络的顾客价值期望变化总结

笔者根据以上分析认为，顾客收入水平、顾客知识获取、顾客价值理念、顾客价值观这些影响顾客感知和评价价值的因素都是顾客价值的增长点。顾客价值在与企业产品或者服务的接触中，经过价值期望、感知、评价进行价值的增值，并且在下次的购买中，顾客会根据第一次购买感受及使用经验，从而产生更高的价值感知、评价，价值流会在这样的循环往复中不断被放大。

2.4.2　企业价值期望

企业主动寻求营销创新的主要驱动力来自企业家的影响。有创新意识和能力的企业家，就会抓住"互联网＋"时代的机遇，借助大数据的技术，努力实现精准营销。具有较强整合思维的企业家，会充分借助组织拥有的内外部资源，实现营销与时俱进的变革。企业的每一步重大变革都彰显着企业家的智慧与眼界。西方企业的最终目的是为了更高的经济利润，这是西方经典营销理论成功案例的总结。中国企业进行营销的目的是实现经济利益，获得利润，不过中国企业营销还有一个终极使命，即提高人民的生活水平。

在价值网络里，降低企业端及其与顾客端价值交换过程中的成本，实现以更低的成本提供更高的顾客让渡价值，得到可观的经济回报，是中国企业在营销实践中及企业营销配合实现国家总体目标的过程中，企业所秉承的营销理念。

技术创新是实现上述理念的途径之一。技术创新体现在以下五个方面。

（1）产品的生产制造需要不断创新。在中国营销1.0时期的生产阶段，顾客需求的产品主要来源是跨国公司提供的高端产品，或者是中国本土企业通过技术引进、资本引进进行生产的产品。由于当时中国物资极度缺乏，中国企业的生产力弱，只有通过不断引进先进生产技术，改良现有技术，中国企业才能满足顾客对产品核心功能价值的需求。

（2）企业需要不断地改进生产工艺，进行技术创新，尽可能达到一单位原料生产更多的产品。中国企业在不断的技术改进中，实现生产力的提升，满足更多的顾客对产品核心价值的需求。

（3）中国企业不断进行产品创意的提升，在技术应用从 1 到 N 的阶段进行了广泛的探索，生成了更多的产品种类。

（4）营销 3.0 演进的技术基础是互联网技术。互联网技术背景下产生的电子商务让企业不需要付出大量的成本去建设、维护渠道，这是互联网技术下，电子商务模式的优势。企业通过技术创新节省的成本，会通过"降价"和"便捷"的方式回馈给顾客，提高顾客的让渡价值。

（5）营销 4.0 是在互联网技术的基础上进行的深入创新。移动互联、大数据技术、AI、自动化制造等技术的产生与发展，使企业生产、运营、销售、物流等方面的成本大幅度降低。

从营销 1.0 到营销 4.0 的过程中，几乎所有原有技术的改进，新技术的产生都是企业主动进行的技术引进或者技术的自主研发。企业主动推动技术发展的目的主要是为了降低企业成本，获得可观利润。

2.4.3　国家价值理念

在以人民为中心的执政理念下，中国国家政策与政府行为对中国营销有着深刻而重大的影响。中国营销演进与中国发展战略、不同发展阶段的社会经济状况密切关联。中华人民共和国成立以来，中国走过从站起来到富起来的漫漫征程，而今正努力向强起来的目标迈进。与之相应的国家价值期望目标分为三个阶段：第一个阶段，以当时国家现状为背景，提出让人民实现温饱。第二个阶段，实现小康生活，2020 年我们已经全面建成小康社会。第三个阶段，为实现人民对美好生活的向往而奋斗，实现中华民族伟大复兴的强国梦。实现国家的总目标离不开企业等微观主体积极参与创造价值。

经过以上对顾客价值、企业价值、国家价值的分析，可以看出国家价值是顾客价值与企业价值的最终价值体现，也是价值网络中价值流的最终流向。在整个价值网络中，企业端的营销策略主要通过技术研发、技术创新等手段降低企业价值链的成本。任何一个可以降低成本的营销、技巧、思维均是企业营销演进的方向。改革开放40多年间，技术是推动企业营销演进的因素。对顾客端来讲，企业通过市场调查研究顾客收入水平、消费理念、价值观、消费习惯等方面的演变，改进营销技巧、营销策略。在国家价值端，国家的基本目标是企业进行营销活动的终极使命，企业的营销活动不能脱离国家的引导。技术因素、顾客收入水平、消费理念、消费习惯、价值观，以及国家政策的引导是推动营销逐渐演进的主要驱动因素。

第 3 章
中国消费业态演进

——可视化知识图谱分析

在双循环的新发展格局下，新基建、新零售、新动能、新业态等新形式都依托现代信息技术造福人民。根据其他国家发展经验，经济发展到一定程度时，服务业的占比会逐渐增多。在我国强调发展服务经济的时期，消费新业态发展已今非昔比。现在，我国已全面建成小康社会，人们的物质生活基本得到满足，生活用品消费占比逐年下降。1978 年，城市居民的恩格尔系数为 57.5%，农村居民的恩格尔系数为 67.7%；到 2019 年，全国居民的恩格尔系数为 28.2%[①]。2020 年因新冠肺炎疫情的影响，旅游等休闲娱乐活动受到限制，全国居民的恩格尔系数有一定程度的提高，增长到 30.2%。

消费业态的变化是人民追求生活品质不断提高的过程。通过对该领域的分析，在把握整体趋势的同时也可以预测其未来的发展方向。本章采用 CiteSpace 对研究消费业态领域的文章关键词进行可视化分析，考察不同时期研究的侧重点。研究从不同时期的差异化，解读消费业态演进的过程与特征。研究结果展现了消费业态演进的三个阶段及其演进的主要驱动力。

---

① 关婧. 中国恩格尔系数首破 30%，小数字折射大变迁. [EB/OL] (2018 - 04 - 17) [2020 - 5 - 21]. https：//finance. ce. cn/rolling/201804/17/t20180417_28843630. shtml.

3.1 中国消费业态演进概要

3.1.1 消费业态概念界定

业态是行业存在和发展的形式。消费业态是指顾客获得产品或服务的具体形式。传统的消费业态以线下实体店为主,更多的是满足人们的物质生活需要,而新型消费业态更多的是满足人们精神方面的需要。针对消费新业态的界定有两种方式:一种是依托互联网技术;另一种是强调体验式消费。新业态就是依靠互联网平台,嫁接互联网技术,注重产业融合,模糊产业边界,在产业边缘处找到交叉可能性,将各类产品或服务远程传递给消费者,使消费者通过体验式消费的方式获得商品或服务。

3.1.2 基于知网文章的消费业态研究

以"消费业态"为主题,期刊来源类别设置为核心及以上,从总体研究角度出发,概括消费业态的研究趋势和研究主题。

(1)文章数量方面。消费业态领域发文量并不是直线上升的,而是缓慢起伏增加的。根据图 3-1 可视化结果,将消费业态演进分为三个阶段。在这三个时间阶段内可以发现,发文量增长趋势明显,1995～2004 年的 10 年间,总的发文量有 52 篇;2005～2014 年,发文量有 169 篇;2015～2021 年,发文量达到 307 篇,表明学者们对于消费业态的重视程度越来越高。

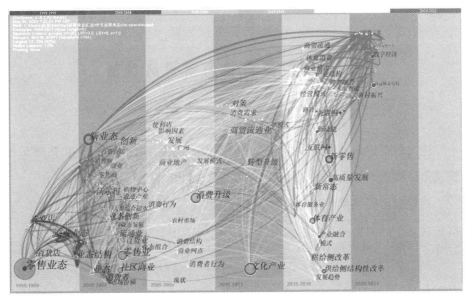

图 3 - 1　消费业态知识图谱时区图

资料来源：笔者运用软件分析绘制。

（2）文章主题方面。从文献研究主题分布来看，首先，零售业态发文量遥遥领先；其次，是消费者、消费升级、文化产业的研究；最后，是针对高质量发展、新零售、供给侧结构性改革的研究。因为研究年限不同，发文量存在差异。但从发文时间看，他们分属于不同时期的研究热点。

另外，学者根据渠道策略的角度总结出业态演变的历程：单渠道—多渠道—跨渠道—全渠道—新零售—共享零售。从总体来看，消费业态演变就是不断推进线上线下与现代物流的深入融合，而未来零售业的发展方向应更加关注研发等领域。通过云计算、大数据等技术分析顾客需求，以此优化产品、服务顾客、增加顾客忠诚度。当然数据分析也应该有与之匹配的组织架构，以便可以更快应对数据分析结果，并进行反馈。

3.2　中国消费业态演进时区图

　　论文数据搜索不限时间跨度，去掉不影响研究结果的文献，共获得528篇文章。设置5年为一时间切片进行分析，得出时区图（见图3-1）。

　　根据时区图结果将消费业态演进分为以零售为主导的消费业态、政策与市场联动下的消费业态演进和以国家战略为主导的消费业态三个阶段。

3.2.1　以零售为主导的消费业态

　　这个时间段大致为1995~2004年，市场经济开始发挥积极作用。但由于社会经济水平总体不高，人们收入水平普遍偏低，所以市场消费动力不足。邓小平南方谈话之后，我国经济迎来了发展新时期。经过十几年的发展，居民的生活水平开始改善，收入有了不同程度的提高。但收入水平的差异使其消费偏好大相径庭。高收入人群的主要消费场所是高档百货商店，中等收入人群的主要消费场所是超市和专卖店等，低收入人群特别是农村地区的消费者主要消费场所是小卖部和农贸市场等。针对这种社会现实，这一时期，学者们主要研究热点是以零售为主导的业态，主要解释理论为"零售之轮"和"真空地带"。

3.2.2　政策与市场联动下的消费业态演进

　　这一时期大致为2005~2014年，国家政策与市场联动效果明显，推动消费业态演进。主要体现在消费升级、农村市场和文化产业三个方面。

（1）消费升级。改革开放之后有三次消费升级，每一次都带来了新的消费业态。消费升级的原因主要包括外因和内因两大方面。内因是人们可支配收入的增加，外因是技术革新和国家相关政策等。我国的消费升级主要体现在：消费层次上，我国居民不再单纯追求量的提高，而是转向追求质的改进；消费形态上，从以满足温饱为目的，转向房子和汽车等享受型消费，再到如今以健康娱乐为主的服务消费；消费方式上，我国居民从追求吃饱穿暖，转向网络消费时代以智能共享等方式为主的新型消费；消费结构上，人们基本生活的需求得到较大满足之后，转而更加关注自身健康、美丽、个人提升方面的消费。伴随着消费升级，顾客注重品质与绿色的消费观念更加突出。

近些年拉动经济增长的"三驾马车"中，消费对经济增长的推动作用已经超过60%。微信、微博、抖音等社交平台的出现，不仅帮助企业把握人们的消费需求，同时还改变着人们的消费行为。中国进入新时代，消费升级带来人们消费需求的不断变化，单一的线上和线下消费，已不能完全满足消费升级趋势下的消费体验。企业更加深入融合两者，可以更好地应对这一现实。在"新世代"中产阶级成为消费主体之后，互联网技术熏陶下成长起来的这一群体，促使新的技术与产品服务满足他们的需求。

总体来说，消费升级就是基本生活需求的品质升级、发展享受型消费的结构升级。消费升级的主要推动力是在党和国家时刻坚定实现国富民强的决心下，以市场需求为根本的供给。

（2）农村市场。国家颁布多项惠民政策，搞活农村市场，增加农民收入。但农村人均可支配收入明显低于城市。另外，由于农村劳动力进入城市工作、学习的人数比例逐渐提高，带动农村消费方式逐渐与城市融合。但由于受到收入差距的影响，农村消费主要以功能型为主。农业作为关乎国计民生的第一产业，存在着成本高、价格低的问题，造成许多农业从业者对于农产品的经营热度不高。这些问题成为新常态环境下，改善农村经济的一大突破口。

（3）文化产业。国家将文化产业定义为：为社会公众提供文化产品和文化相关产品的生产活动的集合。近年来，信息技术的进步促进了数字文化产业的快速发展。有资料显示，我国 2020 年文化核心领域营业收入超过 6 万亿元，文化相关领域营业收入超过 3 万亿元。数字文化产业在我国发展方兴未艾，借助数字技术对传统文化内容进行加工，使之更加符合现代人们的文化消费需求。比较有代表性的有游戏市场和直播行业。

另外，左惠（2020）研究证实，区块链技术的发展能较好解决文化产业中存在的问题。《2021 中国网络视听发展研究报告》显示，截至 2020 年 12 月，我国网络视听用户规模达 9.44 亿人，短视频用户达 8.73 亿人[1]。我国自提出文化自信以来，在经济和文化体育方面取得了很大进步。比如，2021 年河南卫视春晚的《唐宫夜宴》、开场节目《祈》和《端午奇妙游》，充分展现了我国人民响应国家文化自信号召取得的成果。

3.2.3 以国家战略为主导的消费业态

随着我国经济的持续发展，人们收入水平不断提高。2020 年，全国居民人均可支配收入为 32189 元[2]。国内居民有巨大的潜在需求和对消费升级的内在要求，但供给端却没有得到很好地匹配。2015 年，党中央提出供给侧结构性改革，《政府工作报告》首次提出"互联网＋"。2017 年提出乡村振兴战略和数字经济，提高人们对于未来收入的预期，并帮助其增加消费欲望。而数字经济的快速发展也带来一系列被消费者纳入高品质的新消费业态，并已经取得成效。

---

① 李贞. 中国网络视听用户规模达 9.44 亿. ［EB/OL］（2021 - 07 - 07）［2021 - 07 - 09］. https：//baijiahao. baidu. com/s？ id = 1704580142520378433&wfr = spider&for = pc.

② 向宇. 统计局：2020 年全国居民人均可支配收入 32189 元. ［EB/OL］（2021 - 01 - 18）［2021 - 05 - 20］. https：//www. tongliaowang. com/2021/01/18199487291. html.

（1）数字经济。数字经济在 2017 年被写入《政府工作报告》，2019 年和 2020 年又再次被提及。近年来，《政府工作报告》三次提及"数字经济"，足以见其重要性。另外，学者们对于数字经济的定义尚未达成共识。总的来说，大概是从经济、技术、平台、投入产出、产品与服务五个不同角度定义。但共同之处是都肯定了数字技术的作用。

我国区域结构、产业机构发展不平衡，众多市场问题长期存在。数字经济的特征之一是范围经济取代规模经济。数字经济的发展对于平衡区域及产业发展不平衡，实现资源的流转，助推产业跨界融合，强化国内市场建设有重要作用。区块链等新技术带来的产品和服务，在很大程度上提高了我们的生活品质。数字产业化和产业数字化是数字经济的两种形式。其中，产业数字化是国家关注的焦点，国家出台了很多鼓励政策。特别是针对传统制造业的数字化转型升级，希望可以提升效率、增加产出。数字经济带来了生产要素、供需模式、产业价值、经济体等经济运行系统的革新，推动了经济运行、市场资源配置、全要素生产率等经济效率的提高。

中国信通院发布的《中国数字经济发展白皮书（2021）》显示，2020年我国数字经济规模达到 39.2 万亿元，居世界第二位①。当数字经济在 2017 年被写入党的十九大报告时，我们就可以预估，数字经济在我国现阶段经济高质量发展中将做出突出的贡献。经过新冠肺炎疫情这一重大突发公共卫生事件，确实可以证明数字经济的重要性。中国市场超强的需求对于发挥数字经济的作用，具有无与伦比的优势。数字经济依附于大数据、人工智能等技术，为市场主体间的密切协作提供了技术支持。借助大数据等信息技术的数字科技，应用到各传统产业领域，实现产业数字化，达到产业融合的目的。在这个过程中，技术的进步与革新，也可以推动经济增长。

---

① 中国信通院. 中国信通院：《2021 年中国数字经济发展白皮书》.［R/OL］（2020 - 04 - 28）（2021 - 06 - 17）. https：//www. looec. cn/detail - - 6591053. html.

经济进入新常态，为数字经济的发展创造了良好条件。新基建的部署为数字经济的发展提供了技术支持。数字经济对经济增长的作用，表现在企业借助互联网进行业务流程改造时，提高了企业效率。现在，数据已经作为生产要素参与分配。数字经济在抗击新冠肺炎疫情期间的作用大家有目共睹，国家也同样给予了肯定。当然，我国消费升级、庞大的市场机遇和包括供给侧结构性改革、新基建等在内的政策优势，带给数字经济很多的发展空间。把握数字技术开展创新发展新趋势，利用好新基建等促进数字经济的发展。推动校企、政企多方合作，加强各主体间联系，构建数字经济生态系统。通过大数据分析，准确地得到客户的使用习惯，真正实现企业为客户私人定制产品和服务，为数字服务的发展提供了技术可能性。

（2）"智能＋"。自2019年"智能＋"发展上升为国家战略以来，人工智能在生产生活中的应用更加普遍。智能家居系列、保卫国家和人民人身财产安全的各类预测报警产品、帮助产业应对危险研发环境的辅助、全天候在线的客服机器人以及提供服务、情感等多种陪伴功能的对话交互式操作。关于人工智能的研究，学者总结理论研究，主要聚焦于人工智能的应用对于经济方面的影响。特别是其对经济增长和劳动力市场的影响。实证研究方面由于数据欠缺，造成实证研究文献的数量较为稀少。但已有验证结果肯定了人工智能在生产率方面的积极作用。凡事都有两面性，人工智能也不例外。学者们在肯定有利影响的同时，在政策上也积极建言献策，目的是能够在一定程度上减少负面冲击。消费业态的不断演进取决于新进入者不断更新技术与管理水平，以此不断推进新的业态更迭。另外，在促进新业态发展的同时，我们更应该注重预防这些新业态从业人员的职业伤害，保证他们的生命财产安全。

（3）产业融合。产业融合不仅仅包括产业内部的融合创新，也包含跨界产业融合。推动产业跨界融合受其内外因的影响。内因包括产业升级带来企业融合的契机。信息技术的发展为企业进一步扩张企业业务提供了方便。市场激烈的竞争增加了，企业为了提高利润，不断寻求增加企业价值最大化的领域，延长产业链，增加了跨界融合的可能性。外因方面，随着消费升级不断产生新的消费需求。以年轻人为主体的"饭圈经济"、体验经济，在刺激产业跨界融合方面功不可没，衍变了新的消费模式。健康绿色的消费意识开始深入民心后，体育产业的发展方兴未艾。"体旅文商农"产业间的跨界融合比比皆是，多产业融合是大势所趋，亦是时代造就。单一产业总是有利有弊，不能充分发挥该产业的全部优势。多产业跨界融合，希望可以创造"1＋1＞2"的优势。各产业之间优劣互补，多角度挖掘各产业的潜力，实现企业与消费者共赢。

（4）乡村振兴。自党的十九大报告提出乡村振兴战略以来，国家相继提出乡村振兴"三步走"时间表"七条道路""20字"方针等。随着国家对促进农村地区发展的力度不断加大，农村地区的收入不断提高。消费理念不断更新，乡村振兴开始初见成效。国家统计局资料显示，2020年，农村居民人均消费支出13713元，比2019年增长2.9%；农村居民人均可支配收入17131元，增长6.9%，城乡收入差距逐步缩小①。统计数据表明，农村的消费结构正在逐步改善。在新生代年轻人影响下，消费意识正在更新。乡村振兴战略对于进一步开拓农村市场、促进农村消费实现供需平衡，具有深远的作用。

3.3　消费业态演进的驱动因素

根据消费业态时区图和上述的演进分析，我们可以发现消费业态的演进主要受到技术、重大事件和政策的影响。当然，还有其他许多重要因素，这

---

① 新浪财经. 统计局：2020年农村居民人均消费支出13713元，实际下降0.1%. [EB/OL]. (2021 – 01 – 18)(2021 – 03 – 15). https：//baijiahao. baidu. com/s？id = 1689189039087202329&wfr = spider&for = pc.

里只就 CiteSpace 文献研究结果进行概括。

（1）技术进步。技术创新对消费业态有持续的影响。我国人口红利消失，劳动力成本上升。企业成本耗费最大的两部分：一部分是研发成本，一部分是销售成本。在这种情况下，技术创新发展可以弥补这一方面问题。互联网的发展，扩大了企业的用户规模，降低了企业的高固定成本，增加了企业产品的产量及多样性，从而促使行业的平均成本降低，行业形成规模经济和范围经济。在有大型企业占领市场的情境下，又有许多不知名企业生产着满足消费者不同需求的产品，特别是满足比较小众用户需求的企业。从线下实体店到线上社交软件，以及如今的直播平台，技术的发展使精准营销的实现成为可能。张龙鹏（2020）通过实证研究，证明了技术进步对经济发展存在直接或间接的积极作用，以及技术革新对于人们生产生活的影响。

新零售是新技术驱动下新业态的代表。零售业在 2000 年以前是以百货和商超等为代表的实体店为主。传统零售成本增加明显时，网络零售凭借着价格优势开始占据市场。2000 年之后互联网技术的出现，开启了淘宝、京东等平台的电商零售时代。随着时间的推移，线上零售的竞争日益加剧，"两超多强"的趋势还将进一步演变。近些年，移动支付的进步和人们体验式消费的需求增长，促使线上线下相结合的零售业态开始风靡。新零售与共享零售成为最新的零售业态。零售业态、消费者，以及国家政策的指导相辅相成，相互促进，进一步推动了零售业态的不断革新。

2006 年，"新零售"概念被提出①。针对新零售不同的企业有不同的解读。阿里巴巴对于新零售的理解是"线上 + 线下"，再配合现代物流，三者深入融合，开启全生态布局。京东针对新零售界定的"无界零售"，更加注重基础设施的智能化与协同化。打破现有环节的耦合关系，拆分重组成为可以更好满足消费者不同需求的多种组合。解决品牌商、消费者、平台，在场

---

① 郭宝玉．隐去新零售模式头上的光环［J］．现代家电，2006（16）：30 – 31.

景、数据融合、营销方面的痛点。

其实，新零售主要体现在渠道的新。将以网店为代表的线上渠道、以实体店为代表的线下渠道，以及以抖音、快手等直播平台为代表的移动渠道进行融合。无人零售是新零售的最新形式。这对于人工成本的消减具有重要意义，但需国家政策的支持与引导。

现在，国美提出的"共享零售"被广泛认可①。共享零售的出现有其理论与实践基础，是目前最新的零售模式。它依托免费平台，依靠互联网技术，利用供应链渠道。通过社交软件进行推广，如果完成交易即可获得收入。最大限度保证了共用资源。

（2）重大事件。超市的诞生是因为受到经济危机的影响，电商的崛起是因为"非典"的肆虐，新冠肺炎疫情也将导致新的业态产生。即新冠肺炎疫情为线上线下相结合的购物方式，提供了市场环境。同样受到疫情影响的还有教育行业，如钉钉、腾讯会议和学习通，就是在线学习新业态的体现。重大突发公共事件对经济发展造成重大的影响。我国政府在 2020 年提出加快形成双循环新格局的工作要求，新发展格局的构建，数字经济终将发挥关键力量。

（3）政策。国家及时取消不利发展的制度，颁布更多基于现实基础可行的政策。不断支持探索新的线上服务模式，重视共享经济新业态，推进数字产业化和产业数字化的发展。比如，2015 年国务院正式提出"互联网＋"。借助网络与物流技术的快速发展，"互联网＋农业"模式应运而生。"互联网＋农业"的模式在政府政策影响下发展良好，这是促进农村经济盘活的重要机遇。但"互联网＋农业"既是政府工作的难点亦是重点。

"互联网＋农业"是指将互联网技术运用到农业的各个方面。借助互联

---

① 闫跃龙. 国美蜕变，"全零售生态共享平台"舰队起航［EB/OL］.（2021－10－20）［2021－10－30］. https：//3g. 163. com/dy/article/GMP407FP0511F049. html.

网技术将智能化带给辛勤劳作的农民，从而优化了生产资源配置，促进了农业发展。依托现代先进技术，帮助农民科学精准掌控生产资源属性，更好匹配适宜作物。在此之前，农作物的种植常常是根据农民生产经验展开的，经常形成一定区域范围内同类农作物种植较为集中的现象。这样同期大批量上市同一产品，势必会造成产品价格下降的结果。而农产品的需求又是缺乏弹性的，价格降低会导致农民收入减少。现在，互联网的发展改变了这一现状，互联网的运用不仅缩短了市场需求反馈时间，而且指导农民进行针对性生产的效果显著增强。

"互联网＋农业"不仅在生产环节指导农民，在销售环节亦是功不可没。电子商务的快速发展为农产品的销售提供了便利，特别是拼多多电商平台，主打产地直采。2020年，全平台农副产品成交额超过2700亿元，让利给消费者的同时，也提高了农民收入。

3.4　结　　论

根据 CiteSpace 分析结果，我们将消费业态演进分为三个阶段。2005年之前，学者关注焦点是零售行业的专卖店、连锁店等；2005～2014年，学者的专注点由零售转向消费，包括消费者行为、消费者需求等，另外，农村市场也成为这一时期的研究热点；2015年至今，该领域更多的是响应国家政策、方针、指导意见。学者们聚焦供给侧结构性改革、高质量发展等方向。总结发现消费业态演进的过程由微观环境（包括由零售业转向消费两部分）转向宏观环境。比如，技术、国家政策等。通过对消费业态文献的研究发现，学者们对此关注的重点主要在产业（服务业）、行业（体育行业、旅游行业）、市场（农村市场）、技术（"互联网＋"、大数据），以及地区（北京、上海等地区）等方面。

持续推进消费业态不断演进，需要从以下三部分努力。

（1）企业方面。云计算、大数据等信息技术的发展，帮助企业更好把握消费者的需求。企业通过对消费者行为数据进行分析，实现精准营销。此举整体降低了企业的无效成本，使其更精确地把控生产，提高了消费粘性。同时，增加了企业的市场竞争力。当然，新的消费业态理应有新的组织架构为其服务，充分发挥新业态的优势。对实力存在劣势的企业来说，可以取长补短。通过外包的方式，充分发扬自身的优势，实现企业价值最大化。另外，鉴于产业跨界融合的大势所趋，企业要多培养可以胜任此种环境的新型人才，这样才能更好地顺应时代潮流。

（2）国家政策方面。产业发展的风向标有政府把控。政府在企业发展过程中要大力支持新基建的建设。完善基础设施建设，改善企业市场环境，为企业发展提供资金与技术支持。激发企业创新活力，争取在供给侧结构性改革背景下，让企业充分领悟创新驱动发展战略，进行产业高质量发展。最重要的是政府要发挥监管作用，特别是互联网快速发展时期，对发挥政府线上监管作用提出了新的考验。

（3）消费者方面。未来消费业态的演进，肯定会把消费者放在更加突出的位置。产业跨界融合、企业创新生产、销售方式，最终目的都是为了增加消费者认可度与购买力。消费者不仅接触销售终端，还逐渐开始走向生产端。顾客更加贴切地参与生产、设计环节，更好地表述自己的需求，更直接地体验产品质量与舒适度，使自己付费的产品与服务达到私人定制的效果。为了最大程度发挥这种模式的优越性，消费者要积极参与其中，畅所欲言地表达自己的体验感受，帮助企业更精准地把握消费者的需求。

另外，针对农村地区的重要性，未来消费业态的发展会逐步向农村地区倾斜。进一步完善农村地区的基础设施，扩大网络通信覆盖，使其在数字经济时代借助网络的发展更快进步。物流体系的完善，受教育人群比例的提高，使其可以进一步提高农村可支配收入，更快推进信息化进程。政府完善保障体系，减少后顾之忧，从而夯实消费基础。现在阶段，我国已消除绝对贫困，接下来的任务是满足人民日益增长的美好生活需要，完善农村养老制度、落实医疗保障措施。

总的来说，消费业态不断演进将会带来两大趋势：（1）企业最终会通过专一化的战略，发挥更加专业与核心的优势，服务特定的消费群体。（2）行业会更加倾向于产业融合、跨界融合，搭配国家政策、方针和指导意见。人工智能和产业融合是大势所趋。两者的结合可以提高高技能劳动者的就业需求，增加企业对于员工质与量的培训，在企业创新方面发挥"1+1>2"的效果。

第 4 章
食品行业零售业态演进研究

本章以食品行业的生鲜农产品为例，分析食品行业零售业态的演变规律，对零售业态的相关概念和内涵进行界定，阐述现阶段已有的零售业态的演进规律及生鲜农产品零售业态的特殊规律，在此基础上分析影响生鲜农产品零售业态变革的因素，通过问卷调查进行实证分析，了解当前生鲜农产品的发展现状，影响消费者购买决策的因素，并就超市和生鲜电商进行了对比分析。

4.1 生鲜农产品行业概况

食品是人们的日常消费品，除了粮食及生鲜农产品可以说是人们的生活必需品。随着经济的飞速发展，人们更加关注食品的质量，这无疑推动了居民饮食结构的改变——生鲜农产品的消费量逐步增加，粮食的消费量逐步减少。相应地，我国食品行业的流通环节也会发生变化，需特别注意的是，生鲜农产品零售业态的发展变化尤为显著。近些年来，我国生鲜农产品的产量和人均消费量都有所增长，2020 年，中国蔬菜消费量达到

7.24 亿吨，总产量达到了 7.49 亿吨，年均复合增长率超 2%；水果需求量为 2.89 亿吨，同比增长了 4.7%。2021 年上半年，猪牛羊禽肉产量 4291 万吨，比上年同期增长 23.0%，总体来看，产量和消费量都呈增长趋势①。

中国城市的生鲜农产品业态演进依次经历了这样几个时期：农贸市场时期、超市发展时期、电子商务发展时期。自 20 世纪 80 年代起，我国取消了农产品统购统销制度，实行农产品流通体制改革，于是农贸市场应运而生，开始满足人们对于生鲜农产品的需求，在之后的很长一段时间里，农贸市场一直处于主导地位。随着人民生活水平的提高，人们对生鲜农产品的消费也不断升级，农贸市场不能够满足人民日益增长的需求，从而促使生鲜农产品进行零售业态变革，于是超市应运而生，逐渐成为生鲜农产品的主导业态。自 20 世纪 90 年代开始，"农改超"的运动开始风生水起，超市能够更好地满足人民的需求，超市经营有着农贸市场无法比拟的优势，但超市的发展模式随着电子商务的发展开始受到阻碍。21 世纪初期，生鲜电商开始萌芽，2020 年中国生鲜零售市场规模超 5 万亿元②。随着互联网的不断发展与完善，生鲜电商行业的竞争异常激烈，每个时期的发展都会不可避免地遇到一些阻碍，生鲜电商也进入发展的瓶颈期。超市依旧保持自己的主导地位，农贸市场也依旧顽强地生存在市场中。我国生鲜农产品零售业态变革面临着严峻的挑战。

---

① 中商情报网．"双循环"战略专题：2021 年中国蔬菜行业市场现状及发展趋势预测分析．[EB/OL]．(2021 - 09 - 15)［2021 - 11 - 12］．https：//page. om. qq. com/page/09ka - UST - y7ekeCOS_n311Mgo．

② 新浪 VR．生鲜电商战事升级：2020 年中国生鲜市场规模已达 5 万亿元．[EB/OL]．(2021 - 06 - 30)［2021 - 08 - 15］．https：//vr. sina. com. cn/news/report/2021 - 06 - 30/doc-ik9cfnca4110002. shtml．

4.2 零售业态演进理论基础

4.2.1 零售业态内涵

零售业态（retail formats）是市场向确定的顾客提供某些商品和服务的具体形态，是零售企业为满足不同消费需求而形成的不同经营方式。零售业态从总体上可以分为有店铺零售业态和无店铺零售业态两大类。就商人主体而言，它是商人针对某一目标市场所选择的、体现商人意向和决策的商店。

4.2.2 零售业态生命周期理论

生命周期理论是戴维·索尼特尔（David Sonetal，1976）提出的，该理论表明零售形式也具有生命周期，这与产品相同。零售的生命周期也有四个阶段：导入、成长、成熟和衰退。在导入阶段，新业态具有差异优势，其投资回报率高；在成长阶段，出现了新业态的模仿者，初学者复制其模式以进行区域扩张；在成熟阶段，市场竞争激烈，市场份额和投资率不稳定甚至逐步下降，赢利增长变缓；在经济衰退期，新的业态不断成长，占据份额，而原本已经成熟的业态反应缓慢，经营困难，市场份额下降并可能逐渐退出市场。

4.2.3 手风琴理论

"手风琴理论"通过不同类型零售业态的联系和影响来解释零售业态的

演变，其也被称为综合专业联合循环理论，是由霍兰德等（Hollander et al.，1966）提出的。零售业态的发展就像手风琴演奏，从宽到窄，然后从窄到宽，不断循环。零售业态的变化基于从全面化到专业化，再从专业化到全面化的循环路径。当综合业态发展到一定程度时，就会出现具有主要特色的业态。同样，当专业业态发展到一定程度时，综合业态将出现，因此，可以循环利用并持续不断，这是零售业态发展的周期性理论。该理论认为，零售商库存的类型是从大深度（小宽度）到小深度（大宽度），再到大深度（小宽度）周期性变化。美国和其他西方发达国家的零售发展大约经历了五个时期：杂货店时期（综合方法）、专业时期（专业化）、百货商店时期（整合）、便利店时期（专业化）和商业街购物时期。从世界零售业的发展趋势来看，20世纪60年代，零售业采取了综合经营的形式。因此，百货商店和大型零售业发展很快。70年代，零售业进入了专门的发展阶段。专卖店、连锁店、超级市场、便利店和自助式家居用品中心相继出现。在80年代，购物商场如雨后春笋般遍布全球。大约十年后，零售业朝着细分的方向发展，单一产品商店、博物馆生活主题、非商店销售、大型外部商店、直接营销和家庭购物兴起。因此，全球零售业发展的路径也说明了这种整合和专业化的趋势。

4.2.4　冲突理论

冲突理论是由沙里和柯比（Schary & Kirby，1976）提出的。他们用黑格尔哲学的积极、消极整合原则说明了零售业态的演变。"积极"是指现有的零售业态，"消极"是指现有形态的过去形态，"整合"是"积极"与"消极"的统一或混合，是新旧业态之间的互补，导致形成较新的零售业态。该理论认为，新零售业态的出现将不可避免地带来完全不同的零售业态。该理论还认为，新兴的零售业态实质上是对现有零售业态的否定或调整。例如，大型综合超市是百货商店和超市的结合，从而成为一种新的零售业态。冲突理论显示了普遍性，揭示了零售组织发展和变化的一般规则，即从消极向积极的变化。

4.2.5　关于零售业发展的新理论——"大中型"

"大中型"是近年来零售业态演变的新理论。与以前的理论不同，"大中型"理论更侧重于零售业态的整体结构分析，它说明了主要零售业态的形成、变化和趋势（M. Levy，2005）。"大中型"可以从字面上解释为"大众中间市场"。它不是指某个特定的零售业态，而是指其中服务和价格等各种零售特征处于中间状态的市场区域或空间。由于"大中型"具有更高质量的服务和更低价格的特点，因此在该领域具有最大的潜在客户数量。

根据利维（Levy，2005）对"大中型"的定义，"大中型"的零售商不是以中等价格提供中等服务，而是以适中的价格提供创新服务。这项创新服务可以为消费者带来额外的增值。换句话说，"大中型"零售商应该以相对较低的价格提供相对更好的服务，以吸引更多的消费者，使他们成为零售商的客户。所以，技术创新和新技术的应用对于"大中型"零售商已经变得至关重要。

利维指出，"大中型"的组成不是固定的，而是不断变化的，这些变化主要来自于"大中型"中占主导地位的零售业态的变化。因此，"人中型"的发展与零售业态的发展之间存在一定的关联。根据利维的分析，20 世纪 60 年代和 20 世纪 70 年代的美国"大中型企业"，主要由以西尔斯（Sears）和杰西潘尼（JC Penney）为代表的传统百货商店主导。至于沃尔玛（Wal - Mart）和凯马特（Kmart），它们以低廉的价格处于"大中型"的边缘。从 20 世纪 80 年代开始，沃尔玛和凯马特及其他低价商店开始进入"大中型"市场，并与 Sears 等传统百货公司竞争。在 90 年代，以 Wal - Mart 为代表的折扣店、超级市场和仓库商店取代了传统百货商店的代表——Sears，在"大中型"中占据主导地位。在中国，零售业态演变的"大中型"过程与美国相当。我国改革开放以来，早期零售市场由百货商店主导，所有零售百货商店形式都位于商店的最前面。然而，连锁超市在当今零售清单中占据第一位，其中大型综合超市形式处于领先地位。总体而言，无论是国外还是国内，在"大中型地区"占主导地位的格局通常都是具有综合特征的格局。也就是说，相对于其他零售形式，"大中型"主导形式在服务和价格上都具有全面的比较优势，吸引了绝大多数消费者并获得"大中型"的主导地位。

4.3　生鲜农产品零售业态演变规律及影响因素

4.3.1　生鲜农产品零售业态的特殊规律

零售业态的一般规律对于生鲜农产品零售业态的发展固然有一定的影响，但是生鲜农产品有其特有的特点，所以生鲜农产品零售业态又有其独特之处。

4.3.1.1　生鲜农产品自然属性的影响

（1）季节性。一些生鲜农产品具有强季节性，大部分动植物的生产周期一般都比较固定，这明显地形成了生鲜农产品的淡季和旺季，纵使现在的生物科技发达，有大棚实验田，转基因食品，可以实现生鲜农产品的反季节供应，但是所花费的成本高，并且相对于按照自然生长规律生产的农产品，品质并不是那么的好。这使生鲜农产品的零售商需要积极介入生产领域，掌握生鲜农产品的生产特性，这在无形中创新了业态形式，改变了业态竞争格局。

（2）产品特殊性。有些生鲜农产品具有含水量高，容易腐烂变质，容易损耗的特点。这对于销售生鲜农产品的各个环节提出了更高的要求。例如，运输环节要求快速、简便、高效，以减少生鲜农产品的损耗，实现保质保量。储存过程则需要采用冷藏链管理和高效的信息管理技术，以减少储存成本，提高产品的周转率。因而生鲜农产品的零售商需积极介入物流供应环节，不断减少经营成本，提高竞争力，促进生鲜农产品零售业态的演变。

（3）地域性。有些生鲜农产品的生产具有地域性，其消费也具有一定的地域性，不同的地区自然条件不同，所以，不可能适宜每一种生鲜农产品，但可以利用得天独厚的自然条件，因地制宜，发展特色产业，从而抵消因季节产生的影响，但同时也对物流提出了更高的要求，只有高效的物流运输才有可能实现产品的价值，这同样也推动了生鲜农产品零售业态的转变升级。

4.3.1.2　生鲜农产品市场属性的影响

（1）购买频率高。生鲜农产品是人们的生活必需品，快速消费品，并且生鲜农产品的生鲜程度及保存特性决定了人们少量多次购买的消费行为。

（2）消费分散性。生鲜农产品的供应商很多，以至于人们的消费场所比较分散，并且人们需要购买的生鲜农产品不可能在一个供应商那里全部购齐，这就体现出生鲜农产品市场的相对分散性。

（3）消费具有主观性。生鲜农产品受消费者的消费观念和饮食习惯，以及家庭收入等因素影响，具有强的主观性。随着居民生活水平的提高，其饮食观念也在不断变化，人们越来越注重食品的安全、健康、营养，以及需求的多样化，并且随着家庭收入的提高，对于价格相对较高的生鲜农产品消费需求也随之提高。

4.3.2　生鲜农产品零售业态演变的影响因素分析

影响生鲜农产品零售业态演变的因素有很多，国内外许多学者对此都进行了研究。美国学者利维（2000）提出了"条件说"，阐述了影响和促进零售业态与经营方式变革的因素有："竞争，环境变化的趋向，包括变化中的消费者人口统计、生活方式和技术发展，零售顾客的需要、欲望和购买程序"。我国有许多学者如刘星原（2004，2018）、郭冬乐、宋则（2010）受该理论的影响。他们结合"条件说"理论，全面分析了影响我国零售业态演变的因素，认为零售业态的演变是源于各种内外因素和条件的共同影响，这些主要影响因素归结为六个方面：①社会生产与市场经济发展水平；②市场供求；③商业竞争；④科技应用；⑤顾客需求；⑥对外开放的国际市场压力。

4.3.2.1　经济因素

零售业态的演变离不开经济的发展，经济因素在零售业态的演变中始终具有决定性的影响。一国或地区的经济发展水平决定了人们的购买力水平、消费行为和习惯，以及市场的供求状况，这就相应地决定了零售商选择的销售模式。我们通常用国内生产总值（GDP）来考察一国或地区的经济发展水平，所以，GDP 与零售业态的演变也存在着某种必然的联系。

改革开放以来，我国经济快速发展，人均 GDP 逐渐提高，我国零售业态演变迅速，在较短的时间内就走完了发达国家长时间演变的路程。但发展的同时，又会受到中国国情的影响，就生鲜农产品而言，最初的零售业态形式为农贸市场，后来，随着超市的崛起，"农改超"又成为必然趋势。现如今，互联网技术的发展，催生了生鲜电商，这无疑对超市生鲜农产品造成了很大的冲击。经济因素是影响生鲜农产品零售业态演变的主要因素。

4.3.2.2　政治因素

在我国，政治因素对生鲜农产品的影响虽然不及经济因素的影响那么大，但是其影响力度也不容小觑。在中华人民共和国成立之初到 1952 年，生鲜农产品以市场自由购销为主，私营企业是流通主体；1953～1978 年，我国实行统购统销制度，国营菜市场和集体主义性质的供销社是流通主体；1979～1984 年，我国改革统购统销制度，开始放宽对生鲜农产品市场的管控，一些生鲜农产品可自由交易；1985～2000 年，我国放宽了对生鲜农产品的流通控制，由此可见，生鲜农产品最开始的零售业态是农贸市场。在 21 世纪初，沿海城市快速发展，超市如雨后春笋般不断扩大，最终生鲜农产品被纳入超市的经营范围，各地政府积极推动"农改超"的政策实施，在当时取得了一定的成效。随着"农改超"的深入，一些问题也逐渐暴露出来，生鲜农产品的零售业态随着时代潮流发展，因而萌生了生鲜电商。而现如今，生鲜电商的发展迅速，对农贸市场和超市生鲜农产品都造成了很大的影响，而这其中的迅猛发展也离不开政府的支持及相关政策法律法规的保障。

4.3.2.3　科学技术因素

零售业态的演进离不开科技的发展，科学技术的进步在很大程度上促进了零售业态的演变。虽然在零售业态发展的初期，科学技术影响比较小，但是在之后的发展中，科学技术含量所占比重越来越大，例如，计算机互联网的应用，极大地改变了人们的购物方式。科学技术的发展对于我国零售业的影响是有目共睹的，正是相关先进科学技术的引进和消化，促使我国能够在短时间内完成零售业态的演变。最典型的例子就是以阿里巴巴为代表的电商行业的发展，当时我国 GDP 水平相较于其他国家还处于比较低的水平，但网络购物逐渐成为购物方式的主流，这对于我国经济的发展起到了极大的促进作用。就生鲜农产品领域而言，也相应地促进了生鲜电商的发展。同时，冷链物流技术、保鲜技术，以及农产品溯源技术的发展也促进了生鲜农产品零售业态的演进。

4.3.2.4 消费者因素

零售业态生存和发展的根本是消费者需求。从宏观层面来看，把消费者当作一个整体，人口规模和人口结构对于零售业态的影响很大。人口规模决定市场的潜在规模，人口结构则对需求类型产生一定的影响。当然，一个国家的社会文化、风俗习惯也会影响消费者的消费观念和消费习惯。从微观层面来看，消费者个体的选择会对零售业态的发展产生重要影响，每个人的需求不同，而多样化的需求要求零售业态的多样化，同时，消费者需求的变化也引导着零售业态的发展方向。就生鲜农产品领域而言，消费者从追求数量到追求品质，从追求大众化消费到追求个性化消费，从追求物质消费到精神消费等需求变化对于生鲜农产品的演变具有导向性作用。

4.4 实证研究：超市与生鲜电商的竞争分析

4.4.1 问卷设计及数据收集

4.4.1.1 问卷设计

根据调查目的，借鉴同类研究的问卷调查设计，吸收一些新的研究方法，初步设计出问卷，通过预调查，发现问卷中存在的一些设计缺陷，例如，一些选项设置不全面，没有贴合实际；一些问题的提问方式过于复杂等。经过不断修改和完善，最终设计了这份与实际调查内容相符合的问卷。问卷内容主要是调查消费者购买生鲜农产品的影响因素，了解消费者在生鲜电商的购买意愿及发展态度。并通过对超市与生鲜电商的购买倾向度调查，了解目前生鲜农产品的发展现状。

问卷内容的设计包含了客观特征和主观认知两类变量，其中，客观特征因素主要指被调查者的个体特征，包括性别、年龄、教育背景、家庭人均月收入、居住地与最近的生鲜农产品销售地的距离五个因素。主观认知因素主要指被调查者的购买意愿和消费行为，包括被调查者对生鲜农产品的购买频率、购买时间地点和方式、购买因素，以及对生鲜电商的态度这四个主要方面。购买生鲜农产品的方式主要分为三种：农贸市场、超市和生鲜电商，目的是了解现阶段，生鲜农产品的消费现状；而影响购买方式的因素为价格、品质保障、购物环境、种类丰富度、服务态度、便利性这六个方面；而对于是否愿意在网上购买生鲜农产品的回答则需要进行更进一步的回答，即如果愿意，那么愿意购买的理由是什么？若不愿意，那么不愿意购买的理由是什么？对于收集此问题的回答，将更好地了解被调查者在生鲜电商上的购买意愿；采用矩阵量表的形式来研究使用生鲜电商平台影响购买决策的各个因素的重要性，选项分为四级，分别是很重要、比较重要、一般重要、不重要；对于超市和生鲜电商的主要区别涉及了六个指标因素，分别是：价格、亲身体验、质量、种类、服务态度、方便性；被调查者对于生鲜电商的发展态度主要为支持、中立、不支持。

为了使调查问卷更加标准化，在设计问卷问题时采用了封闭型问题的方法，更有利于被调查者对于问题的理解和回答，以提高问卷效率。

4.4.1.2 数据收集

调查问卷通过在线问卷调研平台"问卷星"进行设计，在初步设计并进行不断的修改后，进行问卷发放，利用互联网平台的便捷性和广泛性，利用各种社交平台，如 QQ、微信、微博等社交软件，对尽可能多的、各行各业的人士进行调查，以减少问卷数据的局限性，保证问卷被调查者的多样性。此次问卷发放共收集 215 份问卷，为保证问卷的有效性，将收集到的问卷进行不断筛选，初步排除总答题时间较短的问卷，答题时间短说明被调查者很可能未认真填选，再根据被调查者所回答的选项进行分析，由于本问卷的一些选项具有冲突性，例如，"您最爱购买生鲜农产品的方式是什么？"若回答为"生鲜电商"，而"对于您是愿意在网上购买生鲜农产品"的回答为"不愿意"，则回答矛盾，那么此问卷无效。基于此，进行筛选后，有效问卷共计 205 份，问卷有效率为 95.3%。

4.4.2 数据分析与处理

4.4.2.1 被调查者个体特征的统计分析

从被调查者的性别、年龄、教育背景、家庭人均月收入、居住地与最近的生鲜农产品销售地距离等特征进行描述性统计分析（见表 4－1）。

表 4－1　　　　　　　　被调查者个体特征的统计分析

统计特征及分类指标		人数（人）	占比（%）
性别	男	75	36.59
	女	130	63.41
年龄	25 岁及以下	25	12.20
	26 ~ 35 岁	51	24.88
	35 ~ 45 岁	93	45.37
	46 ~ 55 岁	27	13.17
	55 岁以上	9	4.39

统计特征及分类指标		人数（人）	占比（％）
教育程度	高中或中专及以下	27	13.17
	本科或大专	130	63.41
	研究生以上	48	23.41
家庭人均月收入	2000 元及以下	20	9.76
	2000 ~ 4000 元	57	27.80
	4000 ~ 6000 元	95	46.34
	6000 元以上	33	16.10
距最近的生鲜农产品销售地距离	1 公里及以内	67	32.68
	2 ~ 3 公里	116	56.59
	3 公里以外	22	10.73

资料来源：笔者根据调查问卷数据计算而得。

（1）性别。从被调查者的情况来看，男性有 75 人，占总样本数的 36.59%；女性有 130 人，占总样本数的 63.41%。可以初步判断，在生鲜农产品的购买者中，女性占比是比较大的，这体现出购买生鲜农产品性别结构的差异性，也反映出女性是主要的家庭购买群体，特别是在食品方面。

（2）年龄。从被调查者的年龄分布来看，25 岁及以下有 25 人，占样本总体比重为 12.20%；26 ~ 35 岁有 51 人，占比为 24.88%；35 ~ 45 岁有 93 人，占比为 45.37%；46 ~ 55 岁有 27 人，占比为 13.17%；55 岁以上有 9 人，占比为 4.39%。可以初步估计，在 26 ~ 35 岁和 35 ~ 45 岁这两个年龄段购买生鲜农产品是比较多的，这也体现出生鲜农产品的消费以家庭消费为基础。

（3）教育程度。从被调查者的教育背景来看，高中或中专及以下有 27 人，占总样本数的 13.17%；本科或大专有 130 人，占总样本数的 63.41%；研究生以上有 48 人，占比 23.41%；可以大致判断，教育水平的不断提升，从侧面反映出当今人们的物质生活水平不断提高，更多人开始追求精神层面的享受。

（4）家庭人均月收入。从被调查者的家庭人均月收入来看，2000 元及以下有 20 人，占 9.76%；2000 ~ 4000 元有 57 人，占 27.80%；4000 ~ 6000 元有 95 人，占 46.34%；6000 元以上有 33 人，占 16.10%。可以初步判断，人们收入普遍提高，物质条件也将不断改善。

（5）居住地与最近的生鲜农产品销售地距离。从被调查者的距离分布来看，1 公里及以内有 67 人，占比为 32.68%；2 ~ 3 公里有 116 人，占比为 56.59%；3 公里以外有 22 人，占比为 10.73%。总体上看，居民附近的生鲜农产品销售市场覆盖率较高。

通过对表 4 - 1 的描述性统计分析，能够对被调查者进行初步了解。调查所收集到的样本具有广泛性、代表性。

4.4.2.2　被调查者购买行为特征统计分析

下面将对被调查者购买行为特征进行统计分析。

（1）购买频率。如表 4 - 2 所示，从被调查者的购买频率来看，每天 1 次有 55 人，占 26.83%；每周 2 次有 61 人，占 29.76%；每周 4 次有 81 人，占 39.51%；其他有 8 人，占 3.90%。由此可以得知，大部分被调查者购买生鲜农产品的次数比较频繁，这也是由生鲜农产品的产品特性所决定的，即易腐烂、损坏。当然也反映出消费者对于生鲜农产品需求量大的特性。

表 4 - 2　　　　　　　　　被调查者购买行为统计分析

统计特征及分类指标		人数（人）	占比（%）
购买频率	每天 1 次	55	26.83
	每周 2 次	61	29.76
	每周 4 次	81	39.51
	其他	8	3.90

统计特征及分类指标		人数（人）	占比（%）
购买时间段	10：00 之前	71	34.63
	10：00～14：00	51	24.88
	14：00～18：00	36	17.56
	18：00 以后	47	22.93

资料来源：笔者根据调查问卷数据计算而得。

（2）购买时间。从被调查者的购买时间来看，10：00 之前有 71 人，占比为 34.63%；10：00～14：00 有 51 人，占比为 24.88%；14：00～18：00 有 36 人，占比为 17.56%；18：00 以后有 47 人，占比为 22.93%。由此可以得知，大部分被调查者是在早上购买，这一点符合中国人的消费习惯。也有一部分人选择下午去购买，这一点符合大部分上班人员的时间安排。

4.4.2.3　被调查者购买终端的统计分析

根据表 4 - 3，从被调查者的购买终端来看，选择农贸市场购买的有 40 人，占比为 19.51%；选择超市购买的有 101，占比为 42.27%；选择生鲜电商购买的有 64，占比为 31.22%。由此可以大致判断，大部分被调查者选择去超市购买生鲜农产品，小部分被调查者选择去农贸市场，当然，选择去生鲜电商购买的被调查者也很多。这主要是因为超市的发展在很大程度上取代了农贸市场，同时，互联网的发展催生了生鲜电商，在网上购买也逐渐成为消费者的选择。

表 4 - 3　　　　　　　　　　被调查者购买终端的统计分析

统计特征及分类指标		人数（人）	占比（%）
购买终端	农贸市场	40	19.51
	超市	101	42.27
	生鲜电商	64	31.22

续表

统计特征及分类指标		人数（人）	占比（%）
影响因素	价格	69	33.66
	产品质量	122	59.51
	购物环境	89	43.41
	种类丰富	71	34.63
	服务态度	59	28.78
	便利性	97	47.32
	其他	10	4.88

资料来源：笔者根据调查问卷数据计算而得。

消费者购买生鲜农产品的影响因素，分别为：价格占比 33.66%，产品质量占比 59.51%，购物环境占比 43.41%，种类丰富占比 34.63%，服务态度占比 28.78%，便利性占比 47.32%，其他 4.88%。从调查结果可以看出，影响消费者购买生鲜农产品的因素首先为产品质量，其次为购物环境、便利性及种类丰富度。由于影响的程度不一样，这也反映出农贸市场、超市和生鲜电商各自的特色，消费者对于零售终端的选择也反映出了它们各自的特点。

4.4.2.4　关于生鲜电商的统计分析

从图 4 – 1 可以看出，有 58.54% 的被调查者愿意在网上购买生鲜农产品，有 41.46% 不愿意在网上购买生鲜农产品。由此可以初步判断，大部分人愿意上网购买生鲜农产品，因此，生鲜电商的发展也是大势所趋。而深入探究其原因，对于愿意购买和不愿意购买的影响因素进行了分析（见图 4 – 2）。

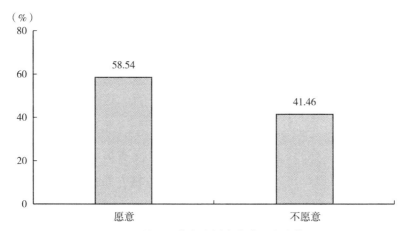

图 4 - 1　是否愿意在生鲜电商购买占比情况

资料来源：笔者根据调查问卷数据绘制。

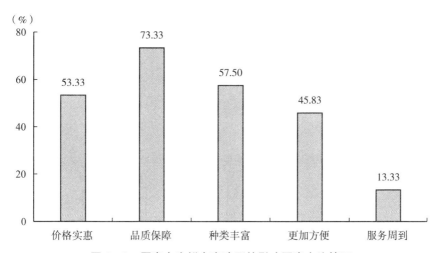

图 4 - 2　愿意在生鲜电商购买的影响因素占比情况

资料来源：笔者根据调查问卷数据绘制。

从图 4 - 2 可得出，被调查者愿意在网上购买生鲜农产品的理由：价格实惠占比 53.33%，品质保障占比为 73.33%，种类丰富占比为 57.50%，更加方便占比为 45.83%，服务周到占比为 13.33%。由此我们可以看出，愿意在生鲜电商购买的主要理由是品质保障，这主要是因为首先生鲜电商对于供货商的选择很严格，对产品从产出到运输，再到消费者手中，都进行了严格地把控；其次是种类丰富、价格实惠，以及更加方便，生鲜电商无疑打破了时空的限制，消费者可以足不出户，只需要借助网络，便可以购买到非常多的产品，甚至可以购买到全国各地的生鲜农产品，这在很大程度上打破了地域的限制。

而对于不愿意在网上购买生鲜农产品的理由笔者也进行了更进一步的探究，从图4-3可以得出各因素的影响情况：价格方面占比为11.76%，不能亲自体验选购占比为44.71%，购买流程陌生占比为31.76%，担心产品新鲜度占比为54.12%，配送时间问题占比为28.24%，支付安全问题占比为52.94%，品质保障问题为45.88%。综上我们可以看出，不愿意在生鲜电商购买的主要理由是担心产品新鲜度，这体现出消费者对于生鲜农产品的选择标准和生活方式，以及更加地注重健康。同时，也反映出消费者对于生鲜电商的疑虑，首先，生鲜电商平台的虚拟性，让消费者无法根据实物情况来判别产品的好坏。而网络平台规范又存在一定的缺陷，一些不良商家借助

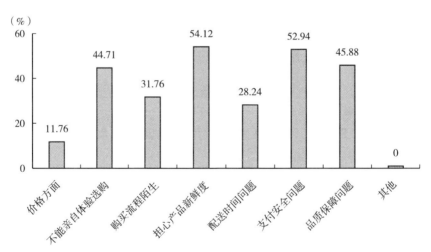

图4-3 不愿意在生鲜电商购买的影响因素占比情况

资料来源：笔者根据调查问卷数据绘制。

网络平台，打着各种口号，来吸引消费者，售卖低质产品，这无疑欺骗了消费者。同时，有些生鲜农产品的运输时间过长，运输过程又对农产品有一定的损耗，最终到达消费者手中的产品有一定的质量问题。其次，为支付安全问题，互联网时代的到来，催生了网上支付这种新形式的支付手段，但是其支付的安全性也让不少消费者存有疑虑，这些问题都在一定程度上阻碍了生鲜电商的发展。

根据图4-4对网购生鲜农产品考虑的因素进行分析，综合其重要程度进行排序：质量保障＞新鲜程度＞方便性＞支付安全＞配送时间＞产品种类＞服务态度，可以得出消费者认为很重要的是质量保障和新鲜程度，作为每天都需要消费的生鲜农产品，消费者对于产品的质量非常看重，这也表明，任何生鲜农产品的零售业态对于所提供的产品都要进行质量品质把关；比较重要的是方便性、支付安全和配送时间。由于生鲜农产品的特性及消费者的购买频率高、消费时效长的特点，决定了网购配送要及时，支付安全要有保障，这样才能带给消费者更加方便的购物体验。

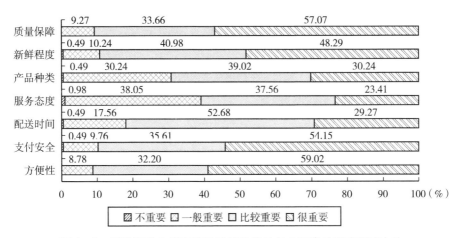

图4-4　影响网购生鲜农产品购买决定的各个因素的影响程度占比

资料来源：笔者根据调查问卷数据绘制。

调查分析表明，大部分人认为超市和生鲜电商之间的区别主要体现在质量方面和购物体验方面，其占比分别为 60.49%、56.59%。据此可以初步判断，线上销售平台和线下销售平台的区别主要为购物体验。对于超市而言，人们可以去超市精挑细选，生鲜农产品的品质和新鲜程度一眼可见；而对于生鲜电商而言，更多的是依据商家描述和买家评价进行产品的挑选，这在购物体验上有很大的区别。值得注意的是，在方便性方面，占比为 29.76%，这说明生鲜电商要比超市购物更加的便捷、省时省力，更符合当代人快节奏的生活状态（见图 4-5）。

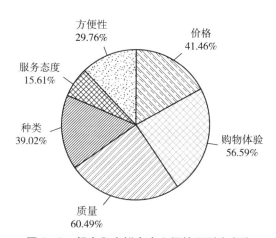

图 4-5 超市和生鲜电商之间的区别度占比

资料来源：笔者根据调查问卷数据绘制。

调查分析表明，对生鲜电商的发展态度持支持的占比为 65.85%，而不支持的占比为 15.12%（见图 4-6）。据此可以初步判断，大部分人还是支持生鲜电商的发展的，生鲜电商的发展势不可挡，并将形成生鲜农产品零售业态的新形势。

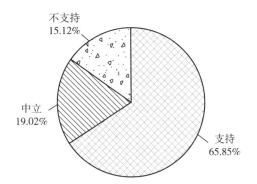

图 4-6 生鲜电商的发展态度占比

资料来源：笔者根据调查问卷数据绘制。

4.5 结论与对策建议

4.5.1 研究结论

4.5.1.1 消费者的总体特征

从消费者的个体特征和购买行为特征等方面来看，在性别方面，女性与男性相比占多数，这主要是源于中国的传统风俗及女性的天性，使其成为一个独立的购买群体，女性也更多地扮演着家庭主妇的角色。从年龄层面来看，还是以年轻人到中年人（25～55 岁）这个年龄段的人居多，以家庭消费为主，当人们有了稳定的家庭之后，就会规律性地购买生鲜农产品。从受教水平方面来看，绝大部分被调查者是本科以上，随着教育水平的提升，人们的文化素质水平也不断提高。从收入方面来看，相比较以前，绝大部分人的收入都有所提升，且越高的收入对于生鲜农产品的消费需求也就越高，这也意味着对于生鲜农产品的购买选择，价格也是一个重要的影响因素。从购买终端来看，大部分人选择去超市购买，这也反映出人们生活品质的提升，毕竟超市有品质保障，购物环境好，也相对较方便，种类比较齐全，具有农贸市场所无法比拟的优势。但随着生鲜电商开始盛行，其方便性完胜超市，越来越多的人支持并愿意使用生鲜电商购买生鲜农产品。从影响购买决策的因素来看，首先，人们主要关注的是产品的质量，对于任何一件商品而言，质量是第一位的，这也对生鲜农产品的采摘、运输、保存、售卖等各环节都提出了更高的要求；其次，是方便性，如今人们快节奏的生活，要求生活的各个方面都能够高效、便捷，这也是生鲜电商越来越受欢迎的原因之一。

4.5.1.2　超市与生鲜电商的比较

根据所收集到的数据可以了解到，在购物体验和方便性这两方面，超市与生鲜电商的差别是比较大的。具体来看，各自的优劣势以及其差别所在，超市能够给人们提供更加真实的购物体验，人们去购买生鲜农产品时，可以通过直接接触产品来辨别产品质量的好坏，但是生鲜电商只能是提供虚拟的购物体验，人们只能根据商家的描述和一些买家的评价来决定是否购买。但就方便性而言，生鲜电商比超市更加的方便，人们只需要浏览自己想要的产品，购买、下单、验收货物，就可以完成整个购物流程，并且还可以进行评论，来为其他的买家提供参考，这也在无形之中促进了网络互动与交流。就价格而言，生鲜电商的生鲜农产品价格要相对便宜些，因为使用网络平台，可以大大降低成本，如降低门面店铺费、经营费用等，并且生鲜电商可以实现农场主与消费者对接，减少中间商环节，直接让利给消费者，更有利于生鲜农产品的销售。但是仍然有部分人对于网上购买生鲜农产品持怀疑态度，主要原因首先是担心生鲜农产品的质量和新鲜度，这也对电商平台的产品监管和配送服务提出了更高的要求；其次是担心支付问题，虽然互联网的出现，让支付变得更加简单，但也同时存在风险，网络诈骗也越来越多，人们担心其支付安全，这就要求生鲜电商要提高支付安全度，让人们可信赖，放心支付。

4.5.2　对策和建议

基于调查研究所收集到的数据，再结合生鲜农产品零售业态的发展规律，以及生鲜农产品发展的现状及所遇到的问题，笔者从多个主体、多个角度提出可行的解决方案。

4.5.2.1　政策建议

（1）营造良好竞争环境。政府应给予市场充分的自由，根据市场的特点，结合市场规律，充分发挥市场在资源配置中的主导作用，各个市场主体自主经营、良性竞争，不断推动着生鲜农产品零售业态的变革。但同时，政府也要加以积极引导，适当地给予农产品政策支持，鼓励生鲜农产品的经营，提供财政补贴、税收优惠政策，营造良好市场竞争氛围。

（2）保障生鲜农产品质量水平。保障产品质量是首要的，要确保产品的质量，在源头上做好把控，才会给销售商更多的生存空间，政府可以出台相关政策，如建立健全有关农产品的国家标准，其中，包括质量标准、残留物指标等；建立健全农产品质量安全检测系统，对于农产品生产的每一个环节进行质量监控，保证消费者的食用健康安全；推进农业标准化管理，从产品的生产、流通、销售等相关过程进行严格把控，提供质量保障；推进农业标准化示范基地建设，做好农业这一行业的方向标，提高农产品的生产积极性；加大普及农业标准化知识的力度。通过这一系列的政策、措施，保证生鲜农产品的质量水平。

4.5.2.2 超市生鲜农产品发展建议

（1）连锁经营，提高规模效应。超市可以采取生鲜农产品连锁经营的方式，增强规模效应，以提高竞争力。面对生鲜电商的冲击，超市要想站稳脚，就必须提高其竞争力，而连锁经营，可以实现对采购产品更加方便、快捷的需求，同时，也能够提升超市形象，满足人们对于产品的高质量需求。

（2）加强与农场主合作。首先，超市可以与农场主进行长期稳定的合作，不仅可以保障产品的质量安全，而且还可以降低成本；其次，超市还可以实现高效率的配送、流通，通过与农场主长期且稳定的合作，可以形成固定的运输路线和运输模式，以提高生鲜农产品的运输效率。

（3）推广线上 App 运营。超市也可以实现"线上＋线下"的经营模式，可以实现超市的网上购物，消费者既可以选择在超市体验购物，也可以在网上购买，实现线上线下一体化，提升了消费者的购物转换率，同时，超市也提高了服务质量，从而得到消费者的青睐，并可以形成稳定的客户流。但超市推广线上 App，无疑将对于产品物流的配送提出更高的要求，超市在物流方面需要投入较大的资金，容易造成运营成本的增加。

4.5.2.3 生鲜电商的发展建议

（1）加强产品保障，打造品牌效应。生鲜电商要加强准入门槛，对于入驻商家要加强审核力度，以此来保障产品的质量，同时，平台也可以自主与龙头企业或者其他农业生产基地建立合作关系，保证货源和质量，形成自己独有的特色，以此来吸引更多的消费者，提高关注度；并且不断了解消费者的需求，以消费者需求为导向，实现生鲜电商的灵活性。

（2）提高物流效率，加强供应链管理。生鲜电商最重要的环节之一就是产品的配送问题，可以采取先进技术来保障产品质量，提高物流配送效率，例如，可以使用冷藏链技术，来为运输的产品保质保鲜，可以自建物流系统，实现高效、便捷的物流体系。加强对供应链的管理，减少流通成本，提升利润空间。

（3）加大支付安全性，提高消费者信赖度。消费者对于生鲜电商的使用，不仅存在对使用流程陌生的问题，还存在支付安全性方面的问题。对于使用流程陌生的消费者，生鲜电商可以加大宣传力度，提供操作指南，进行相应的引导；而要消除消费者的支付疑虑，则需要生鲜电商加大支付的安全性能，提升网络支付风险的防范意识，提供技术支持保障，打造专业的技术运营团队，保证消费者支付的安全性及消费者信息的保密性，尊重消费者的隐私，提高消费者的信赖度。

（4）提升服务水平，营造口碑效应。由于生鲜平台商家展示的产品具有一定的局限性，生鲜平台可以提供售前、售后服务，帮助消费者更好地了解产品特性，做出更加理性的购买决策。同时，要更加重视售后服务，对于消费者的问题要耐心地解决，对于产品质量的问题，要尽快提供解决方案，及时处理。给消费者一个良好的购物体验，让消费者感受到产品的优质、服务的贴心，以形成良好的口碑，从而进一步实现平台的推广，促进生鲜电商的良性发展。

第 5 章
中国手机品牌演进研究

万物互联的开启赋予了智能终端新的技术加持，信息时代的消费升级改变了人们的消费需求，智能手机成为人们不可缺少的随身物品，这种现状加剧了手机行业的竞争。有的企业因为顺应了市场需求而突出重围，也有一些企业虽名噪一时，最终却也不得不黯然离场。每个时期都会有一些企业因采取了区别于竞争对手的营销模式，而成为中国手机市场的领军企业。在如今的中国市场，已经形成了相对稳定的热销手机品牌，但是手机同质化现象比较严重，企业采取何种营销模式，才能使企业产品脱颖而出，这是企业应该思考的。

5.1 中国手机品牌的发展历程

从最早进入我国的摩托罗拉手机独领风骚，到现在国产手机主导中国市场，中国手机品牌经历了一番可载入史册在发展历程。经过 30 多年的发展，我国的手机行业实现了功能机到智能机的转变，黑白屏到彩色屏的升级，也历经了国外品牌与国内品牌的多次较量，不断进步、持续发展的过程。按照手机市场的变迁将这段过程划分为五个阶段。

5.1.1　探索期（2000 年之前）

20 世纪 90 年代，中国手机市场被爱立信、摩托罗拉等为代表的国外品牌占领，直到 90 年代末，国产手机品牌才开始陆续出现。这一时期手机的主要消费人群大体是以 30 岁左右的年轻人为主，国产手机的市场占有率不足 10%。功能机是这一时期的主要机型。

5.1.2　萌芽期（2001～2005 年）

2001～2005 年，一批以科健、波导为代表的国产手机开始入驻中国市场，开启国产手机的短暂热销时代。这一时期，我国人均消费能力有限，虽然手机价格下降，并开始向平民化方向发展。但主要消费人群依然是年轻群体，中低档手机是厂商的主推机型，实体店是企业的主要销售渠道，国产手机初露头角。各品牌国产手机与运营商合作，采取捆绑销售的方式，为这一时期国产手机品牌的市场占有率的提高做出了卓越的贡献。

5.1.3　积累期（2006～2010 年）

2006～2010 年，由于技术短板的限制及国家政策的出台，导致国产手机厂商销声匿迹，诺基亚、摩托罗拉、索尼等国外品牌占据了 80% 以上的市场份额。因为成本优势，国产手机在农村市场取得过一定的成绩，但因为侵权、质量和服务等问题，导致消费者的信心被消磨殆尽，国产手机逐渐退出市场。这一时期，国外手机品牌主打智能机，诺基亚因为对于中国手机市场的消费需求把控得更精准，开始在中国手机市场崭露头角。

5.1.4　国产品牌快速成长期（2011~2014 年）

2011~2014 年，国产品牌手机开始崛起。这一时期，小米、oppo、华为和 vivo 等手机品牌开始在中国手机市场初露锋芒。这一时期，国内手机高端市场被国外品牌占据。本土品牌虽然开始崛起，但是一般都是徘徊在千元左右价位的机型。在这一阶段，一方面，智能机销量超过了功能机，奠定了手机行业以后的发展方向；另一方面，国产手机品牌开始向高端市场进发。虽然本土品牌与国外品牌展开了激烈的角逐，但这一时期，高居榜首的依然是以苹果等为代表的国外品牌。

5.1.5　国产品牌主导市场（2015 年至今）

从 2015 年开始，以华为、小米等国产智能手机为代表，主导了国内手机市场。时至今日，中国手机市场占有率，除了苹果还有一席之地，其余品牌已被国产手机品牌攻陷。主要消费人群由 30 岁左右的年轻人，扩充到 50 岁以上的中老年人，手机常态化、大众化已成为事实。第 4 代移动通信技术（4G）时代的中国手机市场，国产手机还在力争上游；第五代移动通信技术（5G）时代开启时，中国手机市场已被国产手机牢牢占据，以华为为典型代表的国产手机品牌在高端市场占有一席之地。oppo、vivo 和小米等也推出了 5000 元左右价位的机型，取得了较好的销量。马太效应在这一时期的中国手机市场体现得淋漓尽致。

5.2 中国手机品牌演进的驱动因素分析

5.2.1 国家政策是指引

中国手机市场不同发展阶段都有相应的国家法律法规或者政策作为指引，用于规范行业发展。手机牌照制度的取消带来了国产手机短暂的春天，之后国家新一代通信理念的提出，使本土机如雨后春笋，国产机市场大地回春。之后国家更是针对技术研发成立专门的专项计划与资金，大力支持智能手机的发展。表5-1是国家针对手机行业的部分政策。

表5-1 手机行业国家出台的部分政策

政策名称	发布时间	内容
国务院关于加快培育和发展战略性新兴产业的决定	2010年10月	加快建设宽带、泛在、融合、安全的信息网络基础设施，推动新一代移动通信、下一代互联网核心设备和智能终端的研发及产业化
国务院关于促进信息消费扩大内需的若干意见	2013年8月	鼓励智能终端产品创新发展 支持研发智能手机、智能电视等终端产品，促进终端与服务一体化发展
"十三五"国家战略性新兴产业发展规划	2016年11月	加快高性能安全服务器、存储设备和工控产品、新型智能手机、下一代网络设备和数据中心成套装备、先进智能电视和智能家居系统、信息安全产品的创新与应用 大力提升产品品质，培育一批具有国际影响力的品牌
推动重点消费品更新升级畅通资源循环利用实施方案（2019~2020年）	2019年6月	加强人工智能、生物信息、新型显示、虚拟现实等新一代信息技术在手机上的融合应用。推动办公、娱乐等应用软件研发，增强手机产品应用服务功能

资料来源：笔者根据相关政策整理而得。

5.2.2 技术更迭

通过中关村在线 App 对所有手机品牌进行搜索，对所有有标志性的机型进行统计。表 5 - 2 是 2014 年之后市面不同手机品牌的操作系统、运行内存、储存内存等数据的一般标准，并不代表这一阶段里最高技术含量。短期看手机厂商并没有比较大的技术变革，但是若以 3 年作为一个观察节点，我们发现，技术的进步是迅速的。企业为了满足人们娱乐、办公需求，不断地扩展手机的内存，减少卡顿的情况；为了满足年轻人对于音乐和拍照的需求，不断改进拍照功能，增加广角和夜景等不同条件与环境下的拍摄需求。只有技术的不断更迭，才能不断满足消费者的需求，才能造就手机市场的蓬勃发展。

表 5 - 2　　　　　　　　　　　**手机技术更迭表**

操作系统	屏幕分辨率（像素）	运行内存（G）	储存内存（G）	前置（万像素）	后置（万像素）
高通骁龙 4 ** 或 61 * 系列	1280 × 720	2/3	16	500	1300
高通骁龙 65 * 系列	1920 × 1080	4	32	800	1300
高通骁龙 67 * 系列	2280 × 1080	6	64	2000	1200 + 200
高通骁龙 7 ** 或 8 ** 系列	2400 × 1080	8	128	3200	4800 + 1600 + 1200

资料来源：笔者根据中关村在线 App 数据整理而得。

5.2.3 企业战略决策

华为以注重研发而被人们所熟知，后起之秀如小米、vivo、oppo 则是靠着特有的营销方式在中国手机市场站稳脚跟。随着市场环境及技术进步，只有企业策略与时俱进，才能保证企业长青。企业策略不是一成不变的，企业刚进入市场和已经成为行业龙头所采取的措施各有不同；企业处于社会不同发展阶段时，也应有不同的应对策略。企业采用的策略不同，造成的影响也不同。产品策略、定价策略、渠道策略，以及促销策略，都可以帮助企业在市场竞争中增加竞争优势。企业应结合政府政策法规及市场环境的变化，及时变革企业策略，保障企业的竞争力。

5.2.4　消费者可支配收入

消费者可支配收入的增加，提高了顾客的消费信心。一定范围内，消费者可支配收入越高，人们对手机等产品的需求量也越大。随着手机更新换代的速度日益加快，用户更换手机的次数也会越多。我国消费者经济收入的稳定和快速增长，是手机消费支出增加的必要途径之一。表 5 – 3 是消费者可支配收入的具体变化。从表 5 – 3 中可以发现，消费者可支配收入呈现逐年递增的趋势，这是我国手机行业繁荣的根本保证。

表 5 – 3　　　　　2013 ~ 2020 年全国居民历年可支配收入情况　　　　单位：元

指标	2013 年	2014 年	2015 年	2016 年	2017 年	2018 年	2019 年	2020 年
可支配收入	18310.8	20167.1	21966.2	23821.0	25973.8	28228.0	30732.8	32188.8
现金可支配收入	17114.6	18747.4	20424.3	22204.5	24201.9	26291.4	28612.1	29918.7

资料来源：历年《中国统计年鉴》。

总的来说，中国手机市场的竞争态势是：国外品牌功能机—国产品牌功能机—国外品牌智能机—国产品牌智能机，其发展让智能手机开始在我国普及。

5.3　中国手机企业营销模式演进分析

经济发展和社会进步推动着营销模式的不断变迁。企业为了谋求发展，不得不适应经济发展面临的环境，将各种环境与技术因素叠加利用，目的是实现自身利益最大化。中国手机市场不同发展阶段的手机营销模式，可以大致划分为总代理营销模式—直销式营销模式—深度营销模式—网络营销—线上线下相结合的营销模式。

5.3.1　总代理营销模式

20世纪90年代，国外手机品牌独占国内市场，但由于外来品牌缺乏销售基础，多采用与国内相关企业合作的方式进行，国外手机企业将手机直接销售给有实力的批发商，之后由这些企业再将产品逐级分销给各个分销商。采用这种营销模式的代表企业有摩托罗拉、爱立信等品牌。

5.3.2　直销式营销模式

进入21世纪之后，国产手机开始进入手机市场与国外品牌进行较量，这使手机行业的竞争逐渐激烈。总代理的营销模式开始显现出中间环节较多，造成零售终端上货速度慢的弊端。另外，初入市场的国产手机终究难敌领军企业，销量差距显著。由于实力的原因，国产手机找不到实力强劲的代理商，所以只有自力更生。根据地区的级别，建立不同的销售机构，如省、区、市、县相互衔接，职责有别，全方位下沉到销售终端。如国产手机品牌——波导靠着自建销售渠道的方式，成为当时国产机的"老大"。

5.3.3 深度营销模式

（1）精细化代理模式。TCL 依靠着这种分工明确的代理模式，一定时期内取得了快速发展，而在渠道营销方面与其他品牌差异不大，都是分了不同级别的代理商。但是针对不同手机机型的销售做了明确的分工，提高了效率。之后随着市场的不断发展，TCL 转变成直供的营销模式，目的是能够减少中间过长的渠道，快速应对市场的变化。

（2）店面直销营销模式。手机和家电连锁零售商的兴起，促使诺基亚、摩托罗拉、联想等手机品牌商开始与其合作，扁平化中间层级，实现了双赢。

5.3.4 网络营销模式

在小米实行互联网销售手机之前，市面几乎都是采取实体店的方式开展销售。小米作为当前市场发展较好也是最年轻的企业，是国内最早推出"饥饿"营销策略的智能手机品牌。小米是专注于互联网销售的手机品牌，小米社群的运行在企业与米粉之间搭建了沟通与信赖的桥梁。小米手机通过饥饿营销打开知名度，通过社群营销稳定了市场份额。

在众多品牌把目光聚焦到互联网平台进行手机销售时，vivo 和 oppo 开设了实体店，将目标人群定位到刚毕业的大学生或者上班族，研究这部分人群追星的热忱，选择与各种综艺节目或者当红顶流合作，最大限度地增加曝光度，吸引消费者视线。两者的主要目标人群就是年轻女性。vivo 和 oppo 一度将线上销售的热潮扭转为线下专卖店销售。

由于国产手机品牌起步较晚，没有核心技术，快速发展的法宝就是吸收行业先进技术与经验，三星是这样做的，华为也是。国产手机品牌通过不完全模仿创新营销模式的应用，逐渐打开中国手机市场。现在我国手机市场已经形成了比较稳定的品牌，消费者形成了相对固定的品牌忠诚，饥饿营销应用的有利条件已不复存在，所以企业开始寻找新的营销模式，拉近与顾客的距离。在产品方面，手机品牌大都采取多条产品线的方式，争取最大程度地覆盖消费人群，国产手机在前期几乎都是采取低价竞争策略进入市场后，逐渐向高端手机市场进军。

5.3.5 线上线下相结合的营销模式

新零售时代的手机营销模式将线上线下相结合，互联网的盛行在消费者进行产品比对时，可以拥有更深入、更全面的了解。体验营销可以让企业了解到消费者的需求，线上购买又可以突破消费者购买时间和空间的限制，两者的完美配合让消费者实现了满意的购物体验，增加了消费者对于该品牌的黏性。

经过一段时间的发展，现在我国市场上的手机品牌，几乎都有能覆盖全部人群需求的手机型号，1000 元以下的针对老年人的机型，1000~2000 元针对学生或者父母的机型，2000~3000 元针对刚工作不久的白领人群，4000 元及以上针对商务人士打造的商务机型等。

5.4 中国手机市场的发展趋势

5.4.1 手机行业发展趋势

国内手机市场历经 30 多年的发展，行业老大的位置不断易主。因为市场需求的旺盛，不断吸引更多的企业进入该领域。通过查阅整理的中国手机市场占有率排名的数据（见表5-4），我们发现国产手机已经站稳脚跟，国外手机品牌大部分退出了中国手机市场。

表5-4　　　　　　　　　中国市场手机市场占有率排名表

年份	排名	手机品牌	市场占有率（%）
2001	1	摩托罗拉	—
	2	诺基亚	—
	3	三星	—
	4	西门子	—
	5	波导	—
2010	1	诺基亚	26.7
	2	三星	17.9
	3	摩托罗拉	13.6
	4	索尼爱立信	9.3
	5	苹果	7.1
2015	1	华为	20
	2	小米	13.3
	3	联想	13
	4	TCL	9.6
	5	oppo	9.1
2016	1	oppo	16.8
	2	华为	16.4
	3	vivo	14.8
	4	苹果	9.6
	5	小米	8.9
2017	1	华为	19.8
	2	oppo	18.8
	3	vivo	15.9
	4	小米	11.5
	5	苹果	8

年份	排名	手机品牌	市场占有率（%）
2018	1	华为	25.7
	2	oppo	20.3
	3	vivo	19.4
	4	小米	12.2
	5	苹果	8.4
2019	1	华为	38.4
	2	vivo	18.1
	3	oppo	17.1
	4	小米	10.9
	5	苹果	8.9
2020	1	华为	38.3
	2	vivo	17.7
	3	oppo	17.4
	4	小米	12
	5	苹果	11.1
2021（上半年）	1	oppo	21
	2	华为	20
	3	vivo	20
	4	小米	16
	5	苹果	16

注：时间间隔不同的原因是因表 5 - 4 是根据各手机品牌公布的数据整理所得，在 2015 年之前公布的数据中，仅有 2010 年有完整数据，所以本表只整理了涵盖符合条件的年限。

资料来源：笔者根据网络公开资料整理绘制。

5.4.2 市场需求发展趋势

经济发展、人们消费观念的改变、消费水平的不断提高，以及消费者需求对于手机市场的发展起到了不可忽略的作用。功能机的淘汰是人们不再满足于手机只具有打电话发短信等基本功能。有品质、智能化的移动终端才是消费者的追求。各种社交软件的盛行也催生企业不断扩展手机储存与运行内存，波导手机成为国产机老大的时期，手机只能存储少量的照片和歌曲，现在 512G 的内存，就是适应市场需求的产物。透过表 5－5 的信息我们发现，2000 元及以上价位的手机的口碑评价得分普遍高于千元机。究其原因可能是因为千元机的主要使用人群是老年人，他们不会利用口碑评价进行打分，而最根本的原因，我们认为还是手机的使用感带来的区别。此外，随着时间的流逝，高低价位的手机口碑评价得分差距会越来越大，由此，我们认为消费者的需求在不断提高。

表 5－5　　2014～2020 年我国手机市场不同价位手机的口碑评价得分

年份	价位	口碑评价（分）
2014	2000 元及以上	6～7
	1000 元及以下	5.5 以下
2015	1000 元及以下	6 以下
	2000 元及以上	7.3～7.8
2016	1000 元及以下	5.4 以下
	2000 元及以上	7.8～8.2
2017	1000 元及以下	5.6 以下
	2000 元及以上	8～9
2018	2000 元及以下	6～7.5
	2000 元及以上	8.3～9.1
2019	2000 元及以下	7.5～8.5
	2000 元及以上	8.5～9.2
2020	2000 元及以下	6.6 以上
	2000 元及以上	8～9.3

资料来源：笔者根据中关村 App 相关资料整理绘制。

5.5 结论与启示

在过去 30 多年的时间里，中国手机市场不同时代有不同的领军企业引领发展，经历了从功能机到智能机，从国外手机到国产手机，由山寨到创新的演化过程。从这些过程里我们得到了以下的启示。

（1）各手机厂商应加强技术研发。前期国产手机靠着较低的价格与强大的广告营销攻势打江山的时代已经过去，机海战术是现在手机企业的选择，琳琅满目的机型，差异化与技术革新却并不明显。现在，手机品牌的不同系列让人眼花缭乱，特别是国产机，如华为手机 mate 系列、p 系列、vova 系列、畅享系列、麦芒系列。小米手机分为小米和红米两个大类：小米有 mix、数字和 cc 三个系列，定位是中高端人群；红米目标人群是年轻人，有 k 系列、x 系列、note 系列和数字系列。vivo 手机 2019 年 2 月全新子品牌 iQOO 专攻线上销售，线下 vivo 有 NEX 系列、X 系列、S 系列、Y 系列、Z 系列和 U 系列，针对高中低端不同市场。oppo 手机有 FindX 系列、Reno 系列、Ace 系列、A 系列和 K 系列。oppo 子品牌 realme 有 V 系列、U 系列、X 系列和 Q 系列，成立之初主打海外市场，现在已回归国内市场。除了市场的领军企业，还有其他一些小众品牌。根据资料显示，我国手机上市的机型每年呈现逐年递减的趋势，但是 2020 年仍有 462 款机型问世。企业可能出于跟随市场潮流，以保持市场份额的目的。但是表面看手机品牌覆盖了更多的消费群体，其实这样的结果对于顾客购买并没有带来很大的吸引力。根据我们统计的手机操作系统和屏幕分辨率等技术数据，每年各个品牌上市的多款价位接近的手机，其技术差异并不明显，这样对于消费者换机的刺激不够强烈。适当减缓手机更新换代速度，减少每种手机型号的机型，强调手机型号之间的技术进步，也许可以更好地刺激消费者购买欲。

（2）打造核心竞争力，推动品牌差异化。现在手机市场虽说不上完全饱和，但消费者的购买需求终究是在不断降低，所以手机厂商应该打破产品同质化的现状，突显产品的差异化，构建自己的核心竞争力。中国手机市场空间很大，热衷拍照的年轻群体，有企业关注；喜欢游戏的人群，有企业聚焦；喜欢高性价比的人群，有企业满足。消费能力不断升级的背景下，人们的消费需求总是在不断追求自我与个性，企业通过市场定位找到自己的目标人群，依靠核心竞争力培养其品牌忠诚度，最终找到发挥自己优势的区间，实现企业价值最大化。

（3）借助数字技术的东风，打造渠道差异化。手机厂商最初以线下实体店为主，后因小米率先开启互联网营销模式，引起各大厂商纷纷效仿。在这种市场行情下，oppo、vivo 大力建设线下体验店，取得了知名度和销量的大幅提高。各大手机品牌销售渠道各有千秋，但渠道差异化不明显。数字经济时代，人工智能、大数据等技术的进步，催生了新零售等模式，推动手机销售渠道全面发展。未来手机厂商在利用互联网平台打造线上渠道的同时，还要兼顾消费者线下需求，增加智能体验店的建设。

（4）人工智能为手机厂商增强产品功能差异化提供技术支持。人工智能技术的发展，为手机智能化程度锦上添花。语音识别技术日渐成熟，带动手机虚拟助理（如 vivo 的 jovi，oppo 的 Breeno、荣耀的 YOYO 等语音助手）的发展越来越人性化。万物互联时代，手机开始用来控制扫地机、空气净化器等智能家居产品。人工智能的发展，为手机满足消费者多元化需求提供了技术支持。未来手机厂商应加强功能性差异的竞争优势，帮助企业更好地抢占市场。

第 6 章

营销渠道的演进研究：以家电业为例

家电业是我国发展最早也是市场化程度最高的行业之一。早期的家电制造业是以卖方市场为导向，后来转向买方市场。由一开始重视产品的数量、质量和新品的开发到注重销售渠道的建设与维护。本章以家电行业为例，结合家电行业的特点，对我国营销渠道演进进行研究，分析推动演进的因素，展望渠道未来发展。

6.1　营销渠道理论基础

营销渠道是营销管理 4P 营销组合理论的核心要素之一。自 20 世纪 80 年代经济体制改革之后，我国市场经济开始得到发展。随着改革开放的深入、经济全球化进程加快，市场经济体制加速发展和完善，很多企业意识到营销管理的重要性，更多的企业也意识到营销渠道建设的必要性。被誉为"现代营销学之父"的菲利普·科特勒提出：营销渠道是指某种商品（包括服务）从生产者向消费者转移过程中，能够取得这种商品（包括服务）所有权或帮助转移其所有权的所有个人或企业①。以下简要回顾营销渠道相关概念与理论。

---

① 菲利普·科特勒. 营销管理 [M]. 上海：上海人民出版社，2006.

6.1.1　营销渠道的概念

营销渠道是指配合、生产、分销和消费某一生产者生产的商品（包括服务）的所有企业和个人。换种说法，就是市场营销渠道包括从一件商品（服务）的供给、生产和销售所有过程相关的企业和个人，包括供应商、生产者、中间商、代理中间商、辅助商，以及最终消费者的几种或者全部。简单来说，营销渠道就是商品从生产者向消费者转移的通道或路径。通常营销渠道会具有以下特征：

第一，营销渠道是一个系统，是由参与商品交易过程中相关的机构或人员构成的。

第二，营销渠道应是以生产者为起点，以个人消费者或组织用户为最终环节，而在这中间的每一个环节都称为中间商。

第三，商品从生产者向最终消费者流通的过程中，商品的所有权至少要转移一次。

营销渠道概念的界定虽然有很多，但其本质都是一样的。简而言之，就是商品（产品或服务）从生产者到消费者所需的通道。而这一通道可长可短、或宽或窄、可简单也可复杂，具体的结构还要根据商品的性质特点来决定。商品能够选择合适的营销渠道可以大大提高商品周转速度，以此带来更高的效益。

6.1.2　营销渠道的功能

从市场营销的理论角度来看，根据消费者的需求，把自然界提供的各种原材料转换成更有意义和价值的产品组合，再提供给消费者，这是市场营销渠道的基本功能。市场营销渠道的职能是对产品从生产者转移到消费者所必须完成的工作加以组织，其目的是为了消除产品或服务与消费者之间的差距。所以，市场营销渠道的主要功能有：①调研功能。即面对市场能够收集市场信息，并且制定出促进销售的计划和进行市场交换所需要的相关信息。②促销功能。即进行设计和传播为吸引消费者购买商品或服务的、富有说服力的信息。③谈判功能。在交易过程中，交易者通过谈判的方式达成有关产品或服务的价格，以及其他条件的最终结果，以此来实现商品或服务所有权的转移。④配合功能。即让所供应的商品与劳务符合消费者需求，包括制造、装配、包装等活动。⑤接洽功能。即能够找到商品潜在的消费者，并且能与其产生交流及信息反馈。⑥物流功能。即通过包装、仓储、运输、配送、完成从原材料到最终产品向最终用户、消费者的传递。⑦融资功能。即通过市场营销渠道成员组成的利益共同体，来负担营销渠道所需的部分或全部费用。⑧风险承担功能。即在整个过程中要承担营销渠道工作出现的及潜在的风险。

6.2 家电行业营销渠道演进

6.2.1 我国家电行业营销渠道发展的主要阶段

从 20 世纪 80 年代中期之后，营销渠道开始受到关注，渠道的研究也得到了发展，从 80 年代中期至今可分为以下四个阶段：

6.2.1.1 第一阶段：20 世纪 80~90 年代初

改革开放初期，从 1979 年到 20 世纪 80 年代中期，经济体制改革取得了较好的成绩。由于经济体制改革的成功，计划经济体制逐渐失去主导地位。

传统百货公司是一个大型百货商场，产品多样、受众消费者广，其模式主要是经销和代销，以及合作管理模式。从计划经济时代逐步进入市场经济时代之后，各大百货公司如雨后春笋般出现，百货商场里的消费者更是络绎不绝。

而此时的国产家电生产企业正处于成长阶段，当时的经济水平也不高，产品质量有限，导致国产产品的知名度很低，而通过百货商场这一渠道，可以大大的提高产品知名度，快速打开当地的家电市场。因此，百货商场这一渠道成为了家电生产企业重点部署之地。

6.2.1.2　第二阶段：20 世纪 90 年代初～21 世纪初

从 20 世纪 90 年代初开始，众多新型业态陆续进入中国，并且取得了很好的发展，例如，大型综合卖场、购物中心等。尽管当时不断新建或扩建大型百货商场，但新建或扩大的百货商场只是表面上更新、更大，但其经营理念和方式并没有多少改变。而新业态的进入彻底改变了传统百货业单一的经营模式。

这一时期，家电业的营销渠道具有内部一体化的特征，而对传统百货业的家电板块冲击最大的就是连锁商城，分别是以国外品牌为主的沃尔玛、家乐福、麦德龙等为代表的综合性连锁商城和以国美、苏宁、百联等为代表的国内家电连锁商城。综合性商城具有商品种类齐全、价格优惠的特点，通过各种商品带动人流量，从而带动家电产品的销售，从一开始的小家电慢慢发展到几乎所有品类的家电产品。家电连锁商城对传统家电销售渠道造成的冲击比综合性连锁商城对其造成的冲击更大。家电连锁商城具有经营规模大、连锁区域广、有强大的资本支持和广大的销售网等特点，而且是一个效率和专业化程度都比较高的零售终端。因此，随着连锁商城出现和崛起，传统百货业一家独大的局面被打破。

6.2.1.3 第三阶段：21 世纪初～2012 年

进入到 21 世纪，经过几年的发展，大型连锁商城逐渐崛起，在国内形成了一条重要的销售渠道。2001 年我国加入了世界贸易组织（WTO），带动了我国的经济发展，并取得了优异的成绩。国内的家电制造业也由之前的成长阶段发展到成熟阶段，在家电行业的供应链中，制造商一直处于主导地位，但随着制造业的发展，出现了产能过剩的问题。由于加入 WTO，政策上的优惠加速了国外家电产品进入国内市场，导致国内家电业的市场竞争更加激烈。而此时家电渠道的形式演变成了常规渠道与内部一体化渠道的中间形式，即新的常规渠道，而连锁渠道的零售在家电行业的地位也越来越重要。

与此同时，随着家电连锁企业的快速扩张，其与家电厂商的合作产生了一些矛盾，一些连锁企业没有按照厂家的规定改变价格体系，也不按照约定分担各种费用，甚至对于账单也不及时支付等。因此，家电制造商为了避免因家电连锁商太强势带来的威胁，纷纷开始自建销售渠道，以规避风险。例如，TCL"幸福树"对外宣称在 2010 年之前在全国建成 3000 家门店；因为连锁卖场只在国内的一二级市场占据渠道的优势，而在三四级市场鲜有问津，因此一些制造商转而投向三四级市场，例如，创维并没有像 TCL 那样大张旗鼓，在江苏省、浙江省一带的城镇市场开设了一些加盟店；美的电器也把重点放在了三四级市场，致力于发展专卖店；同样把发展重点放在三四级市场的还有格兰仕家电，计划在接下来的几年内开设 400～500 家品牌专卖店。在开设了自家品牌专卖店之后，之前和国美电器合作断裂的格力电器也取得了不俗的成绩。根据数据显示，家电连锁业在一级中心城市的市场份额达到了 60% 以上；而家电制造商通过建立自家品牌专卖店，也在整个销售体系占有 20%～30% 的市场份额。家电厂商也希望通过传统渠道、连锁卖场、专卖店建设三种渠道布局，解决厂商在渠道上可能出现的矛盾。

进入 21 世纪后，互联网得到了快速发展，积累了强大的力量蓄势待发。

6.2.1.4　第四阶段：2012年至今

在2012年，整个家电行业发生了一些变化。家电的线下门店数量仍然是增加的趋势，但是实体店铺不再是最受欢迎的购买方式了，"线上店铺"已经成为发展趋势。

从图6-1可以看出，2008年之后，家电行业整体由于经济危机受到了一定的影响，但是在整个家电行业受到冲击的背景下，线上的家电行业却得到了快速的发展①。由于网络信息技术的发展及网络信息技术带给人们的便利性，消费者在网上购买家电逐渐成为了主流的消费方式。与线下门店购买相比，线上的门店价格更加优惠、性能更加直观、配送更加快速。

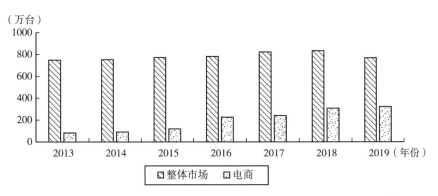

图6-1　家电行业电商、整体市场增长

资料来源：笔者根据调查问卷数据绘制。

得益于网络技术的发展和不断进步，以及人们对网络的依赖，最原始的电子商务逐渐消失在日常的生活中，取而代之的是线上到线下（O2O）模式。2015年，家电行业的实体零售在网络上拓展线上店铺，线上店铺与线下门店也开设了一系列的体验店铺。2016年之后，"新零售"取代O2O模

① 张钦．一季度国内家电市场零售额1642亿元，线上同比增长32.5%［EB/OL］．（2021-05-19）［2021-06-20］．https://tynet.cn/baijia/30828174.html.

式，成为最新的销售模式。

马云表示电子商务在以后的十年到二十年会逐渐地消失，只有将物流与线上线下合为一体，家电行业的销量才能快速提升。但是现在看来，"新零售"已经成为了最新的趋势。乡镇集市上的经销商突然备受欢迎，电商巨头开始抢占乡镇市场。京东商城（以下简称"京东"）、苏宁易购（以下简称"苏宁"）、阿里巴巴（以下简称"阿里"）等电商巨头开始重视农村市场，例如，苏宁在农村市场建立苏宁农村电商学院等（见表6-1），京东在农村建立京东帮服务店。

表6-1   2014~2016年苏宁在农村市场采取的一系列举措

时间	措施
2014 年 10 月	苏宁加盟农村电商
2015 年 1 月	苏宁农村电商开启双模式
2015 年 5 月	苏宁建立农村电商学院
2016 年 3 月	苏宁电商人才培养计划
2016 年 9 月	苏宁助力农村电商发展

资料来源：笔者根据相关资料整理而得。

与苏宁不同，京东的方式是大量扩张专卖店的数量。京东在 2020 年把京东家电专卖店的数量增加到 1.52 万家，并且将京东专卖店的范围扩大到全国各地，销售额也比上年翻了 5 倍。[①] 京东采取不收取任何费用的形式来吸引更多的人加盟专卖店，京东还在各个县城设立服务中心，可以让京东的销售渠道下沉，并且建立"京东帮服务店"与之配合。

阿里是最早开始做农村电商的，其在 2014 年开始"阿里千乡万村计划"，将供应链下放到农村，使整个农村地区都被电子商务覆盖。但是，阿里旗下的淘宝和天猫平台的重心并不在家电，所以销售量并不高。因此，阿

---

① 徐晓风．京东家电专卖店突破 1.5 万家，覆盖 60 万村镇．[EB/OL].（2020 - 07 - 08）[2020 - 10 - 22]．https：//www.yangtse.com/zncontent/661207.html.

里也意识到在家电行业的薄弱，近年来也加大了对农村地区的重视程度。

经过对农村家电市场的观察和分析，80%的消费者在购买家电的过程中，家电的品牌、店铺名声、家电质量等直观性能并不是其关注的重点，而是将自己的关注点放到这家店的老板身上。如果老板是自己信得过的人，那就果断地在这家店购买家电，如果消费者不认识老板，那消费者可能就不会再次在这个地方购买家电。京东之所以在开放平台选择加盟商，就是因为老板给消费者留下的印象。为了扩大市场，电商巨头努力争夺农村的经销商，这些经销商实际是家电行业的一个重要的突破口。

6.2.2 各个阶段营销渠道的特点分析

"得渠道者得天下"，谁能拥有适合的渠道，谁就拥有市场，而拥有了市场，就拥有未来。到今天，营销渠道发生了多次演变，但每一种营销渠道都有其自身的特点，我们通过分析营销渠道的特点，可以发现其发展的一些原因和规律，以下就四个主要的营销渠道进行分析。

6.2.2.1 传统百货渠道

亚里斯泰德·布西科在1852年创立的乐蓬马歇（Le Bon Marché）是世界第一家百货商店，这个百货商店与之前的销售形式大不相同，增加物品的多样性。这种商店受到消费者的广大欢迎，后来这种商店就成为主要的销售模式。1930年，美国又出现了一种更新的购物模式。消费者进入这家商店后，可以尽情地选择自己需要及喜欢的商品，并把它们拿到商店门口结账就行，这就是演变而来的"超级市场"。

王府井百货被誉为"新中国第一店"，其前身为北京市百货大楼。随着王府井在北京的出现，其他城市也开始建立各种各样的百货商店。百货商店的兴起，使家电行业看到了发展的机遇，将市场扩展到百货商店。

目前，市场上的百货商店是经过不断的发展演变而来的。传统的百货商场不再能满足现在消费者的需求，电子商务的来临，给传统的百货商场带来巨大的冲击，所以百货商场开始慢慢地转型。

随着我国经济实力的提升，以往的"卖什么，买什么"的情况已经不再存在，而是变成了"需要什么，卖什么"。百货商店把自身的情况放到第一位，几乎不考虑消费者的情况已一去不复返。如今，消费者的心理也逐渐发生了改变，消费者不仅追求购买的结果，更重视整个购买过程。为了增加百货商店的客流量，百货商店被迫做出改变，首先，对商场的购买环境进行改善，为消费者打造舒服宜人的购物环境。其次，改善商品质量，现在商场里出现的商品很多都是一些知名厂家生产的商品，其店铺也都是全国连锁，使商场的产品质量有保障。最后，是提高服务水平，现如今，商场将消费者放在第一位，对其进行精准、贴心的服务；还会根据消费者的需求，将吃喝玩乐汇聚到一起，让消费者可以更加便捷地享受到更多乐趣。

6.2.2.2 大型家电连锁渠道

连锁店的历史相对比较久远，可以追溯到 19 世纪中期。1859 年，纽约土地上成立了大美国茶叶公司，可以说是世界上第一家连锁商店，其通过快速发展和扩张，仅仅在接下来的 6 年时间里，就已经在美国范围拥有了 26 家连锁店。

1984 年，在中国首次成立的皮尔卡丹连锁店被视为连锁经营的开端。1986 年，天津丽达集团有限公司在天津成立了天津丽达国际商城，然后在全国范围内开设门店，形成连锁经营。家电连锁经营的代表企业是木兰集团旗下企业，即"沈阳木兰家电连锁"销售企业①。该企业由木兰集团于

---

① 小知识. 连锁经营的发展历史 [EB/OL]. (2020 - 07 - 11) [2020 - 08 - 15]. https://www.renrendoc.com/paper/89325237.html.

1987 年创办，是中国最早的家电连锁企业之一。经过几年的快速发展后，该集团达到顶峰，在全国范围内先后成立了几百家家电连锁店。

在我国家电连锁这一领域里，国美电器（以下简称"国美"）和苏宁易购可以说是该领域的"大哥大"。国美和苏宁都成立于 20 世纪 90 年代。以下就以国美电器为例分析研究其家电连锁渠道的起始及发展。

国美电器经营的特点：

第一，国美始终坚持薄利多销原则。在改革开放初期，国有企业依然是我国企业构成中最重要的部分，其中，家电类的销售也几乎被国有企业所垄断，国有企业具有很大的优势，无论是在渠道种类还是分布上，不论是经济实力还是规模都远超国美电器。即使是在这种情况下，为了更具有竞争力，并在市场占有一席之地，国美老总黄光裕决定采用降价的策略来打开市场，以薄利多销的方式来提升市场占有率。

第二，国美采用非常规的广告宣传。当大家都采用广播、电视、海报等方式进行广告宣传时，国美则另辟新径，决定在报纸中缝进行广告宣传，并且承包此种宣传方式，使其他企业无法效仿。在纸媒时代，此种广告策略达到了极好的效果，并且广告成本相对较低，达到了投入少收益高的效果。

第三，国美具有品牌建设意识。通过自家独特的经营方式和策略，几年下来，国美电器也具有了一定的规模。在当时，除了国美之外，黄光裕还开设了另外多家门店，虽然经营模式都很相似，但其名字却不同。在经营过程中，黄光裕发现由于门店名字不统一，导致消费者不能对自家门店产生很深的印象，很难树立品牌形象，对于品牌推广也具有一定的困难。1993 年，黄光裕基于品牌建设的目的，将所有门店进行统一命名，将全部门店名称都改为"国美电器"，从此之后国美电器便开始连锁经营的快速发展。

第四，国美进行规范化统一管理。为了方便统一管理，国美电器撰写了用于规范管理的《内部经营管理手册》，从各个方面进行了统一规定，无论是门店的设置还是人员的管理都有明确的规定。

品牌化经营，规范化管理，这是国美电器的特点也是取得成功的宝典。正是这些经营特点，国美才可以快速复制扩张，迅速占领市场，也为在全国市场占有一席之地提供强有力的保障。

在 20 世纪末至 21 世纪初国美电器不断扩张开设新的门店，而此时的国美已经成为国内数一数二的家电连锁巨头，此时家电连锁的竞争优势已经凸显出来。家电连锁具有以下四个竞争优势：

第一，规模优势。家电连锁经营打破了传统经营对规模经济的限制，由于规范化管理，店面可以很容易地在其他地区进行复制。由于可以统一进货、统一配送，降低了成本和费用，形成规模之后就能够占据更多的市场份额。因此，家电连锁经营就能够拥有规模经济的竞争优势，从而享受因规模经济带来的规模效益。

第二，成本优势。由于家电连锁经营规模很大，所以可以直接从生产商处统一、大批量地进货，摆脱了中间商这一环节，大大降低了物流成本。而且由于规模效应，在采购方面拥有了更强的与生产商议价的能力，进货价格会得到更大的优惠，从而又降低了进货成本。因为是连锁经营，各个门店之间的商品可以互相调动，因此不用占太多库存来备货，降低了库存成本。

第三，信息优势。连锁经营模式层次比较简单，一般采用"总—分"形式，这种形式对于信息搜集和信息反馈很有优势，由于门店很多信息搜集量就会很大，层级少带来的优势就是能够很快得到顾客反馈并作出应对；对市场信息了解得越清楚，就越能够及时做出调整，以及改进经营策略。

第四，价格优势。上面提到规模优势和成本优势，由于与生产商有很大的议价能力及经营成本的降低带来了商品的价格优势。价格优势带来的必定是销量的增加，从而会加大进货量，同时又带来了更强的议价能力，这对于连锁商家是一个良性循环。

家电连锁正是拥有了这么多核心竞争优势，才会在激烈的竞争环境中生存下来，并得到快速发展。

6.2.2.3　厂家自建专卖店渠道

在大型家电连锁渠道大力发展的背景下，连锁商与生产厂商的矛盾就显现出来了。由于连锁渠道规模较大，议价能力也比较强，而在一些规定方面却不能很好地遵守，导致连锁企业和生产厂商矛盾不断产生，也让厂家意识到了危机的存在。为了避免家电连锁企业带来的威胁，生产厂商出于自身考虑，纷纷开始自建本土家电品牌销售渠道，以规避风险。

家电生产商和家电连锁商的矛盾在2007年时最严重。为了缓解这一矛盾，在家电连锁方面，家电连锁巨头国美电器为了改善与生产厂家的关系，花费26亿港元缩短账期，也是在双方关系中首次做出实际的措施改善关系；而在渠道方面，厂商中自建渠道最久、最坚定的格力电器也拿出10%的股份转让给核心经销商，以实现同经销商的利益捆绑。

据资料显示，家电类产品商店在过去几年一直在高速运转。家电连锁企业开业后的几个月内倒闭的案例很多，家电生产企业进入初期就开始亏损。考虑到家电企业的利润水平需要不断提高，随着家电连锁经营规模的不断扩大，需要主动构建渠道。家电企业采取自建渠道，与当地代理机构并行的措施，以保证企业的利益及提高企业的利润空间。

无论如何，与大型家电连锁店相比，生产厂商有一个明显的优势，即自己开专卖店。

优势主要是：第一，覆盖广，不但能够在二级市场展开，也能够在三四级市场开店，从而满足各级消费者，极大地方便了消费者购买；第二，能够加强企业对渠道的控制能力；第三，价格便于控制，价格不再受限于其他渠道，利润相对得到提高；第四，可以降低厂商库存风险，而且可以实现产品内部周转，提高渠道资源整合效率。

劣势表现在：第一，单个经销商实力有限，前期投入较高，后期费用支出也较大；第二，售点分散，市场管理成本高，管理难度也大大增加；第三，经销商普遍缺乏渠道品牌意识。销售基本上是由商品的品牌决定，没有渠道品牌很难形成消费拉力。

总体来说，自建家电专卖店渠道比较依赖品牌影响力，只有像格力、美的这样有雄厚实力的厂商才会更有优势，对于大多数厂商来讲是很难具备自建渠道的实力和能力。

6.2.2.4 线上线下融合渠道

2012 年，对于传统家电连锁卖场而言，实体门店的扩张行动仍然在进行，但开店扩张似乎并不是行业最关注的焦点了，电子商务取而代之成为了大家关注的热点，"电商"一词也很快风靡全国。这一年中，苏宁易购开始了大规模的融资、并购，开始大力向电商销售发展，目标要达到 300 亿元；国美则利用自有的国美线上商城、入股库巴网，以及与当当网进行商业合作，实现"三线并发"的战略；而广百电器拥有自己的百货电商系统，故加大与电商系统的连接。

家电连锁通过多种手段开展家电电商领域的整合，例如，通过平台开放、战略联盟、投资参股、企业并购等方式，最终实现"线上线下相融合"，开创了互联网时代中国零售的新模式。

随着电子商务的快速发展，连锁店已经达成了线下的模式融合。2013年初，苏宁公布了家电线上运营发展规划。将实现销售额 200 亿元，并在此基础上向 300 亿元挑战。看到苏宁、国美这些原本以实体店为主的连锁店也开始发力线上市场，作为原本就是以电商为主的京东商城也更加重视电商的发展。

电商作为一种商业形态，已经发展成为了主流形态，不但受到商家的重视，而且越来越受到消费者的欢迎，逐渐成为生活中的一部分。苏宁、国美等具有家电连锁实体店面优势的企业，在注重发展线上渠道之后，也向"线上线下融合"模式进行布局。

线上线下渠道相融合的模式有以下四个优势：第一，迅速提高对公司和产品的认识。与线下开发相比，线上渠道显然是更加广泛和快速地传播。而且，从投资的角度来看，投入产出比也更高。第二，有利于占领更多市场。市场竞争激烈是各行各业面临的共同问题，线上线下整合营销的优势可以帮助企业拓展生存空间，通过网络快速获取用户。第三，能和线下渠道很好地结合。获取一定的知名度对线下渠道的拓展也很有帮助，可以将互联网当成一种导流的方式。第四，有助于规范市场价格。很多品牌都有加盟商，但对于加盟商的管理却不容易，在此情况下，管理不严的加盟商可能会自行决定商品价格，造成价格不统一。而线上线下融合的模式可以很好地解决这个问题，能够统一和规范价格，减少价格原因对品牌的影响。

6.3 驱动我国家电业营销渠道演变的因素分析

20世纪80年代以来，营销渠道模式一直在发生变化，每一种营销渠道模式都曾在那一段时期辉煌过，但驱动营销渠道演变的因素究竟有哪些呢？以上内容以家电业为例对营销渠道的演变进行了梳理，了解了渠道演变的过程和每个时期渠道模式的特点。以下内容则以家电业为例，就营销渠道演变的外部因素和内部因素两个方面进行分析。

6.3.1 营销渠道演变的外部因素分析

6.3.1.1 政治因素对营销渠道演变的影响

政治因素是营销渠道演变中最重要的因素之一，在整体发展方向上起着主导作用。本节就以具体事件为例，讨论政治因素对家电业营销渠道的影响。

经济体制的改革促进了百货渠道的发展。党的十一届三中全会后开始尝试试行社会主义市场经济体制，一直到1992年邓小平南方谈话后，才正式开始实行建立社会主义市场经济体制，正是市场经济体制的正式建立，各种百货商场才如雨后春笋般地出现并发展。对于消费者来说，可以随时去买自己想要的东西，所以百货商场也成为了老百姓最爱去的地方，而家电供应商则可以依靠百货商场提升自己产品的知名度，增加销量。此时百货商场这一渠道也成为了家电供应商的重要渠道。

法律法规维护渠道的健康发展。在进入21世纪之后，家电连锁渠道崛起，一度成为了家电销售的重要渠道。但也产生了很多矛盾，如一些连锁企业没有按照厂家的规定改变价格体系、也不按照约定分担各种费用，而且对于账单也不及时支付等。为了促进零售商和供应商的规范合作和共同发展，规范零售商和供应商之间的规范贸易，维护公平的市场贸易秩序，促进零售商和供应商的平等合作和共同发展。我国相关部门联合发布了《零售商供应商公平交易管理办法》，自2006年11月15日起实施。这些相关法律法规的出台，在一定程度上维护了交易活动的公平性，为渠道的健康发展提供了强有力的保障。

6.3.1.2 经济因素对营销渠道演变的影响

经济发展加速渠道演变。自改革开放以来，我国经济高速发展，尤其是进入21世纪以后，经济发展就像是坐上了高速列车，速度又达到了新高度。面对高速发展的社会，各行各业都紧随时代的脚步，经济的提升带来很多的改变，加速了社会运转的进程，包括营销渠道的演变。经济的发展改变了人们的消费方式，相应地，也促进了渠道的演变。老的渠道模式需要创新以适应时代发展，同时又会产生新的渠道模式来满足社会的需求。

居民消费水平的提升促进了渠道的演变。在居民消费水平较低的时候，对产品的需求不高，能够满足基本生活需求即可，所以在当时一个百货商店就能够满足大部分消费者的需求。但当居民收入水平逐渐提高的时候，对产品的要求也会相应提高，此时，一个百货商店就不能满足消费者的需求了。消费者需要的是更加专业的销售渠道，这也促进了家电连锁企业的产生，从而更好地满足消费者需求。例如，国美电器，通过统一管理及更加专业化的模式，很好地提高了品牌形象，为消费者提供多样性、专业化的服务。

6.3.1.3 技术因素对营销渠道演变的影响

技术因素包括影响经济增长和新兴产业形成的各种技术的发展趋势。当今世界科学技术的进步，使世界和人们的生活环境发生了变化。信息技术、新材料技术、生物技术、核能发电等高新技术具有创新性、智能性、战略性和风险性等特点。当新技术成熟时，生产力的发展就产生了巨大的推动力。

新技术的应用带来了巨大的效益，与企业营销密切相关。新技术的出现和发展正在改变企业的营销策略和人们的生活方式。同时，它可以给企业带来新的营销机会，创造新的产业。同时，它也会对企业的环境造成一定影响。为此，有学者认为，技术是"创造性的破坏力"。几十年来，家电生产企业在生产中研究出很多新技术用于产品制造，从而使产品在市场上更具有竞争力。而对营销渠道演变影响较大的却是外部技术的出现。

互联网技术产生了线上渠道的模式。在互联网购物模式产生之前，人们很难想象到自己可以在无实物的网上店铺购物，更不用说价值很高的家电产品，但互联网技术推动了线上购物模式的发展。随着互联网技术的成熟，人们更加喜欢网购带来的便利。

随着我国网络科技的飞速发展及居民可支配收入的增加，网上购物成为我国网民不可或缺的生活方式。2013～2020 年，中国线上交易额从 2679 亿元上升至 97590 亿元，综合增长率为 87.6%①。家电连锁企业不会忽视这条路线，他们为此建立了线上渠道。2011 年 4 月，国美电子商务网站上线后，又投资了库巴网，之后与当当网进行了商业合作，国美创新地实施了与"企业对消费者（B2C）＋实体店"融合的电子商务管理模式。此后，苏宁易购和京东也走上了线上线下融合的道路②。

线上渠道的快速发展除了互联网这个主要的因素外还有一个重要因素的支持，就是物流业。物联网和射频识别（RFID）等技术的出现大大加速了物流业的发展。通过这些技术的加持，消费者在网上购物之后，可以在很短的时间内收到自己所购买的产品，在到达自己手中之前还可以知道商品的位置。物流变得可视也更加可靠，给消费者带来有良好的购买体验，这也促进了线上渠道的持续发展。

6.3.2 营销渠道演变的内部因素分析

6.3.2.1 交易成本对营销渠道演变的影响

在传统百货时期，一件家电产品从制造商到消费者手中要经历几级中间商。中间商越多，消费者所担负的最终成本就会越高，所买到的产品价格就会高，加大了购买成本。而在 1990 年，国美电器率先创新供销模式。国美决定不再依靠中间商，直接与上游生产商联系，实施厂家直接供货模式。此种模式大大降低进货成本，可以以较低的价格进行销售，在保证利润的同时又能够增大销量。由于连锁的性质促使企业的规模越来越大，规模经济带来了

---

① 前瞻产业研究院.中国移动电子商务交易规模不断上升，2020 年交易额突破八万亿元［EB/OL］.（2021－02－28）［2021－03－05］.https：//www.elecfans.com/d/1517062.html.

② 向婷.国美联手当当网剑指京东商城［EB/OL］.（2012－02－13）［2020－12－15］.https：//finance.ce.ce.cn/rolling/201202/13/t20120213_16825457.shtml.

更低的交易成本，家电连锁渠道由此开始发展。

6.3.2.2　渠道权利对营销渠道演变的影响

渠道权力是一方行为动作对其他通道成员的控制权和影响，该权利可以理解为通道成员对另一方成员的依赖。纵向渠道（生产者—零售商—消费者）各层次权利的失衡是产生冲突和矛盾的重要原因之一。

6.4　家电业营销渠道演进趋势分析

6.4.1　渠道模式的演进趋势

随着信息技术的发展与应用，家电业正向线上渠道转移。如图 6 - 2 所示，2020 年中国家电市场线上零售已占很大比例。

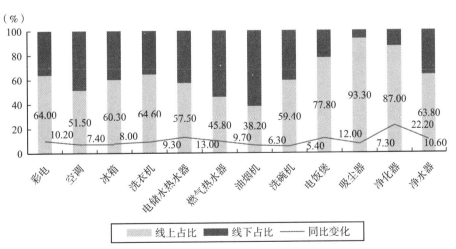

图 6 - 2　2020 年中国家电市场分品类线上零售量占比及变化

资料来源：国家统计局，智研咨询整理. 2020 年中国家电产量、零售及营业收入情况分析 [Z]. 2021.

如图 6-2 所示，在 12 类家电产品中，线上销售占比超过 50% 的有 10 类，其中，吸尘器、净化器分别占到 90% 和 80% 以上。只有油烟机和燃气热水器的线上销售占比低于 50%。这说明线上渠道已扮演了非常重要的角色。

目前，线下传统的代理和销售渠道模式，即渠道层次定价模式，在过去的 20 年里取得了辉煌的成果。也就是说，在互联网兴起之前，这种模式是时代的产物，是市场发展的必然结果，也是被消费者认可和接受的。它是中国传统消费电子渠道的一种模式，即"批发代理 + 销售垄断"模式。

在这时期中，代理商、经销商扮演了供应商、仓库、物流、服务商等多个角色，推动了分级提价模式的发展，而且促进了家电行业的形成和发展。

随着互联网时代的到来，移动互联网的深化，物流瓶颈的消失，供应链系统的社会化平台建设完成，信息越来越透明，渠道层迅速扩大，企业可以直接与用户进行交互，但中间阶段的价值增值可能受到挑战。随着新渠道的迅速崛起，渠道结构将更加集中，预计将展开新的竞争常态。

6.4.2 家电产品的演进趋势

智能家电产品在现阶段相对比较成熟，但传统家电似乎仍具有一定优势。在销售种类方面，智能家电产品在细分领域比例逐渐提高。但很多人不知道智能家电在家里的用途，很多人也不愿意去主动了解。不过，智能家电和人工智能一样，是第三次工业革命的重要元素。智能家居的发展前景一定是无限的。家电产品向智能化转变是未来发展的必然趋势。

目前，智能家电的生产企业主要集中在小米、华为、苹果等一些互联网电子科技公司，而电子产品本身的特点就是科技含量高、门槛较高。不同于传统家电，传统家电（主要是白电①）的特点：购买周期长、利润高、科技含量相对低。

因此，采用薄利多销模式的技术型企业无法实现短期的利润回收。由于科技水平的原因，传统的消费电子产品无法真正打造智能家居。因此，一些传统的消费电子企业可以与这些互联网技术企业合作，展示自己的优势，进军智能消费电子市场。

6.4.3　销售模式的演进趋势

从销售模式来看，尤其是在当下疫情期间，家电企业强调推广直播带货的营销模式。在疫情暴发期间，直播已经成为最流行的带货方式，它具有快速拉动的特点，已经成为许多平台的突破口。以京东为例，京东致力于下沉市场渠道的建设，京东卖家也开始了直播模式进行带货。2020 年 3 月底，京东在快速绿色频道为 1.2 万名老板开设了一个京东直播账户，并统一各家品牌，匹配精准的区域流量和特色直播资源②。

期间京东电器专卖店店主的开播率达到 90%，平均一天的直播次数超过 1000 次，周平均直播次数超过 7000 次，观众数量成倍增长，达到 16 倍。京东引爆了网络直播的潮流，掀起了在农村市场直播购买家电的热潮。直播开始以来，京东所有家电产品销售额比上年同期增长 80%，零售额也有新的增长。

在新冠肺炎疫情的蔓延下，"宅经济"爆发式增长，用户需求和获客渠道发生改变，家电企业也加大了转型新零售模式的力度，美的、海尔、格力

---

① 白电一般指白色家电。白色家电是对家电的一种分类的具体类别名称。白色家电指可以替代人们家务劳动的电器产品，主要包括洗衣机、部分厨房电器和改善生活环境提高物质生活水平（如空调、冰箱等）。早期这些家电大多是白色的外观，因此得名。

② 大海. 京东直播公布多项扶持政策，3 月 15 日前新商家可免费代播 [EB/OL]. (2020 – 02 – 13)[2020 – 10 – 05]. https：//baijiahao. baidu. com/s？ id = 1658389134105221727&wfr = spider&for = pc.

电器、长虹美菱、海信、创维、格兰仕、小熊电器等一大批家电企业，以及苏宁、国美等家电连锁商都纷纷开启了直播卖货模式。在官方直播间、淘宝直播、微信视频号、一直播、快手、抖音等多个平台进行直播卖货，一场又一场直播盛宴接踵而至，秒杀、抢购，形式更加多样化。

直播作为一种具有快速流量特性的媒体，利用网络上流行的、新鲜的、有趣的广播内容，引入更多流量，促进流量转换和保存。对于家电企业来说，抓住直播的机会非常重要。不过，企业也看到，当疫情发生时，一部分消费者会在线上消费，但当疫情结束之后，则会出现一部分消费者回到线下。因此，如何在增加品牌知名度的同时增加消费者的黏性，提升消费者忠实度，是家电企业必须解决的问题。

6.5　结论与启示

本章以家电业为例，梳理了自 20 世纪 80 年代至今营销渠道的演变过程，结合实际案例和相关文献进行分析，总结出了推动渠道演变的几个因素。

研究也将对家电行业的主要渠道成员产生启示：

（1）制造商。有学者认为消费者是渠道的开始，有消费需求才有市场，但往往有时候是生产产生了需求。像家电产品，当有创新性技术应用在产品上时，将极有可能成为品牌的竞争力，以此吸引更多的消费者进行消费，提高市场占有率，从而创造出了需求的产生。根据研究显示，智能家电将会成为未来发展的趋势，这对一些传统家电制造商是挑战也是机遇，依托于互联网的发展，智能物联网（AIoT）发展也逐渐成熟。AIoT 在家电领域的发展将不可小觑，而家电厂商则应该结合自己的情况，选择相应的方案进行智能家电的布局，在智能家电领域占有一席之地。

（2）零售商。与消费者直接接触的就是零售商，现在的市场是以消费者为中心，能够得到消费者的第一手资料，及时了解消费者的需求与反馈极其重要，零售商作为市场的感应器，其作用也极其重要。而零售商所面临的挑战就是如何积极有效地收集市场情况，如何理解消费者的反馈并采取相应措施以应对市场的变化。

（3）第三方物流。物流对当今市场形势的发展贡献颇多，结合互联网物流业的迅速发展，如何更快更好地为消费者提供满意的物流服务是第三方物流的发展目标。与其他一般日用商品不同，家电类商品对物流运输的要求更高，这对物流业也提出了更高的要求。尤其是包装技术的提升，良好的包装能够大大减少物流过程中商品的损坏率，物流业水平的提升是对家电渠道发展的一个重要保障。

第7章

绿色营销演进研究

本章借助 CiteSpace 可视化分析软件，以中国知网收录的核心及以上文献为研究对象，绘制绿色营销领域知识图谱，进行系统的量化分析，以期可以客观揭示该领域研究现状和演进趋势。

7.1 绿色营销概览

7.1.1 绿色营销的起源与发展

生态营销是绿色营销的萌芽。20 世纪 80 年代，欧洲首先提出绿色营销的概念。到 90 年代末，学者们在强调可持续发展的基础上提出企业活动与环境相协调。

1996 年，我国开始 ISO14000 认证，环境管理体系认证组织数从最初的几十家增加到目前的 331613 家。我国经济增长曾较多依赖过度开发，加上技术比较落后、人口众多，加剧了人、自然与经济发展不协调的问题。因此我们发现，以牺牲环境为代价的发展，不能支撑我们走可持续发展道路。另外，绿色壁垒对我国出口造成了极大影响。早期我国主要出口劳动密集型产品，出口对象大多是经济发达国家，出口产品因不满足出口对象国相应环保标准，而造成巨大的外汇损失。

随着绿色消费意识日益普及，绿色消费用户数量逐步增加，顾客普遍拥有较高的选择权。近年来，绿色消费成为研究热点。有研究表明，随着受教育程度和生活水平的提高，消费者绿色消费意识也得到发展，从而进一步增加其对绿色产品的消费。

7.1.2　绿色营销的内涵

将环境责任融入企业的营销活动中，有多种方式：低碳营销、生态营销、环境营销、可持续营销，以及绿色营销。这些方式都将环境责任融入其理念中，学者对以上概念并未作严格区分，本文延续此观点。

早期界定绿色营销的内涵，并未强调绝对无污染、无公害的极端绿色。杨梅（2000）将生产到流通这一过程分为四个层次：一是绿色意识。企业在生产设计环节应具有绿色意识。二是绿色生产。为了减少污染与浪费，企业在生产产品的过程中，不仅要重视原材料的选择，更要将制作过程与先进技术相结合。三是绿色包装。产品过度包装会对资源造成极大的浪费，企业在保证产品正常使用的情况下，要尽量精简包装，采用可以降解的材料。四是销售环节。企业除了要在以上环节进行自我约束，还要对消费者的环保意识进行正确引导，产品废弃物争取可以循环利用，培养消费者分类回收的生活习惯。综上，早期绿色营销主要实践主体是企业，其所有活动始终围绕"减少"和"保护"相结合的原则。

现在绿色营销概念包含的范围更广。企业通过塑造绿色文化，营造绿色工作氛围。在平时管理运营中，尽可能减少中间环节，优化各种系统，减少纸张等资源的浪费，使绿色营销理念不断被贯彻。虽然绿色营销的内涵一直都在与时俱进，但其核心与追求社会、企业、消费者、自然平衡协调的本质一脉相承。

综上所述，传统营销观念支配下，人们的物质生活需求得到了极大的满足，但由此给环境带来的压力也应运而生。绿色营销是在企业借助绿色技术及消费者对绿色产品有需求的基础上，对传统营销的进一步发展；是企业秉承可持续发展战略，从研发到售后统筹环保与社会责任，并在兼顾营销共性的同时，更突出可持续发展的个性；是强调人与自然和谐共处，协调各市场主体与社会的眼前利益和长远利益，争取达到消费者、企业、生态和社会各方利益共赢。

7.1.3　绿色营销演进的影响因素

7.1.3.1　绿色观念

在物质欠缺的时代，人们对产品的要求主要是满足基本需要。这一时期，虽然绿色概念已经被提出，但却没有太多消费者进行实践响应。正因为如此，学者对企业绿色营销过程中的战略等进行了比较详细的研究，却很少涉及消费者行为。

企业通过引导的方式，让消费者了解绿色产品的益处，使消费者逐渐有主导趋势，越来越多的人开始倡导绿色、健康的生活方式。多位学者通过实证展现个人生活方式对消费有重要影响：体现消费者在做购买决策时，会更加关注企业在生产过程中对环境的影响，以及自己在后续使用过程中是否可以将对环境的污染降到最低。消费者经过多方考察，或借鉴官方等专业机构的数据，选出对环境相对比较友好的产品进行体验。满意的用户体验，增加了他们的分享欲望：首先，在向朋友推荐这些产品时，大量的信息可以帮助双方更好地认知绿色产品；其次，他们也会在别人分享时，了解到绿色产品的环境效益，感知到这是一件对自身、自然都有益的行为；最后，在获得产品所有权后，满意的购物体验将进一步增加其对绿色产品的需求。同时消费者这一做法也推动了企业更加坚定发展绿色产品的决心。

消费者的绿色消费意识经历了从企业引导到顾客意识，再到自己与环保之间的关系转变。这些改变对消费者产生许多重要的影响，如在生活中更注意自己的行为等。消费者对绿色产品的需求也驱动着企业更加坚定绿色生产、研发和销售等行为。

7.1.3.2 政策因素

我国经济发展迅速，但是有关绿色标志的法律法规与之匹配度较低，违规成本不高，导致了企业进行绿色生产的自觉性比较小。另外，绿色标志的产品种类比较多，影响相关部门在监管方面的效果，造成了绿色营销发展缓慢。政府具有无可替代的资源整合能力，在绿色营销推进过程中扮演着举足轻重的角色。政府不但要为绿色营销的发展尽可能地提供政策倾斜，如财政补贴、市场准入、税收优惠等，还要健全责任追究制度，防止企业为了享受优惠待遇而采取"漂绿"行为。近些年，国家提出用制度保护生态环境，并将在制定政策、改善营商环境等方面将进一步优化，同时注重价值引导与过程监管效能，推动绿色营销领域的法律体系建设日趋完善。

7.1.3.3 外贸因素

一些发达国家为了保护本国市场提出绿色壁垒，试图通过环保的名义，阻碍其他国家进入本国市场。这一举措对发展中国家的对外贸易出口产生了很大影响。企业想要谋求国际市场的竞争力，必须在产品包装、生产技术、产品成分等方面达到专业机构的评估标准。2010 年之前，对外贸易在我国经济增长中占有很大比重，而且在相当长的一段时间里，出口被称为拉动我国经济增长的"三驾马车"之一。另外，突发重大公共事件（如 2020 年的新冠肺炎疫情），对外贸出口的影响最明显。近些年，随着我国技术水平和生产能力的提高，外贸出口占 GDP 的比重逐渐下降，且提出以内循环为主，外循环为辅的"双循环"战略，把消费作为推动我国经济发展的新增长点。

7.1.3.4 技术因素

传统营销时期，技术创新更强调其能够带来的商业利益，绿色营销的技术创新则更多地考虑其生态价值。我国环境相关政策的制定曾经具有一定的局限性，所以对于技术的影响不够显著。同时受技术限制，我国很多有关绿色营销的设想没办法转变成现实，技术在很长一段时间里没能有效推动绿色营销发展。另外，有些国家设置了严格的绿色技术壁垒，为了达到产品标准，我们不得不增加更多的检测程序和成本，最终造成企业成本上升，削减了一定的价格竞争优势。现在，我们十分重视技术创新，广泛吸纳优质人才进入绿色技术研发领域，形成了产学研联合的良性合作模式，推进绿色成果有效转化。如今我们的清洁生产技术、各种环境监测技术、污染物净化技术，在保护环境的进程中发挥着重要作用。技术的发展归功于消费者的认可，消费者需求又推动企业更加积极地开发绿色技术。

7.2 绿色营销研究热点演进

7.2.1 数据来源

本章数据来自中国知网（CNKI）收录的核心及以上文献。2021 年 7 月 22 日笔者以主题"绿色营销"进行搜索，但考虑到其与"生态营销""环境营销""低碳营销"之间没有严格区分，所以也将这 3 个关键词作为主题进行检索，不限时间跨度，共获得 1771 篇文章，去掉不影响分析结果的文献，共有 1742 篇参与 CiteSpace 可视化分析。借助此软件，绘制绿色营销领域关键词知识图谱，通过时区图客观揭示该领域演进规律。

7.2.2　关键词共线分析

关键词是对文章内容的高度概括，通过对关键词（特别是高频关键词）进行分析，不仅可以发现该领域的研究热点，还可以发掘该领域研究的内在联系。并针对绿色营销的关键词进行共现分析，以期揭示其研究热点。

运用 CiteSpace 绘制绿色营销领域关键词的知识图谱，如图 7－1 所示。图 7－1 中的每个圆形表示一个关键词，圆圈的大小代表关键词出现的频率，圆圈越大表示关键词出现的频次越多，就越可能是我们要确定的研究热点。图 7－1 中的连线表示不同关键词之间的共现关系，线条的不同颜色代表研究时间的差异。图中越靠近右侧，代表距离我们现在的时间越近，图中的连线代表着关键词之间的联系。

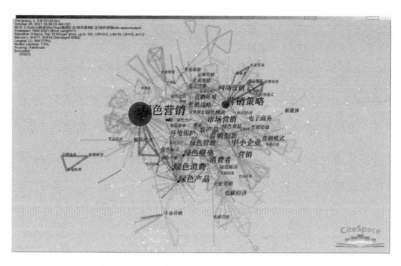

图 7－1　绿色营销研究关键词共现图谱

资料来源：笔者运用 CiteSpace 软件绘制。

由图 7 - 1 可知，图谱中最大节点是绿色营销，之后依据出现频率，还有营销策略、绿色消费、绿色产品、绿色壁垒等。这些关键词出现频率较高，所以最有可能是这一领域的研究热点。根据关键词频次统计结果发现，国内绿色营销领域的关键词出现频次在 40 次以上的有 10 个，如表 7 -1 所示。

表 7 -1　　　　　　　　　绿色营销研究热点词汇频次

排名	高频关键词	初现年份	频次
1	绿色营销	1994	660
2	营销策略	1992	222
3	绿色消费	1997	92
4	绿色产品	1996	83
5	绿色壁垒	1998	64
6	中小企业	2000	62
7	消费者	1995	60
8	市场营销	1995	53
9	营销	1997	53
10	营销创新	2000	41

资料来源：笔者根据图 7 -1 数据整理而得。

从表 7 -1 中可以发现，首先，学者们对于绿色营销研究较为深入，如绿色产品、市场营销等关键词频繁出现；其次，对绿色营销面临的外部环境、应对方式进行剖析，如绿色壁垒、营销创新等；最后中小企业采取的营销策略在该领域研究中占据重要位置。

从图 7 -1 中我们发现绿色营销的中心度最高，随后分别是营销策略、中小企业、生态营销、新媒体等。根据可视化结果，绿色营销领域中心度在 0.01 以上的关键词（中心度在 0.01 及以上的关键词为关键节点）有 52 个，其中心度超过 0.1 的关键词有 8 个，具体如表 7 -2 所示。关键词出现频次与中心度表示不同含义，频次多少代表研究热度不同，而中心性的差异则表示该关键词在共现图谱中的重要性，这些节点与其他的关键词联系密切，表示其为某一时期的核心研究对象。

表 7 - 2　　　　　　　　　　绿色营销研究热点词汇中心性

排名	高中心性关键词	初现年份	中心度
1	绿色营销	1994	0.57
2	营销策略	1992	0.29
3	中小企业	2000	0.18
4	生态营销	1994	0.14
5	新媒体	2014	0.13
6	绿色消费	1997	0.11
7	低碳经济	2010	0.11
8	市场营销	1995	0.10

资料来源：笔者根据图 7 - 1 整理而得。

通过上述综合分析我们发现，初期绿色营销、营销策略、生态营销等关键词为研究热点，这些热点表明了早期学者主要针对企业展开研究。随着低碳经济和新媒体相继提出并取得快速发展，体验经济、精准营销成为新的研究热点，推动该领域从注重企业研究开始向消费者方向倾斜。

7.3　绿色营销研究的前沿与进程

7.3.1　绿色营销研究前沿演进

通过研究热点演化分析，我们可以发现该领域不同时期的研究前沿和发展趋势。本节根据 CiteSpace 软件的 Timezone View 功能，得出关键词组成的时区图，根据视图结果揭示绿色营销领域的演进态势。图 7－2 展示了绿色营销领域的研究进展和演进趋势。

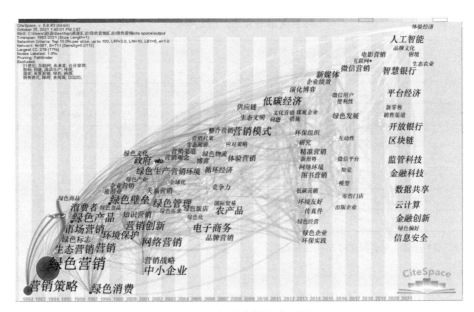

图 7－2　绿色营销研究时区

资料来源：笔者运用 CiteSpace 软件绘制。

随着时间的推移，绿色营销的研究热点不断变化。关键词所属时区依据其初现时间划分，如图 7－2 中初现于 1994 年的绿色营销是该领域持续关注焦点，它的时间跨度最长，与各个时间切片联系十分紧密。此外，根据图 7－2 中时间节点的情况，我们发现随着该领域研究的不断扩展和深化，新时期出现了新的研究热点，如电子商务、低碳经济、新媒体、"互联网＋"、生态农业等。

7.3.2　绿色营销研究的进程演进

英国学者依据绿色营销发展历史将其分为生态营销、环境营销和持续性营销三个阶段。20世纪90年代，我国学者按照绿色营销的理论发展，将其分为以"产品""环境""利益"和"发展"为中心的四个阶段。本节参照CiteSpace可视化分析结果，借助CiteSpace的突现词，结合关键词的突现强度和时区图，将该领域1992~2021年间的研究分成四个阶段，由此揭示出绿色营销领域的演进进程。

7.3.2.1 第一阶段（1992~1999年）：绿色营销兴起

绿色营销这一概念进入我国稍有些滞后，但却在短时间内得到了极大关注。该领域很多高频关键词的初现都在这一时期，比如，绿色营销、绿色产品等。从表7-2也可以发现频次和中心性排名靠前的关键词大多出现于这一阶段。

在此阶段，我们可能会认为绿色营销行动者是一种利社会行为，消费者觉得这种方式对自己没有明显好处。而且在此期间，绿色消费意识普遍不高，绿色产品的推广难度较大。相同功能产品加上"节能""绿色"标签，在消费者看来就是价格更高的表现，但产品使用体验和质量方面，大家心存疑问。绿色营销虽然前期参与人数有限，取得的结果不显著，但这些人是绿色的启蒙者，不断影响着身边人加入，让参与环境保护的人数不断增加，形成良好的定势效应。

总的来说，这一阶段的研究重点偏向概念界定、观念启蒙，研究焦点是企业绿色营销应该满足的基本条件、必须遵守的规则和面临的外部环境。从文献数量来看，虽然在这一时期呈现整体上升的趋势，但增长起伏平缓、发表数量不多，但为后续研究的开展奠定了重要基础。

7.3.2.2 第二阶段（2000~2009年）：政策导向明显

第一阶段的绿色营销主要是对各种概念梳理启蒙，这一时期，绿色营销的研究重点是在国家政策导向的基础上，着重研究企业绿色管理。

绿色营销管理的发展有其内外不同的影响因素。内部因素包括企业自身的经济实力与技术水平。绿色营销须要考虑环境问题，所以在生产、研发等方面，相较于传统营销，必须要投入更多的成本，这就需要企业雄厚的资本支持；技术水平的进步，可以提高资源的利用效率，充分发挥其最大价值，可以在一定程度上减少环境问题。

政策这一主要外部因素的帮助，使绿色营销的发展如虎添翼。从1998年开始，我国国家环境保护局经过两次升格，在2008年组建中华人民共和国环境保护部，不再保留国家环境保护总局。由此可以看出党中央对环境保护的重视。2003年，党的十六届三中全会提出"科学发展观"战略，指出统筹人与自然和谐发展的方法论；2005年，党的十六届五中全会提出"资源节约型和环境友好型"的战略任务；2006年，第六次全国环境保护大会上提出"三个转变"，指出环保应与经济发展并重且同步。这些法律法规表明党中央开始将行政手段，综合运用在环境问题上，提高了环境保护的地位。2007年，国务院颁布"限塑令"，使生产、销售和使用环节上，都最大限度地减少了塑料袋的使用；2008年《关于加强农村环境保护工作的意见》提出农村环保问题要与城市统筹推进，防止环境污染区域进一步增大。

这一时期，国家对环境保护问题格外重视，在学术研究领域表现为绿色营销相关研究发文量约占总发文量的半壁江山。在2007年发文量达到整个研究区间的顶峰，多达116篇。另外，27个突现词中，这一时期占12个（突现结果见表7-3）；还可以发现，学者们对绿色营销的研究热度。所有数据都表明，这一时期绿色营销呈现爆发式增长。从图7-2我们可以看出，这一阶段绿色营销开始和网络技术、供应链等相结合，探讨网络特征如何影响企业承担的社会责任，供应链伙伴之间的协同如何实现供应链整体的绿色管理。

表7－3 绿色营销突现词汇总

排名	关键词	突现开始年份	突现结束年份	突现持续时间（年）	突现强度
1	绿色营销	1999	2001	2	11.89
2	绿色产品	1996	2000	4	11.75
3	绿色壁垒	2001	2005	4	11.24
4	低碳经济	2010	2015	5	10.66
5	WTO	2001	2003	2	7.23
6	农产品	2011	2021	10	8.44
7	消费者	1995	2002	7	8.29
8	新媒体	2014	2021	7	7.56
9	营销模式	2010	2021	11	6.24
10	市场营销	1995	2001	6	6.04
11	绿色管理	2001	2006	5	6
12	中小企业	2004	2011	7	5.73
13	营销策略	2016	2018	2	5.4
14	环境保护	1998	2002	4	5
15	营销战略	2002	2004	2	4.67
16	营销环境	2003	2007	4	4.58
17	绿色标志	1995	2001	6	4.56
18	电子商务	2011	2016	5	4.44
19	知识营销	1999	2001	2	4.33
20	低碳营销	2011	2012	1	4.25
21	绿色物流	2005	2007	2	4.11
22	绿色食品	2005	2007	2	4.11
23	营销观念	2002	2004	2	4.05
24	绿色消费	1998	1999	1	3.94
25	知识经济	2001	2003	2	3.57
26	博弈	2004	2009	5	3.54
27	循环经济	2005	2010	5	3.49

资料来源：笔者根据图7－2整理而得。

7.3.2.3 第三阶段 (2010 ~ 2018 年)：低碳经济兴起

经过多年的快速发展，绿色营销领域已经比较成熟，国家支持、消费者认可给了企业更多动力。在这一进程中，企业人看到了绿色营销的新曙光。另外，全球气候变暖让人们开始反思生产、消费模式的负面影响。随着越来越多的人们践行低碳减排。2010 年"低碳经济"进入学者们的视野，这一年也迎来了绿色营销发文量的又一个小高峰。在学者们如火如荼地开展理论论证之际，企业深刻认识到绿色形象可以塑造自身良好的品牌声誉。在市场竞争中声誉较高的企业，可以获得合作方、消费者更多的信任，这种良性循环更增添了企业参与环保的热情。

突现词结果和时区图显示，移动互联网时代，"互联网 +"模式为绿色生产、销售提供了技术支持，绿色发展成为大家共同的追求。在先进技术的支持下，绿色营销模式创新取得了丰厚成果，精准营销、微信营销、电影营销等方式成为了学者们研究的切入点。这一时期，绿色营销的定量研究越来越多，说明该领域进入成熟时期。

7.3.2.4 第四阶段 (2019 年至今)：数字智能化加持

绿色营销研究的迅速发展，消费者个人收入水平、受教育程度和环保意识的显著提高功不可没。目前绿色营销领域，针对绿色消费的实证研究比较多。绿色消费强调主体是消费者，区别于早期绿色营销将企业作为实践主体。绿色消费更加注重顾客在购买、使用、废弃物后续处理过程中，减少对环境破坏的行为。数字化时代的绿色营销，使消费者开始主动从自身做起，保护环境。

各种突发极端天气的频繁发生，让人们对环境保护的热忱日益强烈，绿色市场也由企业引导变为消费者主动践行。平台经济兴起，自媒体已成为宣扬绿色营销的主力。新一代信息技术带来新的沟通模式，而新数据对绿色营销活动的影响是学者们在这一时期的主要研究方向。近些年来，我国数字技术快速发展，数字营销成为研究热点，但信息技术的进步也推动了绿色营销的发展。

7.4　绿色营销发展模式

本节通过案例形式探讨绿色营销发展模式。根据绿色营销发展进程，大致分为早期绿色营销发展模式和新时代绿色营销发展模式。

7.4.1　早期绿色营销发展模式

7.4.1.1　以绿色营销组合为导向的绿色营销

这一模式的典型代表是海尔集团。2010 年之前，海尔生产的卡萨帝洗衣机实现了静音洗衣，多门冰箱实现变频，日耗电不足 1 度。除此之外还有空调、油烟机等多种带有绿色标识的产品。因为企业在绿色产品研发、生产、销售过程中都需投入一定的绿色成本用于节能环保，所以绿色产品的定价相对于普通产品来说，价格相对较高。海尔为了保证在相对较高价格的情况下依然保持市场竞争力，因此采取提高顾客价值、做好售后服务的方式，增加顾客满意度。海尔家电整个生产过程都要求清洁生产，在选择中间商时，倾向于对绿色产品比较认可的代理商，建立绿色流通网络，还为扩大绿色产品的市场，举办展销会等方式进行促销。这些绿色创新实现了海尔家电在市场上的综合竞争力。

7.4.1.2 以"以旧换新"为目的的绿色营销

在推动绿色消费方面，国家、企业都曾实施"以旧换新"等促销手段。在此方面，格兰仕集团具有一定的代表性。2006 年，格兰仕发起回收废旧小家电，以旧换新活动。消费者手中的废旧小家电可以折换成 30 ~ 100 元不等的价格，用于购买该品牌的部分产品。格兰仕同时对回收的废旧家电进行环保处理，这一活动不但为绿色环保做出了贡献，还让该品牌的产品销量大增。在家电的红海竞争中，格兰仕通过绿色营销的加持，吸引了大批有环保意识和社会责任的消费者。

在 2010 年之前我国绿色营销主要集中在家电行业，包括冰箱、空调、洗衣机等产品。通过分析我们发现，这一时期的绿色营销主要有两种模式，一种模式是以绿色营销策略组合的方式展开，即绿色产品方面，主要强调省电节能、降噪静音等；绿色价格方面，主要强调为了达到绿色生产的目的，企业在绿色生产环节投入了大量的成本，所以产品的价格就要提高一定比例，这是为环保应该付出的成本；绿色渠道方面，主要采取建立短而宽的渠道模式，以减少渠道消耗；绿色促销方面，通过绿色广告等方式进行绿色推广，增强消费者绿色认同感，激发其绿色消费欲望。另一种模式是通过绿色营销造势，给自己品牌新产品做宣传。这一时期，虽然企业想通过绿色创新为环境多做点贡献，却受到多方外部性影响，使这一时期的绿色营销总是走不出当时的禁锢模式，企业也一直在奋力提升消费者的绿色消费意识，但是收效甚微。消费者绿色消费欲望有待提高，也确实对企业探索更完善的绿色营销模式造成了阻碍。

7.4.2 新时代绿色营销发展模式

2016 年是"十三五"开局之年，也是确定接下来环境保护顶层设计的一年，环境治理被国家放到了重要的位置，很多企业响应环保号召，纷纷加入环保阵营。因此，从 2017 年之后许多企业开始探索更加科学的绿色营销模式，真正做到在减少环境污染的同时，调动了消费者自觉参与绿色消费的积极性。

7.4.2.1 以发挥线上平台辐射带动作用为主导的绿色营销

（1）网络购物平台的绿色供应链模式。因为我国电子商务的快速发展，我国每年产生大量的废纸、废塑料等废弃物，对环境造成了极大的负面影响。为了改善这一情况，2016 年菜鸟发起"绿动计划"，该活动计划在 1000 所高校实施，通过校企合作的方式，在高校菜鸟驿站设立绿色行动包装材料回收区，促进校园环保事业的改善。2017 年，京东联合其他 9 个品牌共同发起"青流计划"，该计划倡导供应链企业一起在包装、仓储等环节实现绿色环保。青流计划的重要内容是对衣服、玩具、纸箱等旧物进行回收，这些回收的物品后续会通过捐赠等方式实现再循环，减少碳排放。为了调动消费者参与该活动的积极性，京东推出"3 个旧纸壳兑换一个苹果"的活动，通过该活动使消费者深入了解了京东生态环保的公益理念，对于自己有责任参与绿色消费的意识也大大提升。除了回收纸箱之外，"青流计划"还对京东物流纸箱进行了设计改造，消费者只要对照简单的步骤操作，就可以将普通的快递箱变成可再利用的环保箱、笔筒、手机支架等新物品。这些定制箱在增加消费者动手热情的同时，也减少了废弃纸箱对环境的污染。

随着环保理念的不断推进，淘宝也上线了绿色包裹专区，该专区的包装袋可以在自然界中完全降解，不会造成白色污染。因此，部分快递包裹采用了可完全降解的塑料包装袋和不用封箱胶带的拉链式纸箱。除此之外，菜鸟还在推动绿色物流方面提倡新能源车的使用。另外，"青流计划"从着眼于绿色供应链的建立扩展到整个京东集团可持续发展战略，再到加入科学碳目标倡议。在可持续发展战略引导下，京东在上海市的"亚洲一号"仓库的屋顶实现了分布式光伏发电系统。京东不断以更加科学精准的方式普及绿色物流发展。

截至 2020 年底，"青流计划"纸箱回收活动已覆盖全国，总回收纸箱数约为 540 万个，回收后对于不影响二次使用的纸箱直接进行二次利用。可循环使用 20 次的青流纸箱累计使用 1.6 亿次，"胶带瘦身"计划减少使用塑料 5 万吨。回收闲置物品 350 万件，近 5000 辆新能源车投放到全国 40 多个城市参与快递运输。

大学是高素质年轻群体的主要汇集地。淘宝通过与高校合作的方式，意在养成青年大学生的环保意识，此举对于整体推进社会环保事业改善具有重要的意义。另外，淘宝、京东作为电子商务平台两大领头羊，对快递包裹包装、运输等方面的绿色推广与实施，特别是减少包括包装袋、胶带在内的不可降解的塑料产品的使用，推广使用可降解的包装材料和纸箱，以及新能源汽车等措施，对于整个物流、供应链的绿色发展做出了重大贡献。

（2）美团外卖的引领带动模式。2017 年 8 月底，美团外卖率先发起"青山计划"，旨在减少外卖行业的环境污染问题。2018 年 3 月，美团又发起青山公益行动，该公益行动是通过商家自愿加入，成为青山公益商家之后，每达成一次交易记录，商户就会捐赠出一笔钱（≥0.01 元）到"青山计划"专项基金中，用于环保公益项目。现在，已经有 50 万商家加入到该公益活动中。

外卖行业欣欣向荣的发展，造成了大量塑料包装袋和餐盒、筷子等一次性餐具的使用，由此使环境污染问题加重。为了缓解这种一次性产品使用造成的环境问题，美团外卖充分发挥平台优势，采用源头控制塑料产品的使用，鼓励商户使用具有很高的回收再利用价值的环保餐盒包装；提倡垃圾分类与回收、循环利用等多种方式减少污染，比如，美团外卖将回收的餐盒加工改造成共享单车挡泥板，以此实现了循环再生。而且积极倡导全产业链条内商家、包装企业等机构参与其中，共同推进科学闭环的构建。在"青山计划"之前，美团外卖平台点餐，一次性餐具是默认选项，点餐附送餐具。但现在，用户在付款之前，可以在餐具数量选项里点击"无需餐具"选项，这样在用户个人的账号里将产生 10 克能量，用户收集这些能量可以兑换成公益金，用来捐赠公益活动。而且美团外卖每月还会在选择环保订单的用户中随机抽取 100 位，送出环保筷，美团外卖此举在很大程度上减少了用户餐勺、筷子等一次性餐具的使用。

另外，美团外卖希望借助明星效应，发挥线上线下相结合、用户参与互动的方式，呼吁更多的人关注、参与、落实环保行动。在线下，美团外卖与明星一起倡导人们保护环境，并在北京和上海的公交站、地铁站投放有关环保的公益广告。之后在线上发起互动活动，活动内容是用户将公交、地铁站看到的美团和明星合作的公益广告拍照后，@美团外卖官方微博，美团外卖会从参与者中随机抽取幸运用户，这些用户将获得定制环保产品作为礼物。

现在，美团外卖与其合作伙伴共建成 350 个餐盒回收点，推荐了 46 种可降解塑料包装产品、41 种纸质包装产品，建立"1000＋"个外卖餐盒回收与循环再生试点，在试点范围内投放"2000 万＋"个可降解塑料袋、100万个纸质餐盒。另外，2020 年青山公益行动汇聚了 24 万商家，在青海、云南等地种植、优化 186. 67 公顷生态经济林，帮助了 1744 户贫困户。到2025年，美团外卖希望能够建设绿色包装供应链、建立惠及更多区域和商家的餐盒回收体系，发挥影响 1 亿用户可以自觉践行无需餐具的可持续消费行为的作用。

美团外卖的绿色营销措施对比电子商务平台的绿色物流，更有其特殊之处。美团外卖是对接线下实体商家的外卖平台，当外卖平台推行绿色营销措施，想要通过外卖平台培养消费者绿色消费意识，养成消费者绿色消费习惯，调动更多人参与绿色活动，这些措施对于下游商家来说可以为其增加客源，所以外卖平台对其商户来说具有较多的话语权且有一定制约和带动作用。美团外卖采取的绿色营销措施，不仅对自己所处的外卖行业有重要影响和意义，对其平台进驻的商家（特别是加入青山计划的商户）和消费者都有重要影响，辐射带动作用显著，绿色营销的成果更突出。

（3）以线上平台为辅助的绿色营销。猿辅导在线辅导平台的用户多为青少年，因此其为助力青少年树立保护濒危物种意识，与世界自然基金会和一个地球自然基金会合作开展线上环保主题公益直播和线下保护地探访的活动。青少年是未来社会进步的中坚力量，是建设美丽和谐中国的主要参与者与受益人。在这个过程中构建孩子的生态文明的责任感与使命感，对青少年进行可持续发展生活方式的灌输与培养，可以同时影响几代家庭对环保问题的关注。

（4）引导绿色消费的线上公益性组织模式。支付宝作为第三方支付平台，为首期"碳账户"推出支付宝蚂蚁森林的公益行动，目的是为了鼓励用户更多地参与环保。支付宝用户在日常生活中低碳出行（步行、共享单车、公交、地铁）、线上缴费、线下支付、绿色办公、包裹回收、网络购票（火车票、电影票）等多种方式，这些行为都将产生数值不等的绿色能量，这些行为可以使蚂蚁森林绿色能量不断地累计。当我们积攒的能量达到一定数值时，就可以通过"我要保护"捐赠对应能量，然后转换成保护某一地区动植物生存的生态环境，或在某个地区种植一棵与能量树种相对应的真树，实现绿色行为。这种通过低碳生活方式就可以直接换算成生态保护的行为，极大地激发了用户的参与热情，且在今后日常生活中也会将低碳的多种行为方式渗透到生活的方方面面。另外，支付宝蚂蚁森林种树成功后，用户会得到自己种树的编号，如果未来有一天用户有机会去种植区看一下，还可以通过编号找到自己低碳生活换来的成果。现在，蚂蚁森林也会通过视频的方式，让用户在线观看自己种植地区树木的生长情况，这些做法都将进一步激发消费者的绿色消费意识，使全民植树成为现实。

现在企业在逐利的同时也开始相应地承担更多的社会责任。蚂蚁森林自2016 年问世 5 年来，当初种下的一颗颗小树苗经过时间的洗礼已经长成一颗颗大树，积少成多也已经显示出树木丛林之势。截至 2020 年，已有 5.5 亿用户参与到蚂蚁森林，并种下了超 2 亿棵树，森林覆盖面积 18.27 万公顷，覆盖绿化总面积超 20 万公顷，累计碳减排超 1200 万吨。① 曾经的库布齐和巴丹吉林沙漠，在蚂蚁森林的倡导和用户的努力下，正在一点一点的变绿，也在逐渐发挥防风固沙、缓解荒漠化问题的作用。2021 年，蚂蚁森林已经完成了在额济纳旗 180.47 公顷的建设总面积，投资 570 万元种植 10 万株胡杨的目标，而且已经进入后期养护阶段。② 蚂蚁森林将用户绿色能量转换成的真树种植在全国多个荒漠化地区，这些耐干旱的树木已经成活，给光秃秃的荒漠增添一抹绿色，将沙漠变成绿洲，并为以后的防风固沙发挥重要的作用。

支付宝蚂蚁森林的绿色营销模式不同于上述线上平台，其他企业采取的各种类型的绿色营销模式，都是企业在兼顾经济效益的同时，承担社会责任、注重环境保护，企业采取各种环保活动的目的也是为了引导消费者可以养成绿色消费习惯，为企业更好地开展绿色营销打下坚定的基础。而蚂蚁森林则完全是一个纯公益项目，蚂蚁森林的绿色活动不会为蚂蚁集团带来任何资金收益，而且每年在该项目的全部支出也属于纯公益捐赠，未来用户种植的树木产生的利益，也将全部用于公益。

7.4.2.2 实体企业的绿色营销模式

实体企业的绿色营销异质于在线平台，因为网络平台的辐射带动作用比

---

① 解绚. 5.5 亿中国人参与"手机种树"蚂蚁森林规模超 2 亿棵［EB/OL］. (2020 – 06 – 05)［2020 – 08 – 17］. https://tech. china. com. cn/internet/20200605/366685. shtml.

② 阿拉善盟林业和草原局. 额济纳旗 2021 年"蚂蚁森林"中国绿化基金会合作造林项目已全面竣工［EB/OL］. (2021 – 05 – 12)［2021 – 06 – 13］. https://icj. als. gov. cn/art/2021/5/12/art_1000_367737. html.

较显著，而且网络平台在号召消费者参与方面也更方便，实体企业则更应注重把关好自己的绿色研发、生产等环节减少对环境的污染。

（1）实体企业与环保组织合作的绿色营销模式。蒙牛与中华环境保护基金会共同成立保护湿地的蓝天绿地基金，为了号召更多消费者参与，推出多起环保活动。一方面，蒙牛推出"绿色蒙牛、幸福畅游"活动，活动期间消费者购买的蒙牛促销装产品中有蓝天卡或绿地卡，就可以登录网站输入公益代码，蒙牛将代替消费者捐赠 1 元人民币用于湿地保护。蓝天绿地基金还推出"壹块扫霾"公益体验活动，倡导环保的生活方式。另一方面，蒙牛还在全产业链推广塑料可回收设计理念，如蒙牛推出 10 个或者 20 个空盒可以换一盒奶的活动，回收的空盒通过回收系统统一送到有回收设备的城市。2019 年，蒙牛在低温酸奶领域试点可以反复循环使用 20 次以上的环保（pp）周转箱。截至 2020 年，pp 周转箱已使用 17.69 万次。此外，蒙牛在生产环节推动节能减排和扩大清洁能源的使用，打造生态的可持续发展。蒙牛还对牧场进行节水节电等环保设施改善，推行粪污资源还田和沼气发电，有效降低了规模化养殖对环境的负面影响。

制造业对环境污染问题日益严重，而美的集团将绿色理念延伸到制造端，并将研发、生产、包装等所有环节都纳入绿色产品的生产过程。作为制造业企业，技术创新是实现环境友好的重要前提。美的用于减少环境污染与破坏、节水、增效的技术层出不穷，并一直在探索技术创新的路上。另外，美的除了依赖绿色技术创新，还在数字化、智能化等先进技术支持下，注重绿色原料及包装材料的选择与控制，实现生产计划内信息互通，合理安排用能，形成错峰使用，由此推动了行业标准的修订，发力绿色制造，促进行业的绿色转型，为环保事业贡献自己的力量。

安踏近年来一直致力于研发推广环境友好型产品，同时，也是首家与世界自然基金会开展深入合作的中国体育用品和纺织企业，双方希望在合作周期内可以实现纺织业绿色转型、扭转生物多样性丧失的趋势，推进环境可持续发展。截至 2020 年，安踏已经推出环保纤维面料的服装 1600 万件。除此之外，安踏提倡减少过度包装、塑料包装，使用可降解、可循环的环保材料或可再生循环的纸箱，推动供应链的绿色转型。

（2）绿色产品和社会责任感耦合协调发展的绿色营销模式。此模式的典型代表是新品牌茶代表、创立于 2012 的茶饮品牌——喜茶。该品牌的茶饮宣称是不添加任何色素、香精的茶饮新产品。经过四年的发展，成为广东地区有口皆碑的品牌。喜茶为了扩宽市场，将总部迁往深圳市，并以此处为跳板，进军全国市场。2018 年，蒸蒸日上的喜茶又开始布局海外市场。

喜茶从原创芝士茶开始，一直信奉独立自主的产品研发模式。这就督促喜茶的产品研发实验室在进行产品创新时，必须要结合新消费时代背景，洞察消费者新的消费需求，开发多种系列品类，以便最大限度满足消费者不同的需求和为消费者提供更加优质的产品，从而提升其消费体验。此外，为了在茶饮品牌中脱颖而出，打造优质安全的产品是喜茶一直的追求。喜茶在产品原料上推崇天然原材料，对于奶制品也要求必须使用营养价值更高的原料。除此之外，食品卫生安全问题是喜茶不可逾越的底线。为了尽可能避免这种情况出现，喜茶采取与第三方权威检测机构合作的方式，不但每月都会有专业的机构对其所使用的原料进行抽样检测，而且喜茶门店使用的饮用水的水质也会定期抽样送检。另外，因为产品的原料多为水果等农产品，喜茶每年还会在食品安全设备上投入专门的资金。以上这些做法喜茶都是为了给顾客提供更加绿色健康的产品。

2019 年喜茶与美团外卖联手开展"青山计划"，主要实践内容是将塑料喜茶杯回收，之后经过破碎、清洗、加热融化、重新塑形等环节再次循环利用。现在，上海市的部分喜茶店设有专门的塑料杯回收桶。2020 年，喜茶与清华苏州环境创新研究院（RIET）签订了喜茶绿色化发展合作计划，这样可以借助专业的技术，将绿色发展落实到企业的日常经营管理中。喜茶目前使用的包装材料，都是在特定情况下可以被自然界微生物降解的材料。

7.5 结论与启示

本章根据 CiteSpace 时区图结果，将绿色营销演进分为四个阶段，并结合案例将绿色营销模式分为两个发展时期。总结发现，绿色营销的发展，是由企业引导到消费者主动、由强调绿色营销到注重绿色消费的过程。因此，推进绿色营销进一步发展依然要从三大主体着手。

7.5.1 企业方面

首先，企业要有逆营销的环保意识，倡导消费者减少消费、适度消费。绿色逆营销时代，企业要充分利用多种途径、方式，向民众宣传环保。这不仅是企业践行社会责任的体现，更是潜移默化提升消费者绿色认知，为以后逆营销时期获得更多顾客认可打下基础。

其次，企业要全面打造"绿色"，充分发挥绿色营销的优势。"绿色"生产、"绿色"研发、"绿色"销售过程，以及"绿色"从业人员理念、"绿色"企业产品、企业形象，真正落实生态型企业。当然要想实现以上目标，企业必须注重人员的环保培训、加快绿色科技创新的研究进程，钻研绿色管理、绿色营销的新路径，并以此作为自己独特优势。

再次，企业实行绿色营销要考虑消费者持续购买的重要性。企业在推行绿色营销时要与体验营销、关系营销相配合，增加消费者绿色重购的可能性。数字经济时代绿色营销的最新动态要借助社交平台与时俱进。

最后，企业未来要有意识地将学者研究成果应用到自身经营活动中。企业有责任和义务让理论成果转化为实践，研究只有应用到现实中才能检验出真实价值，校企联合将推动理论界和企业界双赢。

7.5.2　消费者

人们对赖以生存的环境关注度日益提高，认为环保是分内之事，自觉参与节能减排，理论上更加倾向环保产品，但实际做出购买决策时，仍有偏差，这说明顾客对于绿色产品的信任程度还需进一步提高。结合现实分析，出现这类情况的原因主要包括：快节奏的生活，消费者时间分配更加多样，对绿色产品缺少足够的时间了解且缺乏购买经验。今后，消费者要充分认识到，绿色营销不仅对社会有贡献，对自己、对子孙万代更有重要意义。我们提倡的节能减排，不只是口号而是行动，需要我们大家共同参与。

另外，我们在生活、消费过程中不仅要做"绿色"的践行者，更要成为合格的监督者。大家已有自觉参与环保的意识，但在监督政府、企业环保问题上，责任缺位比较严重，需要在这方面加强对二者的监督。"90后""00后"开始成为消费主体，在绿色营销影响下成长起来的一代，希望能更好地主导该领域新的发展方向。

7.5.3　政府

近些年，政府部分人员生态意识薄弱，环保监管不力等问题已有很大改善，但在建立健全环保相关的法律法规、倡导绿色生活方式、推进"绿色"市场化改革等方面依然任重道远。

良好的市场环境需要政府约束，企业经营所需的各种资源，特别是一些特殊资源（关系国计民生的资源），政府更是有绝对话语权。企业和政府通过市场衔接，成为利益相关者。政府提供政策等便利，促进企业更好地发展；企业享受这些待遇，同时要承担相应的责任。政府应充分发挥政策导向作用，加大对绿色创业的优惠力度，严惩或关停污染较重的企业，形成良性的社会认知。国家要杜绝企业"漂绿"行为，新发展理念不仅仅是倡导，更是方向。贯彻落实新发展理念，不仅要增强政府的监管力度，还要倡导消费者、媒体等共同监督，形成覆盖全社会的动态网络。另外，政府对绿色创业的帮扶也应适度，帮扶的目的是使这些企业尽快走上正轨，而不是让其一直依赖政策运行。

综上所述，企业日益注重绿色营销活动，消费者对绿色产品的理解也会影响企业绿色营销活动的效果。虽然绿色营销的研究已从定性转向定量，且取得了丰硕的成果，但绿色消费的发展还有待完善。另外，经过多年的配合，公众、国家、企业三大责任主体，也都在不断进步。政府由强制到倡导、企业由被动到主动、公众由不关心到积极参与。今后，政府需通过政策引导、法律法规约束、监督企业的绿色生产方式；企业要根据政策的指引，为消费者提供绿色产品和服务；消费者在生活、消费过程中要牢记绿色理念，更要加强对政府和企业"非绿色行为"的监督，保证在源头实现绿色。三大主体不在各自为战，而是形成健康网络，共同为我们赖以生存的环境努力，为建设和谐美丽的国家而奋斗。

第 8 章

数字营销演进研究

本章借助 CiteSpace 可视化分析软件，以中国知网收录的核心及以上文献为研究对象，对数字营销研究领域绘制知识图谱，进行系统的量化分析，以期客观揭示该领域的研究现状和演进趋势。

8.1 数字营销概览

8.1.1 数字营销的起源与发展

数字营销作为市场营销中的一个研究领域，也是当下最普遍的营销形态，但是有关数字营销的研究对象、研究方法和视角是多元化的，并没有形成统一的范式。

随着互联网的兴起，数字技术也随之发展起来，在营销领域就产生了数字营销的概念，数字化是时代变迁发展的产物。研究表明，数字营销实践最早出现在 20 世纪 90 年代。

从市场营销的发展历程来看，数字革命引发了商业环境的变化，随着互联网技术、数字技术、信息技术的发展，数字营销应运而生。由于数字营销在满足企业运营需求、产品营销及服务活动的正常运行中，所运用的技术不单是互联网，还有信息技术、数字技术等高科技技术，因此，数字营销是网络营销的延伸（El – Gohary，2010）。

有些学者将当下热门的营销模式称之为大数据营销、新媒体营销、互联网营销等，无论是哪种营销概念，学术界都没有给出一个明确的界定。上述营销方式都与数字营销有很多契合之处，都是互相关联、密不可分的。在互联网、数字化发展初期，数字营销被称为网络营销。数字营销发展到如今，包含了很多细分的营销范畴，如网络营销、大数据营销、多媒体营销、社交平台营销等。通常企业在实施数字营销过程中，涉及营销策略、客户关系管理、促销活动、客户服务等方面的内容。

通过对文献的梳理可以发现，虽然近些年有关数字营销的话题很多，但是关于数字营销的相关理论概念研究的文献并不多。数字营销起源于西方国家，迄今为止只经历了20多年的发展历程，数字营销在国内的发展时间较短，国内的大部分研究都在不同程度上借鉴了国外的研究。目前来看，国内外数字营销方面的研究成果都比较少，在市场营销范畴中，对于数字营销尚未有一个权威的定义，随着时代的变迁和技术的发展，数字营销的内涵和外延也在不断更新。

8.1.2　数字营销的内涵

数字营销是数字技术和营销活动相融合的结果。国际数字营销协会（2011）将数字营销定义为运用数字技术，建立一个具有整合性、可测性的传播推广模式，通过传播推广，可以获取、留存客户，并建立深层的互动关系。

　　姚曦、秦雪冰（2013）认为数字营销是以数字化技术为基础，通过数字化手段进行资源配置和营销活动，以实现企业产品和服务高效率价值转化；是通过数字网络技术传输的市场营销活动，注重人力、资金、信息、物流的有效协调和统一，从而达到顾客满意和企业盈利的目的。数字营销的本质仍然是营销，数字化只是营销的一种技术手段，是传统营销理论在不断发展创新的新技术背景下必然的发展演变。

　　一些学者认为，数字营销是一种适应性强，受数字技术支持的流程，通过该流程，企业可以与客户及合作伙伴协作，共同为所有利益相关者创造、沟通、交付和维持价值（Kannan & Li，2017）。阳翼（2019）把数字营销定义为：通过数字媒介平台推广产品和服务的营销传播活动。学术界对于数字营销的概念给出了不同的界定，但是基本上是从营销学和传播学两个学科范畴来定义数字营销。如姚曦、秦雪冰（2013）等学者，将数字营销定义为依托于一系列现代先进科技技术开展的营销活动。国际数字营销协会（2011）和阳翼（2019）等学者是基于传播学的角度来定义数字营销的。郑丽勇（2020）通过对国内外学者关于营销内涵的总结，将数字营销定义为：营销者在数字技术的支持下，通过数字媒介与消费者进行精准互动传播的营销方式。

　　通过对文献梳理总结，我们认为数字营销就是以计算机、互联网、人工智能、信息化等现代高科技技术为基础，通过各种多媒体传播渠道、电子设备等数字化媒介，有效进行资源配置，为企业揖供营销策略，进行产品推广、服务、转化，以及实现传播过程精准化，营销效果可量化，客户关系数据化的一种营销方式。它着眼于人、财、物和信息的有效协调和统一，从而达到企业和顾客双方获益的目的。数字营销的前身是网络营销，现代数字营销包含了大数据营销、网络营销、新媒体营销、人工智能营销等形态。学术界一些学者将其称为在线营销，还有些学者将其称为电子营销。数字营销是以人为本，回归人性，以顾客为中心的营销形态。

概括来说，就是在企业营销活动的全过程中，借助数字化的传播媒介和手段整合企业资源，宣传产品或服务。即采用计算机、网络等先进技术，调动企业资源，保证企业产品或服务销售的所有企业活动的总称。另外，发挥人的创新力，将计算机、网络等先进技术更好地应用到现代营销领域的智能营销（智慧营销）中，与数字营销新的发展趋势相吻合。

8.1.3 数字营销的特征

随着技术的发展，数字营销的特征也逐渐明确，通过对文献的梳理，笔者将数字营销的特征归纳了以下观点。

（1）数字技术支撑数字营销。达米安瑞安在《理解数字营销》一书中指出，数字营销的关键是技术能够对现有市场造成巨大的营销，同时能够开拓全新的市场。数字营销是在现代科学技术的基础上发展起来的，数字营销是以现代科学技术为基础，通过网络实现营销活动的信息化、自动化、全球化。营销过程的各个环节都依托于现代网络、信息化、智能化等数字化技术。脱离了数字化技术，数字营销无法实现。这是数字营销和传统营销最大的区别。基于技术层面，数字营销的本质是营销，数字化是实现营销的一种手段，是现代营销在新时代高科技技术发展下的产物（姚曦、秦雪冰，2013）。数字营销活动的开始和实施必须借助于数字媒介，因此，数字媒介是数字营销的前提。数字营销要想创新和发展，必须有数字技术的发展、支持作为强大的推动力（郑丽勇，2020）。所有的学者在研究数字营销理论时，都是以数字技术为依托，因此，数字技术是数字营销的基本特征。

（2）数字营销有更开放的营销环境。基于网络环境的开放性，公众可以全面参与到网络环境中，因此数字营销环境的开放性，取代了传统营销所必需的现实空间。在数字营销环境中，能够快速地实现商业活动的沟通和交流。

（3）数字营销主体多元化。数字营销的多元化是因为，高科技的快速发展产生了众多的传播媒介和载体，用户可以选择适合自己的方式开展营销活动。数字营销的多样化可以满足不同群体、不同层级用户的需求。在数字营销实施过程中，可使用文字、图片、音频、视频等方式，建立多元化的载体，进行传播推广，消费者能够全方位掌握营销信息，提高企业的关注度（潘舒展，2019）。信息技术、互联网技术的发展，使数字技术逐渐渗透到人类的日常生活中，智能终端已成为人类无法脱离的工具，因此所产生的数字营销的元素也变得更加多元，营销传播活动也随之变得更加日常化。当下热度很高的微信营销、社群营销、视频营销、直播营销等营销方式体现了数字营销传播平台的多元化。数字营销的多元化不仅体现在传播媒介、传播平台方面，在传播渠道方面也具有多元化，企业可采用线上和线下结合的方式，实现数字营销的多元化。

（4）数字营销精准化。传统营销是普惠制的营销，是大众化的营销，没有针对性。互联网建立了用户终生价值模型（AARRR）：acquisition（获取）、activation（激活）、retention（留存）、revenue（收益）、refer（推荐、裂变）。传统营销无法运用这个模型，因为传统营销模式无法获取用户状态信息。在数字化环境下，通过运用 AARRR 模型获取用户信息，对用户进行分析、匹配，根据"用户画像"有针对性地采取措施，加快价值转化。数字化时代，一切用数字衡量、分析，使营销效果更加精准（刘春雄，2021）。数字营销可以实现精准市场细分，精准市场定位，精准投放目标客户（黄纯芳，2018）。随着技术的革新升级，精准营销在技术层面上也更加智能化。

（5）数字营销渠道扁平化。传统营销需要遵循生产制造商、经销商、批发商、零售商、客户这样金字塔式的渠道进行营销活动。而数字营销的销售渠道，可以实现企业和客户直接沟通（孙丽燕、高金田，2007）。互联网营销实现了传播的扁平化，传统营销中的分销体系，已经成为企业的负资产（刘承元，2016）。

（6）数字营销互动化。数字营销使内容、传播、营销一体化（姚曦、秦雪冰，2013）。传统营销时代，广告是以营销者为中心向大众的单向传播，大众是信息的被动接受者，营销者和大众难以形成互动，因而是通过主观判断进行的营销。数字营销时代，营销者通过数字技术，分析用户的习惯、偏好，可以精准地找到目标市场，根据目标市场的不同特征，有针对性地向细分市场分配相应的产品，大众不再是被动的信息接受者，实现了营销者与大众的互动传播，营销效果精准高效（郑丽勇 2020）。数字营销具有灵活的互动性，企业开展数字营销活动时，其向客户传播信息的同时，客户可以自主筛选符合自身需求的有用信息。企业可以通过客户的选择进行分析之后，再推送符合客户需求的有价值的信息，投其所好，以实现企业和客户的有效沟通和互动，保持企业与客户的良好关系。

8.2　数字营销研究主体与热点分析

本节的数据来源于中国知网（CNKI）期刊数据库中核心及核心以上的期刊，按照主题进行检索，输入的检索词为"数字营销"和"数字化营销"，考虑到"智慧营销、智能营销"与"数字营销"概念的相关性，将两者也作为主题词参与检索。检索时间是 2021 年 8 月 10 日，不限时间跨度，共检索到 260 篇文献，去除不影响研究结果的文献后，共有 254 篇文献参与后续分析。

8.2.1　数字营销研究作者共现分析

借助 CiteSpace 对数字营销领域的文献作者进行可视化分析，可以发现该领域的高产作者和作者间合作密切程度。具体操作如下：将所有文献信息导入 CiteSpace，文献的时间选择为 1995 年 7 月 ~ 2021 年 8 月，时间切片选择为 5，表示在接下来的分析过程中，时间区间将会以 5 年为一个时间间隔，节点类型选为作者，选择标准是 TopN = 30，即每个时间切片内将会挑选出频次排在前 30 的数据。之后，直接运行软件，根据数字营销领域作者分布和合作图谱的结果进行分析（见图 8 - 1）。图 8 - 1 中的连线表示作者间的合作情况，线段的粗细程度代表着作者之间合作的密切程度。图 8 - 1 作者图谱中，节点数量为 389，连线数为 259，密度为 0.0034，通过这些数据我们可以直观地看出数字营销领域高产作者和作者间的合作情况。

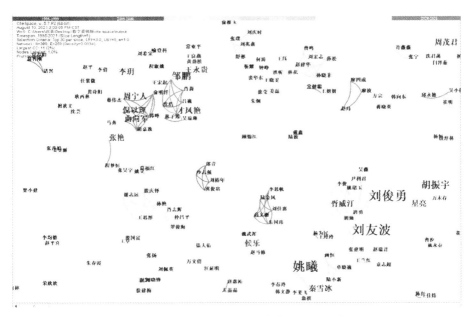

图 8 - 1　数字营销领域作者共现知识图谱

资料来源：笔者运用 CiteSpace 软件进行可视化分析而得。

如图 8-1 所示，数字营销研究领域的学者人数相对较多，但是高产的作者极为有限，且作者发文量差距较小。根据作者共现频次统计结果发现，该领域发文量排在前列的作者为：姚曦、刘俊勇、刘文波、邹鹏、王丹丹、胡振宇、聂静等。在作者合作方面，图谱显示该领域作者间合作比较密切，形成了以刘俊勇、刘友波、胥威汀等组成的核心网络；邹鹏、才凤艳、王永贵等组成的核心网络；周宁人、倪以理、曲向军等组成的核心网络；以及以姚曦为核心形成的包括李春玲、韩文静、秦雪冰等人在内的网络，共 10 个合作密切的核心网络。

8.2.2 数字营销研究热点分析

关键词可以很好地对文章内容进行概括，所以，我们在确定某领域的研究热点时，可以通过关键词出现频率来进行确定。

在 CiteSpace 操作过程中，将关键词选为节点类型，挑选标准设置 TopN = 30，时间切片选择 5，表示在每个时间切片内选择出现频次前 30 的数据，运行结束后，我们得到数字营销领域关键词生成的知识图谱，如图 8-2 所示。图谱中有 819 个节点，2238 条连线，密度为 0.0067。图 8-2 中每个圆形节点表示一个关键词，节点的大小表示关键词出现的频次，节点越大代表该关键词出现的频次越高。关键词之间的连接线段表示节点之间的共现关系，图 8-2 中上方线条越往右边表示越接近现在，关键词之间的连线向我们展示了关键词之间的关联。

如图 8-2 所示，图谱中数字营销是最大的节点，之后为数字化营销、智能营销、人工智能、数字化、大数据、营销策略、数字出版、智能电网、图书营销等。这些节点因为出现的频次较多，表现在图上的节点就较大，也可以在一定程度上代表该领域的研究热点。根据关键词出现的频次进行统计后发现，数字营销领域的关键词出现频次在 5 以上的有 14 个，表 8-1 是排名前10位的关键词及频次（出现频次相同的关键词按照初现年份的早晚排列）。

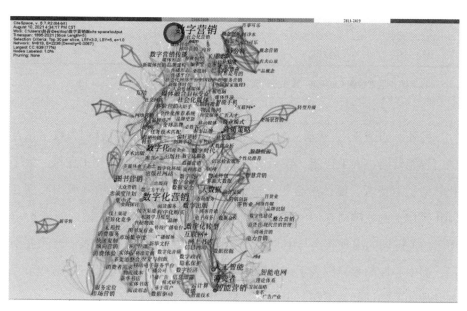

图 8 - 2　数字营销领域关键词共现图谱

资料来源：笔者运用 CiteSpace 分析而得。

表 8 - 1　　　　　　　　　数字营销研究热点词汇频次

排名	高频关键词	初现年份	频次
1	数字营销	2008	50
2	数字化营销	2004	27
3	智能营销	1995	15
4	数字化	2012	12
5	人工智能	2018	12
6	营销策略	2011	9
7	大数据	2015	9

排名	高频关键词	初现年份	频次
8	智能电网	2010	8
9	数字出版	2012	8
10	图书营销	2008	7

资料来源：笔者根据 CiteSpace 软件分析而得。

另外，如图 8 - 2 所示，数字营销的中心度最高，之后分别为数字化营销、智能营销、人工智能、数字化、营销策略、智能电网、图书营销、数字化转型、消费者、媒体融合等。根据中心性结果，数字营销领域中心度在 0.01 及以上的关键词有 69 个，其中排在前 20 位的高中心性关键词如表 8 - 2 所示。关键词的出现频次与中心度表示不同含义，频次不同代表研究热度不同，而中心性的差异则表示该关键词在共现图谱中的重要性不同，这些节点与其他的关键词联系密切，表示其是某一时期的核心研究对象。

表 8 - 2 　　　　　　　　　数字营销研究热点词汇中心性

排名	高中心性关键词	初现年份	中心度	排名	高中心性关键词	初现年份	中心度
1	数字营销	2008	0.56	11	数字化转型	2013	0.05
2	数字化营销	2004	0.31	12	媒体融合	2013	0.05
3	大数据	2015	0.18	13	市场营销	1999	0.04
4	智能营销	1995	0.17	14	变革	2010	0.04
5	人工智能	2018	0.15	15	数字出版	2012	0.04
6	数字化	2012	0.13	16	学术出版	2013	0.03
7	智能电网	2010	0.08	17	品牌	2014	0.03
8	营销策略	2011	0.08	18	互联网 +	2017	0.03
9	图书营销	2008	0.06	19	智慧旅游	2017	0.03
10	消费者	1999	0.05	20	全场景营销	2021	0.03

资料来源：笔者根据 CiteSpace 软件分析而得。

通过对数字营销领域关键词频次和中心性分析发现，在研究的初期，智能营销、市场营销、网络营销、消费者等是学者们关注的热点，这些热点引发了数字营销领域对数字化转型、图书营销、数字出版、营销策略及媒体融合等问题的研究。而随着技术的更新换代，人工智能、"互联网＋"、大数据相继出现，数字经济、直播营销、社交电商等成为新的研究热点。

8.3　数字营销研究的前沿演进

通过对研究热点演进的分析，我们可以发现该领域不同时期的研究前沿和发展趋势。本节根据 CiteSpace 软件的 timezone 功能得出时区图，根据这一视图结果可以揭示数字营销研究领域的演进态势。据我们设置的时间切片，时区图分成了 6 个时间区间（见图 8 - 3），每个时间间隔内都有相对应的关键词，这些不同时间段里的不同的关键词组成了数字营销领域的时区图。图 8 - 3 展示了数字营销的研究进程和演进趋势。

如图 8 - 3 所示，随着时间的变化，数字营销领域的研究热点也在不断更新。时区图中关键词所属时区是依据其初现的时间为标准，因此，我们可以更加直观地发现每个时间切片内的研究热点。图 8 - 3 中，数字营销领域持续关注热点中，持续时间最久的是智能营销，初现时间为 1995 年，时间跨度最长；而节点最大的是数字营销，其初现年份虽然是 2008 年，但向其他研究热点流向最多。此外，根据图中时间节点的情况，我们可以发现随着该领域研究的不断扩展和深化，新时代出现了新的研究热点，如人工智能、大数据、图书营销、数字化转型等。

图 8 – 3　数字营销领域时区图图谱

资料来源：笔者根据 CiteSpace 的 timezone 功能得到图谱。

8.3.1　数字营销研究的演进进程

本节参照 CiteSpace 可视化分析结果，确定数字营销研究的演进进程。具体操作是利用软件将每一个时间切片内出现最多的关键词挑选出来进行分析。借助 CiteSpace 突现词结果，结合关键词的突现强度和时区图发展趋势，将该研究领域 1995～2021 年的六个时间间隔进行分析归纳，最终分为三个阶段，由此揭示数字营销领域研究的演进进程。

8.3.1.1　萌芽时期（1995～2004 年）

这一时期，处于数字营销的萌芽阶段，通过分析我们发现，这一时期的关键词如市场营销、网络营销、数字营销，是目前为止整个数字营销领域研究持续时间最久的关键词。这一时期，在数字营销领域关键词的出现频次和中心性排列中，数字营销、智能营销占据前 5 位中的两个位次。总的来看，这一时期的智能营销，主要是指企业借助电话、手机等电子设备，推销自己的产品与服务。互联网初期，电子商务刚刚起步，智能营销还处于萌芽状态。从时区图中，我们发现这一时期学者们对于数字营销的研究重点是饮料行业，如百事可乐、农夫山泉等品牌。除此之外，该领域并没有过多的研究成果，从文献数量看，这一阶段文献数量极为有限，且这一时间区间内并无增长趋势，但数字化、网络化的思想已经开启了数字营销领域的研究先河，并发挥出了影响市场和消费者的作用。

8.3.1.2　发展时期（2005～2009 年）

这一时期，数字时代信息技术开始服务于商业企业，数字营销开始进入消费者认知范围。数字营销时期，企业宣传由强调产品功能到注重参与体验。这一时期的消费者参与程度不同于以往任一时期。与前一阶段相比，研究成果明显上升，但此时大多数研究成果对于数字营销的量化分析仅仅是增长速度、发展现状的表象描述，对其内在本质进行真正深入剖析的文献却寥寥无几。

随着网络技术的发展，数字营销领域的研究呈现初步发展的态势。这一阶段最为突出的表现是出现了以数字营销为主导的新兴研究热点，发文量整体呈现平缓上升态势，但增长幅度较小，但为数字营销领域研究继续升温奠定了重要基础。从图 8-3 中可以看出，这一时期数字营销领域的研究多为揭示服务行业实践的形式，零售业、电力行业、图书行业受到学者们的重点关注。同时，体验营销开始在数字化建设的影响下备受瞩目。

8.3.1.3　繁荣期（2010 年至今）

前期为了快速融入数字营销的浪潮，不少企业选择收购数字营销公司，吸取其数字营销经验，搭建数字营销平台等方式；或采取搜索引擎广告、联盟营销等路径进行数字化方式的产品营销。但是经过实践验证,这种做法并不能帮助企业在数字营销时代脱颖而出,反而可能会适得其反。而且,数字营销的发展对于企业来说是个很大的考验,新的营销环境,加剧了市场竞争的激烈程度,同时要求企业在进行产品的宣传时应与时俱进。

国家大力提倡数字化转型,数字经济多次写进政府工作报告,使数字化进一步发展,大数据、云计算、人工智能等技术的问世,使数字营销领域研究呈现爆发式增长的趋势。这一阶段出现了人工智能、直播带货、"互联网+"、社交电商等新兴研究热点,相应地带动了该领域相关主题的研究进展,发文量剧增,并在2020年达到发文量顶峰,有力推动了数字营销领域的快速升温。这一阶段发文量整体呈现快速增长趋势,随着国家对数字化的支持力度不断加大,未来人工智能、数字化转型、大数据依然是营销界研究的主旋律。另外,从时区图中也可以发现,学者们对于数字营销领域的研究多以实践型、案例型为主,对于该领域理论体系的研究不够深入。

数字营销领域的研究前沿和以后的发展方向,可以通过突现词表现出来。表8-3时间切片选为1年,得到数字营销领域前25的突现词。

时区图可视化结果和文献发文量的增长趋势将数字营销的演进趋势分为三个阶段;根据突现词结果,数字营销领域的研究前沿也可以分为三个阶段,而且突现词每个阶段的研究前沿和关键词共现图谱的研究热点相互印证。①1995~2004年,共出现5个突现词。2004年,首次出现突现词"数字营销",并持续到2012年,说明这一时期内,有关数字营销的研究处于前沿阶段。网络营销、数据挖掘也在这一时期突现,说明基于网络技术发展,学者开始对数字营销领域进行基础探索。②2005~2009年,共出现4个突现词。"电力营销"等突现词的出现,说明数字营销领域开启了新的行业实践研究。③2010年至今,共出现16个突现词。此阶段是数字营销研究的爆发增长阶段,出现"大数据""互联网+""人工智能"等突现词,说明信息技术在数字营销发展中发挥着重要的作用。

表8-3　数字营销突现词汇总

排名	关键词	突现开始年份	突现结束年份	突现持续时间（年）	突现强度	排名	关键词	突现开始年份	突现结束年份	突现持续时间（年）	突现强度
1	人工智能	2019	2021	2	4.48	14	理论体系	2010	2012	2	1.63
2	智能电网	2010	2013	3	3.11	15	学术出版	2013	2015	2	1.57
3	智能营销	2010	2010	1	2.71	16	智能手机	2012	2014	2	1.56
4	网络营销	1999	2008	9	2.28	17	数字化转型	2019	2021	2	1.52
5	大数据	2017	2021	4	2.14	18	互动	2015	2017	2	1.51
6	市场营销	1999	2009	10	2.06	19	营销传播	2019	2021	2	1.45
7	智慧旅游	2017	2018	1	1.93	20	营销策略	2011	2014	3	1.44
8	数据挖掘	2003	2007	4	1.92	21	数字时代	2008	2014	6	1.41
9	数字营销	2004	2012	8	1.88	22	广告产业	2015	2019	4	1.37
10	网上书店	2010	2011	1	1.77	23	传统营销	2004	2005	1	1.36
11	互联网+	2017	2019	2	1.75	24	营销	2007	2014	7	1.34
12	数字化	2012	2016	4	1.65	25	数字化营销	2008	2008	1	1.34
13	电力营销	2006	2010	4	1.63	—	—	—	—	—	—

资料来源：笔者参照 CiteSpace 可视化分析结果整理而得。

通过对数字营销领域可视化分析发现，与其他领域相比，数字营销领域突现词的突现强度和持续时间明显偏低，说明该领域正处于快速发展期，相关研究还不够完善，特别是该领域缺乏理论研究，需要未来进一步深化探索。

8.3.2　数字营销演进趋势

通过文献研究，可以将数字营销发展趋势概括为三个方面，即数字营销的移动化、智能化及融合化。

（1）数字营销移动化。高德纳技术咨询公司发布的研究报告称，移动社交在线平台、移动商店，以及移动位置服务在未来的几年内将成为三大最具有价值的移动服务，并实现大规模应用和普及。移动广告也将成为企业营销的主流形式，数字营销企业应紧密关注数字化领域的二维码营销、移动电子优惠券和增强现实这三大关键技术①。数字营销的炸裂式成长，已成为传统广告发展的趋势，也是传统广告所面临的新的挑战和机遇。数字营销将成为最主要的营销形态。当下主流的各种营销形态都是建立在数字技术的基础上，这预示着数字营销才刚刚拉开序幕（姚曦、秦雪冰，2013）。

（2）数字营销智能化。随着 AI 人工智能技术的发展，虚拟生存会潜入人们的日常生活当中并不断深入，数字营销技术将日趋革新并完善，数字营销方式将颠覆传统营销的力量，成为最重要的营销形态（姚曦、秦雪冰，2013）。在数字技术快速发展之下，大数据分析工具取代了过去的数据库分析工具，随着数据体系的不断完善，人工智能技术将提升数据处理水平，推动数字营销向智能化发展。虽然目前数字营销发展水平还处于初级阶段，但

---

① Gartner. Gartner：领军数字营销的消费者移动应用和服务 ［EB/OL］. （2012 – 10 – 15）［2020 – 04 – 27］. https：//news. e-works. net. cn/category/o/news46330. htm.

随着大数据、云计算、物联网、人工智能技术的发展，数字营销的自动化、协作化、透明化水平将会得到提升，为未来营销形态带来无限可能（毛雅雯、杨懿，2020）。

（3）数字营销与传统营销有机融合。传统营销与数字营销方式的转型与结合是未来发展的必经之路，这种营销形态将会长期存在。数字营销不是对传统营销方式的完全取代，而是对传统营销方式的重要补充，是基于传统营销的升级和变革。两者是互补关系，而非替代关系（姚曦、秦雪冰，2013）。

杨博（2018）研究认为，大数据、云计算、人工智能给营销带来的是技术上的改变，而不是战略。数字营销能提高营销战略的精准度和高效率，并不能改变营销的本质，传统营销和数字营销的并存，才能最大化购买行动率（PAR）和品牌推荐率（BAR）。

数字营销的发展离不开技术的变革和产业的发展，随着社会的进步和技术的提高，数字营销也将逐渐趋于成熟。

8.3.3　数字营销发展的影响因素

影响数字营销发展的因素主要包括技术的发展、数据的可得性、政府政策的支持及资本的支持。

（1）技术的发展。技术推动数字营销不断发展。互联网技术的产生和移动智能终端的出现都对数字营销领域具有划时代意义。大数据、云计算、人工智能等技术的出现，弥补了以往人们不能深入分析的部分，从而帮助企业形成自己产品需求的消费者画像，使其更加精准地得出每位消费者的消费偏好，在为其目标人群提供适销对路的产品的同时，减少企业的宣传成本。另外，区块链技术的出现对于数字营销领域来说更是颠覆性的，这种去中心化的方式，将产业链上的所有企业形成了一个完整的链条，区块链技术保证信息公开透明又安全可靠。而且，企业也有了更多的选择，可以将自己的数据有偿投入市场，在实现数据共享的同时，也可以最大限度地防止企业的数据泄露。

（2）数据的可获得性。早期受技术的限制，数据这种重要资源一直没有办法发挥其价值，现代技术发展突飞猛进，大数据、云计算、人工智能的发展在收集数据、分析数据、利用数据的价值等方面功不可没。掌握大量数据的企业，相当于在市场竞争中掌握了更多的主动权。

（3）政府政策的支持。互联网进入初期，我国政策主要集中在移动通信网络等信息化基础设施建设方面，之后网络技术不断发展，我国政策又以鼓励电子商务等发展为主，现在数字营销爆发式增长的现实已经深切地说明，国家对于数字化转型的重视与支持力度。具体体现在：2015 年，党中央提出实施国家大数据战略；2017 年，党的十九大报告提出加强应用基础研究，为建设数字中国提供有力支持；2019 年，党中央将发展农村数字经济作为重点任务；2019 年，党的十九届四中全会提出推进数字化政府建设；2021 年，党中央将打造数字经济新优势，营造良好数字生态，列为"十四五"时期目标任务。除了国家政策之外，各省（区、市）也依据自身发展实际，颁布了各项有利于数字经济发展的指导方针。

（4）资本的支持。资本是促进数字营销发展的又一个重要因素。早期，因为人们对数字化、网络等技术不了解。在这种情形下，一些企业在发展初期，筹措资金是一大问题。资金的缺乏是企业进一步推动创新的重大阻碍。随着网络和智能终端的普及，国家对于数字化的支持力度不断加大，消费者对于数字营销的认可度不断提升，两者相结合，为外部资金进入数字营销行业提供了契机。

8.3.4 数字营销发展存在的问题

数字营销发展过程中，存在的主要问题主要体现在以下两方面。

（1）消费者隐私保护问题。大数据、人工智能等技术通过对海量数据的收集与分析，逐渐清晰消费者画像，之后根据消费者的购买意愿与购买能力为企业精准定位目标人群。在这过程中，消费者个人数据隐私问题受到严重威胁。隐私数据泄露问题近些年频发，消费者产生不安情绪，因而，世界各国纷纷通过相关法案对消费者数据进行维护与监管，这些现实都将引导企业合理合法地进行消费者数据的收集。

（2）道德风险问题。在数字化时代，企业受所处环境或资源的限制，会采取和数字营销组织签约的方式，为自己企业的产品或服务增加曝光率。合作方要评估数字营销企业的宣传效果，但数字营销对于专业性要求比较高，合作双方有各自不同的擅长区域，企业对数字营销组织采取的方式并不了解，所以通常以浏览量、点击量、转发量、订单量等指标来衡量数字营销的效果。因为这些原因，双方在合作过程中，数字营销组织存在道德风险行为的可能性比较大，如存在采取虚假数据的方式，夸大自身营销效果，损害合作方利益等行为。这些行为虽不易被察觉，但会造成后续的约束很难取得效果。

8.4　结　　论

本章通过 CiteSpace 可视化结果，将数字营销领域的演进过程分为三个阶段：1995～2004 年是数字营销的萌芽阶段，这一时期，学者开始将目光转向数字营销领域，但并没有开展相对深入的研究；2005～2009 年，这一阶段由于网络技术的发展，电子商务兴起，数字营销开始被学者们关注，并针对相应的行业实践，开展了案例研究，归纳总结企业的数字营销经验；2010 年至今，大数据、云计算、人工智能等技术的发展，推动数字营销迎来了黄金发展期，整个时间区间里呈现出较快的增长速度，特别是 2020 年突发的新冠肺炎疫情，促使直播营销发展得如火如荼，也使数字营销领域的发文量迎来了最高峰。但在这个过程中我们也发现，数字营销和其他类型营销模式的最大区别就是数字营销研究中针对企业实践的研究占据了大多数，而理论发展明显落后于实践探索。未来可以在结合现实案例的基础上，探索数字营销中的深层含义，丰富该领域的理论体系。

通过对文献的研读，发现我们现有的研究成果中，主要是针对图书行业、银行业、电力行业、旅游业、广告业等行业的实践研究。未来我们的数字化、智能化技术也可以在其他行业大显身手。比如，数字化、智能化在服装行业的运用。消费者通过输入自己身材的具体数据，在手机上精确显示服装上身效果，这样消费者在网上购买衣服时，可以更直观地感受到服装是否适合自己。另外，数字化、智能化也可以应用到房地产业，打造智能住宅。人们通过手机控制房间里所有的电器，使住户在回家之前就可以把房间调试到最舒服的状态。当然，智能住宅不仅要具备消防报警、防盗报警、煤气泄漏报警等保护住户生命财产安全的功能，还要具备安装便利性、使用可靠性、数据安全性的特点。此外，还有健身行业也可以加入智能化、数字化功能。目前，我们只能通过肉眼观察身体的外在表象，身体各项指标没办法具体量化。如果可以开发出智能化软件，消费者在初次进入健身房时通过人体扫描，各项数值即可直观反映消费者身体状况，并根据相应数据制订健身计划。在进行一定周期的锻炼之后再次扫描，对比之前数据，观察健身效果，可能会更受消费者欢迎。这些都是未来各个行业的发展前景，也可能是学者将要研究的重点方向。

第 9 章

新营销实践：盲盒产品营销研究

本章仍是研究营销新实践——盲盒营销，这是近几年来，在中国十分有特点的产品营销现象。本章将以消费者行为学、行为经济学为理论基础，对盲盒经济的概念与现状、消费者抽盲盒的行为进行研究，从不同的视角分析盲盒经济，探讨目前市场上盲盒产品的不同营销模式，总结盲盒产品营销实践，提出改进盲盒营销的对策。

9.1　盲盒营销概览

9.1.1　盲盒营销简况

盲盒最早起源于日本，其本土设计师与艺术家根据时尚潮流的发展，设计出具有潮流文化价值的玩具，并为其打造品牌特有的内容（IP）进行市场推广。20 世纪 90 年代中国就有与盲盒类似的产品营销方式，比如，集卡式方便面，以集齐人物可以兑换方便面的噱头进行销售，人物多，线索多，价格便宜酥脆的方便面，深受孩子们的喜爱，几乎是"80后""90后"集体的童年记忆。20世纪末，我国香港地区独具特色的艺术文化与发展迅速的娱乐产业和明星效应，形成了浓厚的潮流文化氛围。随着经济收入水平的提高，消费者更加追求文化与精神方面的消费，因此，具有文化价值的IP衍生玩具的发展，为盲盒经济的流行奠定了基础。进入21世纪，盲盒逐渐引入中国。2012年，国内盲盒市场的大多数消费者是高黏度粉丝的二次元群体。2016年，市场大力发展盲盒产品，在流水线上生产昂贵的知识产权玩具，并严格产品质量管理。公司与著名设计师签约，销售精美潮流盲盒玩具。从玩具到适合大众消费的流行玩具，这款"盒子"重振成人潮流玩具市场。

随着中国经济的迅速发展，对外贸易市场不断扩大，文化软实力也逐渐增强。由于IP品牌影响力不断增强，商业模式影响巨大，中国部分商家开始挖掘IP衍生品的价值和极具消费者喜爱的潮流文化产品。泡泡玛特成立于2010年，主要业务是售卖包含自主开发产品与国内外知名潮流品牌的盲盒、二次元周边、球型关节人偶（BJD）娃娃、IP衍生品等多品类商品。王宁于2015年将日本IP衍生品Sonny Angel系列潮流玩具产品引入中国，这款产品具备的文化和商业价值，为Pop Mart带来巨大的收益，也为后来各国各系列的潮流玩具引入中国打下坚实的基础。2016年，基于社会环境、生活状态及消费者消费能力的不断变化而产生的不同消费需求，泡泡玛特将小众潮玩演变为大众需求。2016年Pop Mart创新消费者购买方式——盲盒消费，吸引大量消费者，打开了中国盲盒产业，市场盲盒产业兴起后，众多消费者纷纷投入盲盒消费的行列。

在中国，盲盒产品不断增加，越来越多的品牌开始使用盲盒模式进行市场营销。随着盲盒经济的发展，小红书、微博、闲鱼、淘宝等软件平台均出现了用户直播拆盲盒的现象，这一操作增加了用户与购买者之间的交易，提高了用户的收益。

9.1.2　相关概念

（1）盲盒。所谓盲盒，指消费者不能提前得知具体产品款式的玩具盒子，具有随机属性。区别于普通玩偶，盲盒在打开前，你并不知道里面到底是哪一款玩偶。这些玩具，它们都具有较高的 IP 衍生价值，也融合了文化与创意设计。

（2）盲盒经济。当消费者花费少量的资金获得盲盒，但不确定盲盒中所装的玩具是否满足自己的偏好或者是否是隐藏款时，这种商品的稀罕性就会使消费者投入大量的资金进行多次交易，同时也刺激了盲盒经济的产生。因此，盲盒经济是指消费者在不确定购买的盒子中的玩具，是否满足自身偏好的情况下投入资金选择商品的一种经济活动。

（3）盲盒营销。通俗点来讲，盲盒营销就是把产品包裹在一个看不见产品的盒子里，引起消费者的好奇心，让消费者每一次打开盲盒都能获得不同惊喜的一种"盲盒＋产品"的独特营销模式，如果消费者没有抽到自己想要的产品，很有可能会冲动地再一次购买，从而达到每个顾客都是回头客的效果。

9.2　基于传统营销理论的盲盒营销

9.2.1　基于消费者行为理论的分析

消费者行为学（consumer behavior）是营销学的重要基础。可以这样认为，消费者行为理论是所有成功的营销人员一生中最有价值的一门课程，世界上几乎所有获得成功的营销企业，在每天的营销工作中都会用到的思想。

它主要研究消费者的感知、认知、行为，以及环境因素的互动过程，是人们在日常生活中履行交易职能的一切行为基础，它包含有三层含义：①发生的消费行为不是静止的，而是动态的过程；②强调消费者与市场的互动过程；③涉及交易。

消费者行为理论指出，消费者在受到一定营销环境刺激的影响下，内心经过一系列的心理活动过程和行为过程，最终做出的具体消费行为。它的意义在于通过运用消费者行为理论，可以全面、深刻地研究消费者及其行为，并以此为基础指导市场营销。

下以盲盒产品为例，简单说明消费者行为理论在实际营销过程中的运用，分四点进行论述。

（1）营销机会分析。在大部分人的认知中，接触或了解最多的抽奖式商品应该就是"彩票"，但是它有一个不可忽视的"弊端"，就是一旦你没有抽中任何奖项，你的所有成本都会损失。而盲盒产品并非如此，即使你没有抽中自己心仪的款式，你依然能够获得一件商品，这和"彩票"带来的落差是不同的。不仅如此，在当下人们生活水平大大提升的时代，人们在精神需求方面的比重大大增加，而盲盒恰巧为他们提供了一个方式，以满足其心理欲望。因此，盲盒也就有了在市场上大放异彩的机会。

（2）确定目标市场。泡泡玛特推出盲盒系列产品不久后，一个很形象地形容盲盒产品特点的词汇在消费者中流行了起来，他们称之为"潮流玩具"，由此可以将该产品锁定为年轻人的精神需求市场。

（3）市场定位和差异化。纵然可以用"潮流玩具"概括几乎所有的盲盒产品，但在市场再细分的情况下，不同的盲盒产品之间还是存在差异的，泡泡玛特、LOL惊喜娃娃、幸运盒子是目前市面上销售得比较好的3种盲盒产品，其中，泡泡玛特侧重心理满足，LOL惊喜娃娃盲盒球侧重文化情怀，"幸运盒子"侧重产品优势。

（4）制定营销组合。几乎所有的盲盒产品组合方式都是用一个看不见的盒子包裹住它的商品，但营销组合需要根据产品定位来确定，以此突出产品特色，比如，泡泡玛特是"盲盒＋潮流玩具"，LOL 是"盲盒＋LOL 人物模型手办"，幸运盒子是"盲盒＋各种商品"。

9.2.2　基于 4P 理论的盲盒营销

4P 理论概括了营销中四种关键要素及其组合，它们是：product、price、place、promotion 取其开头字母组合为 4P，即产品、价格、渠道、促销。以泡泡玛特为例，我们用 4P 理论分析其盲盒产品营销。

产品：泡泡玛特采用"盲盒＋潮流玩具"的产品组合方式，其中设置了比较珍贵的隐藏款和稀缺款。一套共有 12 个不同的产品，按照正常的销售思维，单个卖的时候都必须单个包装，这样下来一套你需要有 12 款不同的包装。做成盲盒产品后，12 个产品共用一款包装，不仅降低了经济成本，还节约了时间成本，这就是泡泡玛特独特的产品模式。

价格：一般是 59 元一个，但由于隐藏款和稀缺款的珍贵性，可能会有溢价，这不仅使产品具有了投资价值，也成为吸引消费者的关键因素。

渠道：覆盖线上和线下两种销售渠道，泡泡玛特已在中国大陆地区拥有近 1000 个零售网点，开设线下直营门店 130 家、800 台机器人商店，覆盖全国 52 座城市。

推广：泡泡玛特主要针对年轻人，在线上开展多元化营销和推广，加大了在抖音、哔哩哔哩、小红书等平台，包括微信、微博等社交网络、社交媒体的人力、物力投入，希望能够帮助品牌与消费者实现更好地触达。

9.2.3　基于 STP 理论的盲盒产品——泡泡玛特市场分析

STP 理论——市场细分（segmentation）、选择适当的市场目标（targeting）和定位（positioning）。它是营销战略中最核心的内容，指企业在市场细分的基础上，通过选择市场目标，把产品定位在市场最准确的位置上。我们来分析泡泡玛特的市场情况。

（1）市场细分。前面已经提到过，泡泡玛特把市场细分为年轻人的精神需求市场。

（2）市场目标。他们将目标用户定位在一、二线城市，年龄在 18～35 岁之间，以年轻白领为主，其中，女性占比达一半以上。泡泡玛特公布的消费者数据显示，用户主要分布在一、二线城市，78% 的消费者为 18～34 岁，75% 是女性，63% 的人学历为本科以及上，90% 的人收入为 8000～20000 元。这类人群的共同特点是对未知的好奇，并且这份未知还能给他们带来持续的、不同的惊喜，因此，很多消费者愿意为此买单，产品能快速获得消费者的喜爱。

（3）定位。不同于一般的潮流玩具，泡泡玛特跳出传统的潮流玩具圈子，因此得以在玩具市场异军突起，形成自己独一无二的产品，并以盲盒的形式定位产品市场。

9.3　行为经济学视角下的盲盒营销研究

9.3.1　行为经济学典型理论

（1）前景理论。在行为经济学中，很多学者在研究风险和不确定条件下的购买决策时提出了很多模型，其中，前景理论（prospect theory）是比较重要的，可以说它是行为经济学理论的基础。

卡尼曼的前景理论有两大定律：

一是人们在面临获得和损失时的态度是不一样的，在面对获得时，往往小心翼翼，不愿意冒风险；然而在面对损失时，人人却都变成了冒险家。

二是对同一物品来说，人们失去它的痛苦要大于得到它的快乐，也就是说人们对于得到和失去的感受程度是不一样的。比如，一次就抽中了自己特别喜欢的泡泡玛特隐藏款或者稀缺款，大部分消费者的内心无疑是喜悦的，很多人都会选择见好就收；但是如果抽一次没有中，大部分人都会不甘心，会选择继续抽，而且很有可能还会抽取很多次。

（2）赌徒心理。赌徒心理是人们在消费时希望用有限的资金来获取更大利益的一种心理。赌徒们都有自己的一套理论，我们把它称之为"赌徒谬论"。赌徒谬论是人们认为一件事情不发生的次数越多，那么它以后发生的概率就会越大。赌局中的人认为，在满足规则的前提下获取最大的利益就是成功。但是没有人可以一直好运下去，经常有失败的时候，但就算失败的概率远远大于成功的概率，也不能削减他们的热情。

赌徒们认为他们经过有限次数的"押注"最终一定可以达到他们的预期目标，就像消费者在抽取盲盒时，在一次两次抽不中自己想要的产品时，理所当然地就会认为下次抽中的概率会增加，但事实上盲盒的数量何其多，每次抽中的概率几乎不变，即使你把一个线下店买完也不一定抽得到，但生活中大部分人或多或少都抱有一点这样的心理。

（3）过度自信理论。过度自信是人们普遍存在的心理倾向，过度自信的管理者由于本身的心理偏误，通常会高估他们的管理能力与创造财富的能力，在并购时造成对目标公司的市场价值进行错误评估，往往高估并购成功的可能性。以投资者为例，每一个炒股者都认为自己投资的股票是正确的，而别人投资的股票是错误的。如果他们成功了会认为是因为自己的技巧高超，理论知识丰富；而如果他们失败了会把原因归于外界因素，感叹非人力所能及。事实上，过度的自信和自己的投资水平是没有任何关系的。这类人在做决策时，会过度地估计那些突出而引人注意的信息，尤其是符合自己当前观点，能够给自己理论提供支撑的信息，而忽略掉那些不支持其理论的信息。当他们的某一观点得到验证时，会更加地自信，并对这些信息反应过度。

9.3.2 非理性下的盲盒营销

盲盒内玩偶的限量属性将"盲"的意义凸显了出来，人们燃起了对于未知的探索欲望，因为受到"赌徒心理"驱使，人们开始为了满足这种心理而进行消费。攀比心理与炫耀性消费会引发消费者的非理性消费，隐藏款或自己心仪的款式会激发消费者的攀比心理，当身边的朋友拥有的款式比自己多时，消费者也会尝试继续购买盲盒来满足自己的成就感。

在消费者从众心理的作用下，盲盒跳出了它原本的小圈子，转而走进了消费者的社交圈子，这是因为盲盒产品能给消费者带来的附加价值，即包括消费者彰显个人财富、收藏爱好、生活方式、身份和社会地位等。有助于消费者在社交圈子中与其他人进行信息交流沟通，在社会中收获更多的共鸣、喜爱与尊重。

购买更多盲盒可以更多地完成自我实现和自我奖励，得到更多心灵的认同与社会地位的认可，从而因攀比心理与炫耀性消费引发了非理性消费，这也是盲盒商家利用消费者非理性行为的营销手段。

9.3.3 锚定效应下的盲盒营销分析

由于盲盒营销奇妙的定价理论，一杯星巴克咖啡的钱便可以购入一个可爱的盲盒手办，这听起来仿佛是不错的价位，但是这无形中已经使消费者对于盲盒价格锚定了，他们会觉得盲盒的定价很合理，是它们可接受的范围内，如果抽中隐藏款还可以转卖额外得到多倍收入，消费者随手惯性购买，然后某个时刻突然间发现购买量过大而远远超出起始心理账户的总预算，但这个时候商家已经达到了他们的营销目的。

9.3.4　盲盒产品的消费者心理研究

我们能发现在很多的商场、交通枢纽站等场所，传统的自动售货机里开始不再摆放普通的商品，而是摆着各式各样的盒子。不仅如此，盒子内的商品从最开始的泡泡玛特玩偶盲盒，到如今种类越来越多，包括手机、玩具、美妆等。可能很多人都会局限地把抽盲盒和赌博行为放在一起，认为抽盲盒完全是利用了消费者的赌徒心理，因此也不认同盲盒经济。但需看到的是，当前的盲盒经济实际上要有所区分，一类是收藏玩偶类的盲盒，一类是商品盲盒，对于前者而言，它存在情感上的理性和消费上的非理性，而对于后者，存在商家与卖家对于商品信息了解不对称的问题。

9.3.4.1　购买盲盒有着情感上的理性和消费上的不理性

对年青一代的消费者来说，消费不仅仅是代表着需要，为情感买单成为其主要的消费心理。当前，对消费者而言，一件商品带来的本身使用价值和情感价值逐渐分离，年青一代的消费观念决定了其更注重于一件商品的情感价值，盲盒内的玩偶给予的"家庭感"、盲盒收集带来的"成就感"，以及盲盒社交带来的"归属感"都是消费者消费盲盒的主要动机。

不过，情感理性必然伴随着消费的不理性，不少消费者存在着"赌徒谬误"的观念。比如，顾客第一次抽隐藏款没有抽到，他认为下一次抽中隐藏款的概率会比这一次有所增加，如果第二次还没有抽到，他会认为第三次抽到的概率比起第二次又会有所上升，以此类推。理性来讲，我们当然知道每一次的购买是相互独立的，但对于购买时的消费者而言，赌博心理会受到"赌徒谬误"的强化，从而进行冲动消费，即使每一次都为自己的冲动消费买单，但再次面对巨大的诱惑时，依然会有大部分人跳进去。

商家正是利用了消费者这一种情感和消费心理上的矛盾，来获取更多的收益。可能不少人会说盲盒营销存在着很多的问题，其实不然。盲盒营销的问题不是出现在盲盒本身，盲盒本身是没有任何问题的，关键出在了"玩法"上，因为消费者及执法部门并不掌握某些玩偶的出品概率，这就导致了信息不对称，企业完全掌握出品概率会使企业拥有类似垄断市场上的定价权，如此一来，企业便能够根据消费者的特点，获取消费者购买盲盒的所有消费者剩余。

9.3.4.2 盲盒产品的低价更加刺激了消费者的赌徒心理

商品盲盒与玩偶类有所不同，其不具有很强的情感价值，但商品盲盒往往用低价来进行营销，更加激发消费者的赌博心理，并且商品盲盒的信息不对称更为严重，其缺乏企业的长期利润导向，从而一般都持有赚快钱的想法。在赚快钱的营销导向下，很容易会伴生产品质量问题，特别是随着盲盒经济从线下转到线上，由于消费者维权的困难程度变大，更鼓励了部分商家销售假冒伪劣产品。

从实物的抽口红、抽手机、抽幸运盒子，到酒店新推出的"盲盒早餐"，再到虚拟世界的游戏抽卡，"盲"的营销策略让大多数人都无法抗拒。不少玩家表示，打开"幸运盒子"的一瞬间，惊喜的感觉有些欲罢不能。

然而，细看可发现，这种"盲"式的抽奖和盲盒潮玩在本质上还是存在很大区别的，盲盒对于收藏者来说更多的是基于情感上的认同，这种用户黏性和复购率是长期存在的，而"盲"式抽奖这种更多的是基于"赌博"的心态，希望通过低投入赚取大奖。

9.3.4.3 过度自信与概率认知偏差

抽盲盒，其实是个概率游戏，它和彩票在某些地方很相似，根据系列的不同而定，抽到隐藏款的概率一般在 1/144 ~ 1/720 的范围内浮动。但人们面对复杂的概率时是选择性忽视的、盲目自信的，相信很少会有人在抽盲盒之前，理性地计算出："这次抽到隐藏款的概率只有 1/144，也就是 0.69%。"相反，他们依据"朋友圈有人第二次就抽到隐藏款了"这种小样本里发生的、概率极小的事件，来推断自己在两三次之内抽到隐藏款是大概率事件，如果一个人投入了很多资金和时间在抽盲盒上，但是仍然未抽中隐藏款，这个时候，所付出的既成事实的金钱和时间成本，就是沉没成本，人们会对沉没成本产生眷恋，即"我已经付出了这么多，不能就这样放弃"的心理。与沉没成本挂钩的另一个心理现象，就是损失厌恶。"花费了几千元，还没抽到隐藏款"，这既是沉没成本，也是一种隐性的亏损。而人的心理，对亏损是极其厌恶的，这就导致了翻本效应的出现，即"我一定要抽到一个隐藏款，这样才能回本或者弥补一些我之前的损失"。然后就会出现不自觉的恶性增资，也就是从两杯咖啡钱开始，不断重复购买，即使已经付出了远超盲盒价值的成本，但在大脑快感的刺激下根本停不下来，就这样恶性消费下去，直至花费成千上万元，只为随机回报带来的喜悦、减轻亏损厌恶，以及翻本效应所带来的满足感。

9.3.5　盲盒产品的消费行为分析

如今，随着"炒盲盒"现象越来越热，盲盒产品已经成为一种流行文化。流行文化具有引导顾客的购买意愿和消费模式的功能。例如，近几年消费者喜爱的动漫、游戏、影视等二次元领域的人物或角色，泡泡玛特均签约了相应的版权协议，设计了影视周边玩具，并将其放于盲盒中。因为玩具中包含艺术家与设计师的创意和设计，以及 IP 衍生品的价值和影视行业崛起的二次元或三次元的文化，所以喜欢这些艺术与文化的人逐渐出现在盲盒市场上。近年来，"艺术玩具"成为文化产业领域出镜率较高的词语，艺术玩具圈人士逐渐开始从私下的、小众的活动范围走向公众视野。流行文化引导消费者的购买和消费模式。从生产与消费的角度，流行文化生产的目的在于消费，或者说在于满足消费者的文化消费欲求。现代社会的实践证明，人们消费某种产品，并不仅仅因为它的物质特性和实用功能可以满足他们的需求，还会因其广告所张扬的抽象的、非实用的精神因素能够使消费者产生兴趣和认同。

9.3.5.1 盲盒产品满足消费者的精神需求

"很多人都疯狂去买，我们却不知道为什么。"经过一番调研，王宁发现 Sonny Angel 契合了消费者"收集"的心理需求。事实上，很多玩家并没有把 Sonny Angel 视作玩具，而把它叫作 Artist Toys，即"艺术家玩具"，也有人称之为平台玩具，不过越来越多的人叫它"潮流玩具"。

国内的盲盒单价分布在 49~79 元之间，盲盒产品吸引消费者的一个特色还在于它多种多样的人性化设计，这些人性化的设计可以使消费者实际使用起来更加亲切舒适，满足了消费者的精神需求。比如，对香水包装采用有色的瓶身，瓶身外形设计独特，再配以色彩斑斓的瓶身，绝对能吸引个性化消费者的眼球，并能引起他们的购买欲望。盲盒与其他艺术高端的商品相比价格低廉，并且盲盒中的潮流玩具体积小，易于收藏与携带，同时潮流玩具的艺术与文化价值在一定程度上引起了消费者的兴趣。不同的潮流玩具的欣赏价值与文化价值是不同的，如果消费者抽中盲盒中的潮流玩具不是自己所期望的，或者消费者计划购买整个系列的盲盒用来收藏，就需要投入更多的资金购买。

9.3.5.2 TOFA 模型的享乐主义弥补内心缺失

盲盒的消费者大多为"95 后"或者是城市白领，他们大多都秉持享乐主义的消费观念。享乐主义是一种动力心理学，主张当前幸福是一种动态的心理，主张现在幸福是人类工作的最高境界，人类工作是追求当下的幸福，人类最好的生活一定是能够将悲惨的日子保持在最低限度，充满可持续的幸福。如今城市发展迅速，大多数人生活不稳定，收入水平跟不上消费水平，很容易让人产生焦虑的心理。盲盒的消费群体——"95 后"在工作中或者在学习中，会遇到了较大压力，他们会通过购买盲盒的方式来排解压力，在日常遇到一些难过的事情，把盲盒当成一个给自己的奖励，让自己从压力中抽离出来。中国的"95 后"以独生子女居多，尤其是在大城市的高楼大厦之内，缺乏兄弟姐妹的陪伴，父母也忙于工作缺少亲情的陪伴，会使他们产生很强烈的孤独感。高孤独感和内心的缺失需要弥补，抽盲盒、拆盲盒和交流盲盒恰好能带给消费者寂寞时的"博彩"刺激、无聊时的玩耍摆弄、分享时的炫耀、"我想要"的满足感。这些购买盲盒的心理很好地弥补了曾经的陪伴缺失和现在的高孤独感。盲盒里的玩具可以陪伴在他们身边，当消费者心里有烦恼时，玩具可以作为一个倾听者；当消费者外出旅游时，玩具也可以作为朋友分享喜悦。大多数人的心中总是会有一些难以说出的话语与无法表达的情感，潮流玩具也因此成为了诉说对象，消费者的想法在一定程度上促进了盲盒产品的营销。随着更多文化 IP 的入场，潮玩也承载了更多的内涵与惊喜。

9.3.5.3　IP 粉丝基础以及价值变现

IP 作为本身自带流量的文化价值符号，已经成为了如今年轻人追求的热潮。人们对商品本身的价值关注度降低，转而去注重特定商品附带符号的价值也就是 IP 价值，开始去探究每一个 IP 符号背后的故事与意义，从而达到精神上的满足。因此，当消费开始追求商品背后的 IP 价值和服务的重要性，不再关注商品价值的使用，不再关注商品价值的交换，转而追求商品独有的附加价值。人们也使用这些独特的产品和服务来展示自己的身份和圈子，以区别于其他群体。例如，你买到了最新款 Molly 盲盒能迅速在一群"盒友"中引起广泛讨论。作为一个已经形成规模的产业，盲盒经济有充足的产品阵列供人们选择。加入盲盒爱好者的原因不拘一格，可以因为对一个产品背后的 IP 情有独钟而选择他，也可以只因为这个系列的造型吸引了你，甚至可以因为心情愉悦就是想买买买。

但盲盒可以被他们所关注，是因为其背后巨大的 IP 粉丝基数，"盲盒" IP 的价值实际上已经超越盲盒商品本身，IP 系列本身的粉丝群体庞大，商业价值巨大。因此，看似火爆的"盲盒经济"，其实就是一场 IP 争夺战，没有了 IP，盲盒的竞争力可能将大打折扣。细数近年异军突起的各种盲盒 IP，如 Molly、Demo、囡囡等。都是先有一个基础的 IP 角色，然后附加其他的 IP 属性，固定的角色不同的性质在带给消费者新鲜感及创新力的同时又维系了消费者对 IP 本身的黏性。标明价格的转换、交换、售卖等变现方式成为盲盒玩家的又一看点，盲盒消费者在贴吧、闲鱼等平台建立了盲盒群、盲盒交流群，据数据显示，闲鱼平台上的盲盒鱼塘销售额超过 1000 万元，2019 年共有 30 万个盲盒玩家在闲鱼进行交换、转换、售卖，还有各种代购盲盒的玩家。此外，还有一支"改娃"小组，在第二次创作中，玩家将经过再次创作的盲盒进行展示或转售，将原本设计师玩具的工业化大规模生产重新回归小众艺术品。比如，闲鱼"潮湾盲盒"鱼塘里收集的 20461 个"娃娃"，盲盒主要包括以下几类：一是售卖自己不喜欢的款式或重复品；二是单独或打包售卖以往玩家的藏品；三是售卖特殊款式，比如，售卖特殊款式、"整盒藏品"、售卖隐藏款，以及稀有款等作为藏品。

另外，盲盒变现渠道多种多样，除了换盒和转盒，还有一种价值变现是通过社交媒体渠道实现的，主要有三种表达方式：一是盲盒玩家创建和分享用户生成的内容（UGC）短视频。在哔哩哔哩、小红书、抖音等平台上，以"解锁盲盒"和"分享盲盒"为主题发布视频。二是与其他网民讨论关于盲盒的周边话题，见证他们一起开盒的时刻。三是在社交平台、百度贴吧等社交网站的评论区互相汇报最新情况，更新各自的"开盒战绩"和"抽盒技巧"。为了"吸引粉丝"，玩家可以分享拆盒过程，打开包装展示抽盒结果；发布各个国家不同类别的盲盒介绍；个人收藏经验分享，以及其他盲盒相关视频发布。又或者发布抽盒指导，二次创作盲盒指导等实用信息，以及分享盲盒玩具存放和放置经验等。创建和上传创意视频，输出和经常更新高质量的话题内容，增加了流量收益。在互联网蓬勃发展的关键时刻，制作和上传创意视频、发布高质量主题内容并经常更新的作者自然会获得大量流量收益、粉丝群体、平台奖励或其他形式的互联网收入。

9.3.5.4　体验消费和 AISAS 模型中的社交价值

在"体验消费"中，消费主要是一整个过程，而不仅仅是消费产品。当消费结束的时候，留下来的将是对过程的体验——体验刺激、体验惊喜，以及体验自身的创造力等。消费者愿意为这类体验付费，因为这种体验是美好的、不可转让的且短暂的。盲盒购买正是"95 后"的体验消费，购买一个盲盒的最大乐趣是在拆箱前有一种期待感，在拆箱时也有惊喜。

盲盒消费不仅仅是为了购买里面的玩偶，消费者真正消费的是购买过程，他们可能会把抽盲盒的过程和好运、惊喜、奖励挂钩，这个时候购买盲盒的行为就是不可替代的消费，它能够给消费者美好，稍纵即逝且无法替代的体验。"不确定性"盲盒的消费特性激发了许多人的购买热情。购买盲盒的时候令人兴奋，选择盒子时给消费者营造出紧张感，害怕无法抽出喜欢的那款，但同时又期待能抽中隐藏款或者限量款。尽管他们经常抽不到意向款，但仍然想花钱再次抽盲盒。

盲盒消费最吸引人的是消费后的消费体验，而不是所见即所得。这种消费体验正是抽盲盒前的期待紧张，开盲盒时的兴奋或者失落，分享交流盲盒时的自豪和惺惺相惜，换盲盒时的交友社交，消费者沉浸式体验伴随购买盲盒的全过程，投入大量情绪起伏和时间成本，在盲盒圈大家可以排解压力、体验刺激、收获志同道合的朋友，这时购买盲盒不仅仅是消费更是爱好，甚至是不能被替代的日常。盲盒玩家因为相同的爱好而相识，并通过购买盲盒来分享自己的情感，从而增强了他们与社会的融合并实现了内部的有机统一。盲盒爱好者圈内成员不仅突破了地理位置的限制，而且还突破了诸如年龄和教育水平等人口因素的限制，并具有典型的"新部落"倾向。同时，微信、QQ 和闲鱼等新媒体平台也为青年群体寻找志趣相投的伙伴提供了交流领域。盲盒爱好者在互联网平台交流狂欢，盲盒爱好者的身份使他们能够在虚拟社交圈中积极交流和分享经验。

盲盒，一款面向成年人的"游戏"，不仅提供了娱乐消遣需求，还有社交属性。在换盒的交流过程中，参与者通过盲盒内容选择来判断彼此的喜好、文化品位，从而形成社交圈。在这个同质化的群体中，每个人都分享彼此感兴趣的内容，建立连接，形成社交关系。盲盒爱好者通过微信群或 QQ 群分享他们的抽盒经验，并通过他们个人参与的身份在虚拟公共领域引发类似的情感共鸣，引发信息空间的集体话题，形成固定的盲盒玩家交流圈。

9.4　盲盒营销组合

盲盒作为当下的火爆商品，自然不止一家发现了它的发展潜能，它们的产品大同小异却又各具特色，以当下发展较好的盲盒产品泡泡玛特、LOL 惊喜娃娃（主要关注其在国内的营销状况）、幸运盒子三种盲盒产品为例，运用 4P 理论对他们的营销组合进行分析。

9.4.1　盲盒产品策略

9.4.1.1　泡泡玛特产品分析

泡泡玛特采用"盲盒＋潮流玩具"的产品组合方式，其中，设置了比较珍贵的隐藏款和稀缺款。首先，是泡泡玛特的独特包装，前面笔者提到过，12个产品共用一个包装，不仅降低了经济成本，还节约了时间成本。其次，是发货，如果是线上售出，那么在线发货都要打包的，正常情况下，买家要什么类型就要发什么，但是，对泡泡玛特这种情况，12个型号，可以随机发货，节省了识别成本和时间成本；如果是线下购买，也减少了查找货物款式的麻烦。最后，不接受7天无理由退货，有瑕疵也只能换同样的款式，这是泡泡玛特的产品特点。

9.4.1.2　LOL 惊喜娃娃产品分析

LOL惊喜娃娃被称为"美版泡泡玛特"，采用的是"盲盒＋娃娃"的产品组合方式，它的特点在于盲盒里装的只是各种可爱的娃娃，不仅可爱，它们还穿戴有各种时尚的发型和衣服，以及五花八门的小配件，如手提包、奶瓶、墨镜等。拥有十几个系列、上百款不同的设计，它是用球状盲盒的方式一层一层的包装，消费者要想成功打开商品，就必须把包装一层一层地撕开，随着包装的脱落，各种线索、小配饰（通常7~9件）会不断地掉落出来，根据这些线索可以解开剩下的包装，让消费者的好奇心和期待值不断升高。

9.4.1.3　幸运盒子产品分析

幸运盒子的本质也就是一种盲盒，采用的是"盒子＋各种商品"的产品组合方式，只是商家命名为"幸运盒子"，盒子里的商品包罗万象，五花八门，拆开后可能得到的商品有梳子、自拍杆、耳机线甚至是苹果手机等，商家直言，里面的东西大部分都是一些不值钱的小物件，但他们抓住的正是许多玩家博一把的心态。

9.4.2 盲盒定价策略

9.4.2.1 泡泡玛特盲盒定价分析

泡泡玛特盲盒价格一般是 59 元/个，近期市面上有部分系列的盲盒已经涨到 69 元/个，但就算是如此，有些地方依然存在着一盒难求的状况，虽然泡泡玛特的定价不高，但是其隐藏款和稀缺款的设置却使商品存在了溢价的可能，这不仅使产品具有了投资价值，也成为吸引消费者的关键因素，如泡泡玛特的 Labubu 一代隐藏款 "山椒鱼粉色珠光绝版" 在闲鱼上最高价格达到 5000 元，是普通盲盒售价的 84 倍；Dimoo 的 "鹿影" 款售价最高达 8500 元，是盲盒售价的 144 倍[①]。因此，泡泡玛特的商品价值远不像表面上看起来这么简单，泡泡玛特过千亿的市值，绝不是靠惊喜感和情怀达到的，它离不开在二手市场的推波助澜。

9.4.2.2 LOL 惊喜娃娃盲盒定价分析

LOL 惊喜娃娃在美国诞生，因此在国内的定价比较复杂，在淘宝、京东等购物网站上，它针对不同人群推出的产品价格是不一样的，适合儿童的娃娃一般定价在 15～30 元之间，适合年轻爱好者的 LOL 惊喜娃娃定价一般超过 70 元/个，根据不同的套装，有的可以卖到几百元一个。这种针对不同用户的不同定价给了消费者不同的选择，让他们有能力购买到自己心仪的产品。

9.4.2.3 幸运盒子盲盒定价分析

相比于 LOL 惊喜娃娃复杂的定价而言，幸运盒子就显得简单多了，在

---

① 苏琦. 泡泡玛特的千亿市值，是闲鱼撑起的？［EB/OL］.（2020－12－23）［2021－02－04］. htttps：//baijiahao. baidu. com/s？ id＝1686832414409916274&wfr＝spider&for＝pc.

线下自动贩卖机每一个盒子的价格都是 30 元，而线上各种商家为了吸引消费者，根据设置不同的出大奖的概率会给出不同的定价，一般是低至 9.9 元，高则上百元。相信对绝大部分人来说花费 30 元去买一个未知的惊喜还是可以接受的，在购买幸运盒子时大部分消费者可能会自动过滤掉"大部分都是些不值钱的小物件"这样的信息，而"30 元钱就有可能抽到 iPhone"这种想法会充斥他们的大脑。因此，这个定价对于消费者而言，还是很有吸引力的。而线上不同的定价也适应了消费者不同层次的追求。

9.4.3　盲盒营销渠道策略

9.4.3.1　泡泡玛特营销渠道分析

泡泡玛特盲盒营销覆盖线上和线下两种销售渠道，在中国已拥有近 1000 家零售网点，开设线下直营门店 130 家、800 台机器人商店；覆盖全国 52 座城市。其覆盖面可以说是极其广泛，无论想享受在家购物或是想去实体店都可以给消费者带来舒适的体验。

9.4.3.2　LOL 惊喜娃娃营销渠道分析

LOL 惊喜娃娃在国内的专门实体店并不多，主要通过线上销售，部分线下的玩具或者精品店也有涉及，但大部分以儿童为销售对象的产品，并不是主要系列。但这丝毫不影响消费者对它的热衷，经常可以在各类网站发现买家的求购信息，但它的营销渠道确实有待拓宽，线下专门的实体店需要进一步发展。

9.4.3.3　幸运盒子营销渠道分析

幸运盒子营销渠道非常广泛，在线下，幸运盒子的自动贩卖机出现在小吃街、各大商场、电影院，甚至一些旅游景点都有它们的身影；在线上，各大购物网站包括二手交易平台都可以买到。

9.4.4 盲盒促销策略

9.4.4.1 泡泡玛特盲盒促销分析

可以说泡泡玛特是靠"盲""稀缺""社交""IP"来推动盲盒市场火热发展的，其中，"盲"是泡泡玛特营销的精髓所在，随机性的惊喜使消费者感到购物的乐趣，从而形成更多的订单。"稀缺"指的是隐藏款和稀缺款的设置，是整个泡泡玛特商业模式的核心设置，不少消费者花费巨大的资金只为了抽中稀缺款收集一整套盲盒，抑或是拿到还未出现的隐藏款来满足自己的成就感。"社交"指泡泡玛特也成功运营了社交元素，在盲盒圈中，喜欢盲盒的玩家可以相互讨论，并且互相交互盲盒，帮助更多盲盒玩家凑成一套完整的盲盒，这样也能大大推动盲盒的市场。"IP"指泡泡玛特不断开发 IP 题材，使 IP 逐渐多元化，满足了消费者多样化的选择，个性化的 IP 题材，还能满足消费者异质化的需求，吸引更多潜在的消费者，以此促进盲盒经济的发展。

9.4.4.2 LOL 惊喜娃娃盲盒促销分析

LOL 惊喜娃娃推广特色在于它的开箱视频，当看到视频中孩子们拆开盲盒后激动，喜悦的表情，消费者会被其兴奋的情绪所打动，心底便会产生强烈想买他们的冲动，作为小孩子，视频里的人无疑是他们羡慕的对象，小孩子的想法很简单，喜欢的玩具就要买；而对于家长而言，谁不愿意让自己的孩子开心呢；对于单纯的爱好者而言，不惜一切代价也要购买和收集的。这就是一个开箱视频所能达到的效果。除了开箱视频，它的娃娃可爱和精致性又是一大卖点，娃娃还有各种时尚的发型和衣服，身上还穿戴有小配件，如此精致的娃娃谁会不喜欢呢。除此之外，独特的开盒方式给产品带来了趣味性，又是它的一大特色。

9.4.4.3　幸运盒子促销分析

幸运盒子除了庞大的营销渠道本身自带宣传效果以外，它和大牌产品相互推广的模式也值得借鉴和学习。幸运盒子和一些需要推广的大牌商品合作，消费者抽中这些大牌商品之后肯定不会就此搁置，相当于幸运盒子给这些大牌商品做了推广，而在幸运盒子里能抽到一些大牌商品，相当于幸运盒子借助大牌商品完成了对自己的产品推广，这是完全互惠互利的推广模式，并能保持长期合作。

9.5　盲盒营销模式

9.5.1　泡泡玛特营销模式

泡泡玛特销售产品的方式就是通过盲盒，"我卖什么产品，你买什么产品"，没有固定产品可供选择，这就是泡泡玛特销售盲盒产品的核心思路，他卖的是潮流玩具，顾客买的是心理满足。

9.5.1.1　低成本高效用的销售思维

前面分析泡泡玛特产品时就已经提到过，泡泡玛特独特的包装和产品设置是能够极大地节省成本，这么做的好处就是达到了低成本高效用。一套是12 种商品的好处在于消费者总能碰到自己喜欢的，如果是单个商品的售卖可能还达不到这样的销售效果。而消费者购买时也会有这样的心理："12 种不同的商品，就是 12 种不同的惊喜，应该能遇到自己喜欢的吧，抽到隐藏款和稀缺款的概率应该也变大了吧"。这种一套卖 12 个看似"霸道"的营销模式，却不会引起消费者的反感，对于真正爱"玩"盲盒的消费者来说，也是一种节省精力的选择。

9.5.1.2 隐藏款和稀缺款的设置

既然泡泡玛特如此在销售上如此"霸道"，为什么消费者还乐此不疲地购买呢，这其中一个关键的因素，就是一个系列产品中所设置的隐藏款和稀缺款（也叫超隐藏款）。

这是整个泡泡玛特商业模式中最核心，也是最为出彩的设置，不同于黄金钻石等稀缺资源，它人为地制造了稀缺，却达到了同样的效果。

这里的稀缺包含有两层含义：一是物以稀为贵，二是饥饿营销。

（1）物以稀为贵。泡泡玛特系列的产品，虽然隐藏款和稀缺款特别吸引人心，但抽中他们的概率还是非常低的，按照泡泡玛特给出的概率来算，12 套里面平均才出现一个隐藏款，60 套里面平均才出一个特别款。正是这种低概率的设定，让隐藏款和特别款出现了较高的溢价，既然有了溢价，那么就具备了投资价值，这是基础款所不具有的特殊属性。

而对于一个系列就差一个稀缺款的玩家来说，她的心魔就是无论花多大的代价都要给它凑齐了，直到抽中为止。这就是制造稀缺商品带来的价值。

（2）饥饿营销。泡泡玛特隐藏款和特别款系列的设置，不仅制造了稀缺性，而且还造成了没有任何弊端的"饥饿营销"。

说起"饥饿营销"，我们最熟知的应该就是小米手机了，小米手机的套路我们都知道，新品发布预约销售，每人限量购买，每次销售多少台，通常是开售一秒钟就抢不到货了，这就人为地造成一种小米手机很抢手很难买到的感觉，事实上，这种商家故意调低产量以保证利润的手段就称为"饥饿营销"，但是它也有弊端，一旦超过了消费者可以忍受的限度，很可能适得其反，导致消费者不再买账，但泡泡玛特式的"饥饿营销"完全不用担心这个问题，它永远都有货卖，消费者可以随时购买，但是又不影响它稀缺款的珍贵性，因此能保证消费者热情不灭，怎么才能抽到稀缺款呢，答案显而易见，只能不断地购买它的商品。

9.5.2 "幸运盒子"营销模式

提起抽奖，我们最容易想到的就是各种彩票，但是不同的是，"幸运盒子"可以把商品实物图直接展示出来，即使没有抽到惊喜，但给人带来的视觉冲击效果还是彩票不能比的。实际上，和众多抽奖类产品一样，抽中"幸运盒子"大奖的用户只是很少一部分，大部分人都会付出远远超过自己预期收益的成本。在这个方面来讲，"幸运盒子"保持了自己的收益，同时通过网络传播实现了自己的营销。

所以"幸运盒子"到底在卖什么呢，如果用一个词总结的话，那就是卖"营销"。大牌商品是需要各种平台推广的，传统的推广模式无论线下还是线上都已经很陈旧，很少有新鲜的、吸引人的内容出现，而现目前市面上看起来比较新颖的"幸运盒子"就是一个不错的选择。例如，某品牌香水希望推广市场来获取更多用户，那么它就可以和"幸运盒子"进行合作，通过将大量试用品或者专柜品投放到幸运盒子里，其目的很容易达到，就是让用户完成对产品的试用，也就有了后续购买的可能。在这个环节上，"幸运盒子"只是作为一个推广平台，既有顾客购买商品的费用，又有品牌商支付的推广费用，而自己只需要运营，几乎没有任何成本，利润还是相当可观的。

9.5.3　LOL 营销模式

LOL 目前是腾讯旗下的一款网络游戏，中国同时在线人数最高达到 3000 万人，LOL 惊喜娃娃盲盒卖点也是制造情怀和惊喜，但它和泡泡玛特又不尽相同。

9.5.3.1　精准的产品定位

LOL 惊喜娃娃盲盒一个比较出彩的地方就是它精准的产品定位，整个商品就只有一个主题，就是各种可爱的小娃娃。除了对小孩子具有致命吸引力以外，对于 LOL 资深玩家来说，将近两百种模型，无论是哪一款模型，都能带来不同的惊喜。对于购买这类盲盒的消费者来讲，他们完全不用担心能不能抽中隐藏款这样的事情，他们只需要拆开寻找是什么惊喜就可以了，因为无论是哪一款，都很少会有消费者不买账，这样就不会沉没成本，只要花钱就能买到自己喜欢的产品，而且能给自己带来不同程度的惊喜。

9.5.3.2　独特的开盒方式

很容易就得到的东西和通过自己努力得到的东西其获得感是完全不一样的，即使它们是完全一样的东西。比如，你需要配置一台电脑，家里人给你 5000 元，你可以很轻松地就配置一台，但是如果购机的每一分钱都是你自己通过兼职赚来的，相信你会更加满足并更加珍惜你的电脑。LOL 的售价为 78 元/个，LOL 惊喜娃娃盲盒球不同于一般的盲盒包装，它是球体，每个球有多层包装，每层包装都会有一个推理提示，通过顾客不断地推理深入，最终将成功得到一个惊喜娃娃，这份成就感给顾客带来的满足是其他盲盒产品无法比拟的。

9.6　盲盒营销改进对策

由于盲盒市场广阔，未来还有很大的发展空间，因此很多企业都想进入盲盒市场分一杯羹。若来（rolife）品牌创立于 2017 年，在"新国潮"兴起之际，推出了一系列中式盲盒。流行的国潮风格加上另辟蹊径的差异化定位，让品牌收获大批粉丝。2020 年 12 月，名创优品还推出了旗下时尚新品牌 TOP TOY，据介绍，广州市全球首家旗舰店开业前三天的客流量达 3 万人次，总成交额 108 万元人民币，1 天最高产量 42 万元。泡泡玛特目前是盲盒市场的领先者，但其品牌战略仍需更新以保持竞争力。泡泡玛特积极扩大上游产品 IP 和下游门店规模，这也让品牌冒一些风险，比如，最近有媒体报道泡泡玛特的盲盒产品有个别店铺开箱二次销售。[①] 虽然这是个别现象，但反映了公司在快速扩张的情况下对店铺管理的疏忽。因此，盲盒热销的背后，还是要冷静思考，完善营销策略，保持可持续发展。

9.6.1　监管盲盒交易市场

盲盒产品的质量问题和售后维权难，是当前该消费领域的问题之一。在各大电商普遍推行"七天无理由退换"的今天，各个售卖盲盒的店家却在网络平台上写下醒目提示"本店所有盲盒商品不支持七天无理由退款"这一现象反映了盲盒与其他产品的不同之处，因此，对于盲盒我们需要去建立

---

① 柴乔杉. 卖盲盒一年赚 4.5 亿，泡泡玛特让投资圈懵了…… ［EB/OL］. （2021 – 02 – 25）［2021 – 05 – 07］. https：//baijiahao. baidu. com/s? id = 16925962725555223970&wfr = spider&for = pc.

专属于盲盒产业的规则，建立规则时我们可以从以下几个方面考虑：

王颖坤（2021）认为，盲盒产品经营者应对盲盒产品质量负责。盲盒的本质是商品，《中华人民共和国产品质量法》第三章对产品生产者、销售者的产品质量责任作了详细规定，盲盒经营者应当严格按照相应的标准、标识等要求生产、销售合格产品。盲盒经营者应当承担相应的退货、七日无理由退货责任。因此，当消费者购买的盲盒产品出现质量问题时，有权利要求退货。"所有盲盒商品不支持无理由退货退款"是在事先未与消费者充分协商的情况下单方面作出的规定，这种行为事实上已经涉嫌免除自己的退货责任，排除了消费者退货的权利，这对于未看到商品实物的顾客来说是不公平的，而商家则是利用盲盒产品的规则漏洞来剥夺顾客的权利。盲盒经营者要对自己的诚信经营负责，过度营销和虚假广告不仅会伤害消费者，最终还会损害整个市场的健康发展。盲盒市场中的经营者应该理性营销。此外，一是监管机构还应推动互联网时代盲盒市场的发展，更好地规范盲盒市场出现的问题。在盲盒市场监管领域，在坚持宽容谨慎的基础上，完善相关监管机制，为监管盲盒提供更有力的支持。二是解决盲盒销售中的突出问题，立法限制盲盒经营者，通过企业自律、行业自律、社会合作等方式规范经营行为。三是加强监管完善相关电商平台，完善盲盒销售规则，确保销售规则从源头上合法合理。四是充分利用现有法律手段，加强盲盒监管，依法对夸大盲盒市场虚假宣传的活动进行管制。五是积极开展盲盒市场检查监督，限制盲盒比例，建立质量监控机制。六是强化消费者正确的消费观念，增强自我保护意识，防止消费者上当受骗。

9.6.2　网络互联协议（IP）差异化创新

当今市场无 IP 不发展、无 IP 不是创新，盲盒产业能够更加专业化、长久化发展必须打造自己的专属 IP。虽然泡泡玛特是国内首个涉及盲盒业务的公司抢占了大部分市场，但随着盲盒越来越被大众化，市场出现了更多竞品公司，如若来盲盒、名创优品盲盒等企业来势汹涌。泡泡玛特需要更新营销策略保持可持续发展。目前，盲盒产品在市场的评价好坏参半，有些人觉得其缺乏实用性且定价不合理，容易导致年轻群体过度消费、不理性消费。一些网民出现了抵制盲盒的行为，他们把盲盒称为让人"赌博上瘾"的可怕玩具。泡泡玛特以盲盒出圈，但其公司的其他产品却鲜为人知。目前，泡泡玛特推出的超级受欢迎 IP 联名款盲盒的确热卖，但其背后缺乏更深层的价值，只是凭借可爱的玩偶形象来吸引消费者，缺乏故事支撑，从而导致 IP 粉丝黏性后续力不足。随着盲盒市场扩大，越来越多的竞品公司参与盲盒产业，但根据以往产业市场发展来看，每一个市场大部分竞争力都掌握在前三名企业中，泡泡玛特凭借其成熟的盲盒产品运营经验，正吸引更多 IP 作者和优秀的设计师与其合作，有望成为盲盒市场中的主导企业。盲盒产品的核心消费群体为年轻的女性消费者，其市场前景宽广，泡泡玛特占据首发优势，未来可能将潮玩成功推广为快速壮大的市场。头部 IP 收入贡献占比下降，逐渐呈现出良好的分布式 IP 实力利润结构。Molly 走红后，公司在 2018 ~ 2019 年创造了 Pucky、Themonsters、Dimo 三大 IP，销量过亿。成功 IP 具有远超原版的显著的商业价值，吸引更多优质新 IP 签约入驻，形成积极效应，让企业更容易获得优质 IP 资源。从粉丝的共情心理出发，通过不同人设满足粉丝的心理投射，让粉丝找到共鸣，引导消费。用情感来改造现有的销售场景，让消费者感知到消费的价值过程而不单单是购买盲盒，是从购买过程中获取幸福。小场景开发帮助产品销售成功后，企业的 IP 可以发展到大世界，角色和场景可以更丰富，产品可以更多。泡泡玛特应该通过依靠消费者对 IP 产品的追求来完成 IP 品牌。加强"创造潮流，传递美"的品牌理念，并对消费者进行传播，使品牌名称形成自己的拟人化属性，深化品牌形象。通过不同产品 IP 的联动效应，增强消费者的情感联系，构建系统的 IP 矩阵，统一价值，生成 IP 生态。

9.6.3　多元渠道扩张

泡泡玛特是国内首个布局全产业链潮流玩具的龙头公司，形成了 IP 创意、玩偶形象设计、产品影响力及渠道、潮流展示的全产业链闭环，全面且广泛的销售渠道为业务发展筑起了一堵高墙，扩大了销售网络的广度和深度，其他参与者很难撼动其市场领导地位。泡泡玛特采用会员制和潮玩社区，多终端小程序会员制联通各个渠道的消费群体，为粉丝提供良好的会员制购物体验。同时，泡泡玛特还需要开发多渠道计划，以建立粉丝社区促进用户维护和回购水平。泡泡玛特粉丝可以通过渠道（微信、支付宝等平台）免费在线访问（微信、支付宝等平台）线下渠道零售店等。泡泡会员体系分为 4 个等级，不同等级的会员权益也不同。会员等级根据会员过去 6 个月的线上线下购物购买量、购买频次等活动其中计算出的"泡泡等级"，会员可享受返点积分、生日活动等多种优惠，同时通过会员计划、大数据和人工智能技术的应用、信息个性化和会员宣传活动的传播，与粉丝进行众多频繁、有效、实时的交流。泡泡玛特开设线下店：体验店、概念店，吸睛造势，积累原始用户。用视频号：小红书、抖音，多渠道用户触达，热点引流。采用公众号：官方公众号、付费会员公众号，承接流量和触达，用户分层。辅助小程序：泡泡抽盒、泡泡玛特官方商城，留存转化，打造会员体系。除此之外，互联网渠道中，直播带货是当下最潮流的方式，占有互联网零售交易额的 80% 以上，泡泡玛特还需抓紧布局直播带货渠道。快速出圈是为了早日触达普通用户，沉浸感和强烈的体验可以加速泡泡玛特店的流行，装置艺术、巡展为时下最有效的示范方式。柴乔杉（2021）认为，提供有趣的网络游戏和体验购物的方式可以进一步加强用户之间的交流沟通。除了建立官方网店/淘宝店外，加快铺设自助售卖机、快闪店、网红旗舰店，形成关键意见领袖（KOL）去店内打卡，且发布打卡视频到社交媒体，能够裂变吸引粉丝。选择头部网红进行直播带货，直播现场开盲盒等活动方式，建立自己的私域流量池，进行多元渠道扩张。

9.6.4　推出新的盲盒产品和"玩法"

中华传统文化博大精深，是各种思想文化，人文道德，精神观念形态的汇总。但是国内盲盒市场关于传统文化的产品数量很少。为了促进盲盒经济的发展，企业应增强创新意识，设计具有传统文化底蕴的产品。如端午节、中秋节等传统节日期间，企业可以设计相应的文化产品，将其放于盲盒中并用相应的文化包装品进行包装销售。除此之外，企业也可以设计具有艺术性和观赏价值的书法、绘画等产品。中华传统文化多种多样，各具特色，企业可利用其特色吸引消费者的兴趣，推出传统文化 IP 产品，促进盲盒经济的发展。而且市场上盲盒的"玩法"已经趋近饱和，如果持续没有推陈出新，很容易造成消费者审美疲劳，只有不断地开发新产品和新"玩法"才能使盲盒市场长久保持活力，盲盒营销才能顺利进行。

9.6.5　扩大产业链使盲盒与其他产业融合发展

如今娱乐产业发展迅速，明星效应也越来越强。许多粉丝是因为偶像代言的品牌、游戏、演出等购买商品，"粉丝经济"发展越来越快。企业可以利用粉丝效应，将盲盒产业与娱乐产业融合发展，扩大盲盒市场的产业链。除此之外，各行各业也可以发展盲盒经济。科学、金融、文化、体育等领域均有杰出人才，企业也可以根据他们的杰出贡献设计产品，保证粉丝黏性，使得粉丝快速产生情感共鸣，提高对产品的好感度，提升粉丝经济带来的效益，促进盲盒经济的发展，同时，也承担了一份社会责任。在这个阶段，泡泡玛特的价值链将得到极大地丰富，首先，寻求与原有 IP 的合作，通过与艺术家的相互合作制作出产品，然后在泡泡玛特实体门店进行销售，在此基础上，通过搜集用户反馈信息，再同其他新的 IP 进行合作或是制作新的 IP 衍生玩具，如此泡泡玛特在这个阶段逐渐形成了一个产业链的闭环（见图 9 - 1）。

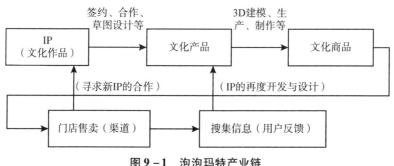

图 9 - 1　泡泡玛特产业链

资料来源：曾旺盛. 文化产业价值链视角下的文创项目分析——以文创潮流生活品牌 "POP MART 泡泡玛特" 为例［J］. 商场现代化，2018（10）：11 - 12.

9.6.6　推出盲盒产品 IP 多元化来满足消费者异质化需求

随着盲盒经济的发展，消费者对产品的要求更加多样化。为了满足消费者多样化的选择，商家应不断开发 IP 题材，使 IP 逐渐多元化，盲盒市场逐渐细化。商家也可以分析消费者的个性特点，针对消费者特点推出个性化的 IP 题材，以满足消费者异质化的需求，吸引更多潜在的消费者，以此促进盲盒经济的发展。

9.7　结　　　论

盲盒营销的成功是新时期营销环境的结果。从消费者角度看，主要有以下几方面原因：

（1）享乐主义弥补内心缺失。盲盒主要的消费群体"95后"在工作或者在学习中，会遇到很多压力，他们会用购买盲盒的方式来排解压力，在平常遇到一些难过的事情时，把盲盒当成一个给自己的奖励，让自己从压力中抽离出来。

（2）体验消费和社交价值。在"体验消费"中，消费主要是一个过程，而不仅仅是消费产品，消费者是这一过程的"产品"，当消费结束的时候，留下来的将是对过程的体验——体验刺激、体验惊喜，以及体验自身的创造力等。消费者愿意为这类体验付费，因为这种体验是美好的，不可转让的且短暂的。

（3）IP粉丝基础及价值变现。IP作为本身自带流量的文化价值符号，已经成为了如今年轻人追求的热潮。人们对商品本身的价值关注度降低，转而注重商品附带的符号价值，也就是IP价值，并开始去探究每一个IP符号背后的故事与意义，从而达到精神的满足。作为一个已经形成规模的产业，盲盒经济有充足的产品阵列可供人们选择。

第 10 章
新营销实践：XC 联名营销研究

本章研究新营销实践中的联名营销，并以某茶饮品牌（XC）为例展开研究。通过分析场景化社群营销传播和品牌传播等品牌联名实践，探讨联名营销理论。同时搜集整合 XC 历年的联名营销案例，利用问卷调查的形式了解消费者对于 XC 联名的品牌方和双方推出的联名产品的购买心理，分析 XC 联名营销可能会出现的问题和风险。

10.1　联名营销研究概要

近年来，品牌之间的跨界联名掀起一股新的概念营销热潮，品牌联名已成为品牌建设和品牌营销的一种手段。从市场发展趋势看，似乎只要跨界联名，一切都显得"高大上"了许多。XC 利用有效的联名营销推动了新式茶饮行业的快速发展，其作为当红高端茶饮品牌，不但深受消费者的喜爱，更带动了整个市场的品牌化和年轻化。自 2017 年起，XC 开始和其他企业进行联名营销，推出了一系列的联名产品。同时，XC 还在不断尝试自己的各种 IP 在其他品类的商业化的可能。茶饮行业产品同质化严重、产品换代迅速，传统的营销模式不再具有优势，而 XC 却通过联名的方式推出新产品，快速占领消费市场。它以消费者为中心，依据消费者的需求去选择适合的品牌进行联名营销，在保证质量的基础上形成品牌符号，做到真正的"1 + 1 > 2"。

10.1.1 联名营销内涵

联名，就是联合署名，引申到合作模式—通常指一款产品由不同品牌或形象或人联合设计、制作，再以双方名义共同发布。联名营销是指两个或两个以上的品牌推出的融合型产品。联名产品融合双方品牌的理念、LOGO、形态等无形资产，借助双方品牌优势进行互补，试图通过制造新鲜感和惊奇感来吸引消费者的关注，形成新的消费热点。

"联名营销"顺应了现代社会市场的发展趋势。著名营销大师菲利普·科特勒分析 21 世纪的市场状态特征时，指出品牌数量剧增、产品生命周期大大缩短、更新比维修便宜、数字化技术引发多个市场的革命、商标数与专利迅速上升、市场极度细分、广告饱和、新品推介越来越复杂、消费者越来越难以打动等是所有企业面临的市场现状[1]。在这个流量时代，如何赢得消费者注意是赢得市场的最佳筹码。与外部品牌进行联名合作，是品牌在这个互相争夺流量的时代最为有效的方式之一。联名能让两个品牌之间的流量、粉丝相互流通，从而在刺激消费者购买的同时，发现一批潜在消费者。品牌也是有生命周期的，为了让品牌"经久不衰"，就必须不断地为品牌注入新的元素和活力。品牌联名是品牌获取新元素和发展方向的有效途径之一。

如今，在商业发展过程中，"联名"已成为一种品牌营销趋势，并已分

---

[1] ［美］菲利普·科特勒. 水平营销［M］. 科特勒咨询集团译. 北京：机械工业出版社，2014.

为"品牌 + 品牌""品牌 + IP"和"品牌 + 名人"三种类型。

（1）品牌 + 品牌。一种是同行业的品牌进行联名；另一种是品牌和非同行品牌进行跨界联名。合作双方不是竞争关系是品牌联名的前提，品牌双方要寻求共同的利益关系点，发挥自身的优势，实现资源的优势互补，提高联名品牌双方的关注度和影响力，使得品牌联名"1 + 1 > 2"的市场效果。有些大品牌本身就具备一定的影响力，通过联名能够让品牌价值得到延展，各取所需，互惠互利一举两得。

（2）品牌 + IP。知识产权（Intellectual Property，IP）；品牌通过 IP 的授权、共同参与产品内容建设、推广宣传梦幻联动等多种形式，与其产生交融交会，打通 IP 资源链路，通过挖掘双方共同的价值作为切入点，接触到更多不同的场景和受众群体，撬动 IP 原生粉丝。品牌和 IP 联名是互惠互利的过程，对品牌来说，联名受众熟悉的 IP 可以拉近品牌与受众的距离，用熟悉感让受众主动了解营销信息，在注意力稀缺的时代聚焦受众的注意力。品牌只要找对了 IP 形象，抓住了消费者的消费心理，就很容易能够实现双赢的局面。比如，安热沙找到"90 后"众人皆知的大 IP 精灵宝可梦，上线了"安热沙宝可梦联名小金瓶"。在联名小金瓶的设计上，安热沙把宝可梦中的皮卡丘、胖丁、杰尼龟、可达鸭 4 个人气精灵设计到小金瓶瓶身上。瓶身的颜色与精灵的颜色一致，更具辨识度，能够让消费者一眼看出宝可梦的 IP，大大提升了产品的吸引力，用高萌联名产品击中消费者的内心，引发购买行为。

（3）品牌 + 名人。"品牌 + 名人"是品牌联名营销最有效的营销手段之一。品牌与具有一定粉丝基础或者在某个领域拥有知名度的名人进行联名，名人参与完成设计，共同合作推出联名产品。借助明星、KOL 等合作推出新产品，借助名人效应完成商业效益。

10.1.2   联名营销动因

10.1.2.1   消费市场呈现年轻化

现代潮流消费市场正在发展迅速，《中国时尚消费发展白皮书》显示，"90 后""00 后"已成为潮流市场的主力军。数据显示，这部分消费群体规模是总消费人群规模的 80%，超过 50% 的消费者表示品牌是他们选择的主要决定因素。新一代消费者对品牌个性化越来越感兴趣。知名品牌具有非常高的客户忠诚度，而品牌影响力的作用也变得更为重要。传统的营销方式已经落后于新生代消费群体的观念，品牌建设效果也可能会大打折扣，出现不理想的状态。品牌想要维持年轻化就要了解时代的变化，而不是一成不变。联名就是一种很好的方式，利用对方的优势，顺势理解主流消费群体的审美文化和价值观，使品牌年轻化。

10.1.2.2   打通不同圈层消费群体

利用品牌 IP 化，通过制造消费者感兴趣的品牌联名事件，吸引消费者的注意力，引发大众热议，通过内容传播突破圈层壁垒。例如，鸿星尔克从动漫 IP 发力，联名《星际迷航》与《银魂》，切入 Z 时代的生活圈，用产品设计上的故事张力，不仅强化了对产品的认同感，也刷新了粉丝对于鸿星尔克的好感度，成功地扩大了品牌的声量，建立了新的品牌文化形象。

10.1.2.3   加速更新新产品

如今茶饮市场面临产品同质化（产品同质化就是指在一定地域范围内同一类产品中的不同品牌在外观、功能甚至营销手段上相互模仿，以至于趋同类似的现象）困境。品牌联名能加速更新产品，融合对方的品牌风格和特点，推出个性、新颖的差异化产品，以对抗产品同质化问题。例如，XC 和某款手游联名推出酒酿桂花冻，XC 和某化妆品牌联名推出牛油果酸奶波波冰，XC 能够借助联名不断推出新产品系列，留住消费者的心，稳固其作为网红茶饮的宝座。

10.1.2.4 提高品牌知名度和话题度

适当的曝光和话题营销才能持续吸引消费者，让品牌可以有更好地传播度。联名产品可能是两个品牌推出的新颖个性产品，也可能是借助 IP 动漫游戏等推出的情怀产品，还可能是名人明星的冠名产品。例如，Switch 和超级玛丽合作，通过与热门 IP 游戏联名推广游戏机，还能借助游戏中的道具植入，让大量游戏玩家在玩游戏的过程中改变他们认定的品牌形象。二者的梦幻联动，无疑能制造吸睛效果，实现"1 + 1 > 2"的传播效果。

10.2　XC 及其联名营销案例分析

10.2.1　XC 品牌简介

自从 XC 公司 2012 年成立以来，它一直始终致力于向广大客户呈现更多品类。

XC 想要分享给顾客的就是茶的真味。为了给顾客带来最纯粹、最纯正的好茶，团队注重产品研发，坚持独立自主的产品研发模式，并在深圳总部设立专业实验室，致力于茶饮产品构思、配方研究及样品制造。

从产品研发到门店终端，XC 更加注重消费者的整体体验。每一家门店的设计，都是一个诠释灵感的过程。结合传统茶饮文化，将"禅意""极简""美学"等元素融入门店设计，营造质感层次丰富的空间，为茶客们带来沉浸多维度感官体验，修正现代茶饮消费的审美方式，让喝茶这件事变得更酷、更不一样。除此之外，XC 与多位独立插画师合作，用绘画的语言表达饮茶之趣，创作出一系列符合其品牌理念，饶有趣味的系列原创插画。全线产品包装亦遵循 XC 推崇的"酷""简约"的风格，汲取灵感、精心设计、与时俱进。

2017 年 2 月，XC 在上海地区首家连锁门店正式开张，标志着其正式进入华东地区市场。2019 年底，喜茶的门店首次突破 100 家，并先后进驻新加坡和我国香港地区等市场，还有计划在不久的将来继续拓展其业务领域，试水涉及到包括欧洲地区和美国在内的国际市场①。

10.2.2　XC 品牌联名营销历程

XC 自 2017 年起，4 年内已经和 74 个品牌进行了联名，被誉为中国茶饮业的"交际花"。纵观当今我国的 XC 联名营销历程，几乎已经包括了我们日常生活的方方面面。

10.2.3　XC 联名营销典型案例

10.2.3.1　XC 与某手游联名开茶馆

XC 和某款手游不仅推出联名产品——酒酿桂花冻，还在游戏里开了家

---

① 张欣烁. 深圳第 100 家门店开业，喜茶引领新茶饮产业未来［EB/OL］.（2020 - 12 - 10）［2020 - 12 - 23］. https：//baijiahao. baidu. com/s？id = 1685678756489309446&wfr = spider&for = pc.

XC 店。联名产品酒酿桂花冻推出的杯贴、纸袋等均为限定包装，清新插画风的设计，配合手游中的建筑和人物形象；在游戏中，XC 的 IP 人物——阿喜化身为茶馆老板，在游戏中惊喜亮相，还专门为游戏玩家推出了 XC 限定建筑——阿喜茶馆、蟾宫折桂，在玩家登录该手游时即可免费领取；线下门店活动方面，购买酒酿桂花冻可获得刮刮卡一张，有机会刮出赠饮、该款游戏道具礼包和联名建筑贴纸。视频讲述了 XC 的人物 IP 阿喜去杭州开茶馆的故事，开荒建造挖泥巴，种茶制茶并交易，终于等到严大人，收获蟾宫喜桂，制成新品酒酿桂花冻，既有桂花香又有茶酒香，就连香山居士都夸赞道："真不错，真不错。" 以说唱形式外加欢快的节奏，配合游戏中的"梗"，吸引玩家参与，引发一场弹幕狂欢。不少网友都夸赞视频可爱，纷纷点赞并分享，促进二次传播。通过利用有趣的视频，不仅将游戏中场景与 XC 高度结合，也带给受众群体全新观感，促进社交平台分享，扩大传播矩阵。

10.2.3.2　XC 和运动品牌联名

XC 特别选取了某知名运动品牌的经典 ZX 7000 跑鞋为蓝本，并基于自家人气饮料"多肉葡萄"为灵感，鞋子整体采用紫色的配色呼应产品多肉葡萄，底处的白色"奶盖"与半透明材料也回扣了主题。

官方解释：这是一款 Y2K 风格的鞋子。初入 21 世纪的人们，把未来幻想成了一个信息科技极为发达的梦中乌托邦。那些技术不成熟的科技幻想，令 Y2K 风格在如今的我们眼中，多了一层复古科技的独有魅力。宣传海报与以往满满都是科技感，未来感与设计感的世纪碰撞，引发了诸多网友好感。但是万万没想到，虽然海报引发了网友的赞叹，但是"多肉葡萄"运动鞋却并不被网友们所接受、认可。

10.3　顾客关于 XC 联名产品的消费行为与认知

　　XC 联名营销的本质是借助对方资源优势，创造出更多的价值；除此之外，还能通过联名营销改变消费者固有的看法，丰富 XC 的品牌形象。但并不是盲目且频繁的合作，在选择合作品牌时也要注意合作品牌的形象是否和自身"酷、美"的品牌形象贴合。XC 的联名活动不是追求销量，而是想让更多消费者了解其品牌的形象，所以有必要了解消费者对于 XC 联名产品的消费心理状况。本次发布的消费者对于 XC 联名产品的消费心理问卷共收集有效问卷 202 份。通过发布问卷，调查消费者对于 XC 联名品牌的产品偏好，主要的目标群体年龄为 18 ~ 30 岁的年轻人，其中，18 ~ 24 岁的占 48.76%、25 ~ 30 岁的占 23.38%，收入大概在 3000 ~ 6000 元的职场员工和学生。

10.3.1　XC 联名产品的购买渠道

　　随着现代信息技术的发展和互联网的快速发展，市场营销渠道也在变革，消费者主要通过哪些渠道了解并关注联名产品（见图 10 - 1）。由图 10 - 1 可知，消费者主要利用短视频类社交平台（如抖音、快手等）和网络购物平台（如淘宝、京东等）。XC 和某品牌联名发售联名产品前，在社交平台发布创意视频、图文等信息增加消费者对产品的了解，同时，增加联名产品的话题度和热点，以及消费者的期望值。

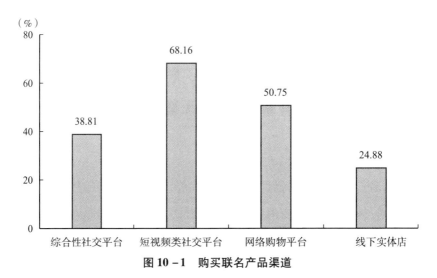

图 10 - 1　购买联名产品渠道

资料来源：笔者绘制。

10.3.2　对 XC 联名产品的购买动机

通过对调查问卷的分析发现，消费者对联名产品购买动机如下：①跟风、随大流的从众购买心理，联名款发售前会进行大量的宣传工作，引发话题点，引起消费者的购买兴趣，消费者会跟随潮流、跟风购买；②追求个性时尚新颖的联名产品的求新购买心理，消费者注重产品的款式、流行性、独特性和新颖性等；③具有特殊意义的联名产品；④有一定炫耀攀比购买心理，尤其是限量联名产品，消费者将抢购成功的实物或者订单晒到微博、朋友圈等，以此来满足自己的虚荣心；⑤出于对品牌或者设计师的热爱，一部分忠诚度高的消费者可能会追随着品牌购买；⑥喜爱的明星代言或者参与设计推出联名产品，愿意为支持偶像而消费的购买心理。

10.3.3　XC 联名产品的品牌认知

XC 联名的品牌认知情况主要通过：品牌知名度、联名品牌代言人受欢迎程度、联名品牌的消费群体、联名品牌的品牌理念四个方面。调查研究发现，有 68.32% 的被调查者认为与 XC 产品联名的品牌都是知名度高的品牌；有 59.9% 的被调查者认为与 XC 产品联名的品牌代言人受消费者喜爱的程度一般；大部分被调查者认为 XC 产品所联名的品牌拥有年轻化的消费群体，联名品牌能体现个人形象与社会地位；还有 69.8% 的被调查者认为联名产品有清晰明确的产品理念（见图 10 - 2）。

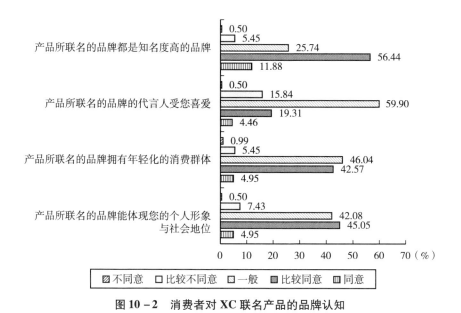

图 10 - 2　消费者对 XC 联名产品的品牌认知

资料来源：笔者根据调查问卷整理绘制。

10.3.4　消费者拒绝购买 XC 联名产品的原因

对于 XC 之前的联名产品，有 34.16% 的被调查者认为平淡一般、有 26.24% 认为无聊不感兴趣。通过问卷可以了解到可能导致消费者不购买 XC 联名产品的原因。大部分的消费者认为性价比低，不值得购买，比如，XC 和 contigo 出售可爱的杯子，500ml 的 XC 吸管杯官方售价 148 元，280ml 的

XC 玻璃杯官方售价 38 元，一款"普普通通"的杯子借着联名的旗号卖到上百元，很多消费者并不买单。一部分消费者担心质量问题或联名的品牌方口碑较差等原因。小部分的消费者认为发售的限量产品购买难度大，价格昂贵或是审美不符合。

10.4　联名营销可能存在的问题

随着流量时代的来临，年轻的"00 后"已经成为国内市场消费的主要群体之一。联名不同于原有的品牌间合作，是为了相互交换自己的用户群体来实现共同传播的效应。如今的品牌更加注重与年轻消费者群体的互动，它们为了追求自己的差异、营造噱头，纷纷抱团与心仪的品牌方合作、争流量。任何营销方案都有两面性，经营适当对双方品牌都有优势，反之则会带来负面效应。联名的第一步是要从两个品牌的共同点出发，去寻求联名的主题。当两个品牌个性有出入时，即便目标群体相似，也要思考联名产品的产品理念。

10.4.1　联名产品质量问题

营销永远是一种手段，产品是品牌最具竞争力的方面，然而产品质量一直是联名营销的一大痛点。在两个品牌联名推出联名产品时，有效的前期预热宣传会拉高消费者对产品的期望值，然而当产品设计、价格及质量等不尽如人意时，联名的效果就会大打折扣。

茶饮料行业大多是与化妆品、衣服、配件及饮食品牌进行联名，但是美妆配饰和服装并不是茶饮的专业品牌，而且大部分联名产品都是交付给合作伙伴或代工厂制作。消费者并不关心他们购买的最终产品是谁生产的，反而更关心产品所呈现出的最终效果。产品呈现效果是联名双方共同的责任。例如，XC 的多肉葡萄和某知名运动品牌联名推出"跑鞋"，宣传海报与以往一样，充满科技感、未来感和设计感的世纪碰撞，引发了诸多网友的好感。但是"多肉葡萄"系列运动鞋却并不被网友们接受。部分消费者认为联名的运动鞋配色太丑、款式过时但又主打年轻群体，这样的联名根本吸引不了年轻消费者的购买欲。有的消费者则认为鞋子款式毫无设计感，看起来十分廉价，最终导致联名失败。

10.4.2 过度消费品牌联名

品牌联名价格翻倍也是联名营销中的一项举措。人们觉得两个完全不搭边的品牌联名时制作出来的东西可能比较特别，吸引了人们的大量关注，受到人们的追捧，这也表现出现代社会一种虚荣的现象。当品牌方发现这种利润极大的现象后，开始大肆发布联名产品。这种现象最初仅出现在偶然的一两个品牌联名产品上，但是经过人们哄抢之后，众多的联名产品开始出现在市场上。随着联名产品越来越多，联名所传达的新鲜感与稀缺感越来越低。盲目地把联名品牌的各个品牌元素应用于其产品及周边上，容易给人带来审美倦怠。

10.5 联名营销改进建议

联名营销无疑也会带给品牌带来许多"看客"，如何将它们转化成为品牌的粉丝与用户才是联名营销的意义所在。同时，产品的联名最重要的是通过联名加深用户对于品牌的理解和认识，促使他们更多地购买和更大的用户黏性。花哨、频繁的联名容易让消费者误解品牌自身的文化，影响品牌自身的声誉。所以，我们需要特别关注在联名市场中所选择的合作模式和产品设计的形式，不要盲目追求跟风。

10.5.1　品牌双方个性和目标群体要契合

联名营销不是简单的"1＋1"，也不是随机抓取一个品牌便可以合作。联名方还应注意"匹配正确的品牌"，如果双方个性不相符，对品牌形象也会有所影响。品牌个性相符、受众群体接近，且产品本身能凸显联名的质感，往往是一个"有态度、有内涵"的联名所应当具备的基本条件。在同等条件下，那些"起点"更高的联名，由于自带的强大关注度和话题性，自然也就越容易在市场中脱颖而出。与品牌个性相近的伙伴合作，既能彰显个性，又能聚合潜在消费者的内心需求。只有品牌个性相同，才能吸引相同兴趣的爱好者，从而在一定程度上加深消费者对品牌的印象，树立新的品牌形象。例如，某品牌（NX）×某乐队：喝杯玉油柑生活 No Problem 的联名，个性契合是联名活动不可或缺的"出圈基因"。而 NX 的茶霸气玉油柑与该乐队看似来自不同次元，实则都有大胆、坚持、向上、乐观的底色，而非将毫无关系的两个品牌生硬地组合在一起。

XC 作为网红茶饮品牌，一直以来给受众呈现的都是年轻、会玩的品牌形象，XC 的目标消费人群是喜欢潮流时尚、新鲜事物的年轻人。在选择合作品牌的时候目标群体要一致，差别可以表现在产品形态、渠道和使用场景上。相似的品牌级别、相似的用户群体，但同时具有某方面的反差效果。

10.5.2　把握市场需求

品牌在进行联名营销时，必须以消费者为中心，充分审视消费者的生活方式、偏好和购买动机，针对客户需求进行联名营销，满足客户更深层次的需求。这种联名伙伴关系的最终目标之一是满足用户的需求，并提高消费者对品牌的忠诚度。

XC 在选择联名伙伴时，首先，要确定品牌双方的个性和目标群体是否契合；其次，调查了解消费者的消费行为及消费需求，可以发布信息征集消费者的设计思路和灵感，吸引消费者参与；最后，产品发布后应进行一次问卷调查，请消费者提出意见，为下一次的联名提供参考依据。

10.5.3　保证产品质量、注重产品创新

联名营销的核心是高质量的产品，只有产品好品牌才能好。在联名营销过程中，部分产品因为质量设计导致联名翻车，会让消费者感到不安，甚至降低品牌好感度。

XC 作为餐饮行业，首先，要注重联名食品饮料和联名店的卫生。其次，注重联名产品的质量，产品质量是一条不可动摇的红线，联名产品质量的好坏直接影响到双方品牌声誉。最后，需要注意产品的设计和创新方面，在保证产品性价比的基础上，品牌双方通过不断提升产品质量、深度融合产品设计理念、优化外包装设计等方式，为消费者提供超出预期的产品体验（见表 10 – 1）。

表 10 – 1	XC 品牌深度融合设计效应
XC + IP	情怀式包装，有传播力
XC + 名人	让明星或者设计师参与设计研发；参加产品的推广及宣传
XC + 品牌	联名出乎意料又符合品牌的特性

10.5.4　打造品牌符号

联名被认为是企业打造品牌意义和符号的一个大好时机。品牌双方可以通过联名，将自己的意义和符号再一次放大，在消费者群体中逐渐形成对品牌的印象，从而进行信息的传播与扩散。要真正做到产品与品牌特征的完美结合。品牌的符号，不是自我的狂欢，不是一种以自己为核心角度出发的超级符号，它们都是一种需要明确地传达和表现出来的、解决与消费者之间冲突的能力，进而激起和引发消费者的共鸣能力及实施行动的符号。XC 的品牌联名将其品牌文化打造成为一个品牌符号，通过 "XC×某个属性（运动或时尚或年轻化）" 这一类的品牌文化营销宣传符号来聚集，成为一个强势的 XC 文化和品牌。XC 不断进行品牌营销宣传输出，在广大喜茶消费者及人群中迅速形成一个良好的品牌印象，并且不断进行营销宣传和品牌拓展。联名式的品牌不仅有可能完全刻意忽视其联名品牌的内在核心价值，而年青一代的消费者对于联名商品的精神向往与价值追求，除了其联名商品本身，亦更需要充分看中其联名商品背后的品牌符号，以及其这种凸现自我企业形象与品牌价值的方式。品牌之间的企业联名与品牌合作，产品只是在一个浅层的表象，价值是一个更深层的体现。

10.5.5　创造场景式消费体验

随着移动互联网和移动新媒体，以及科学信息技术的飞速进步和不断发展，社交移动网络媒体异军突起，品牌要想与消费者进行沟通交流，社交媒体便成为一个不可忽视的平台。新 "4C" 法则认为："在适合的场景，针对特定的社群，通过有传播力的内容或话题，利用社群的网络结构进行人与人的连接，快速实现信息的扩散与传播，以获取有效的商业传播及价值"。通过"改变社会生活的场景"依托信息技术塑造人的行为模式，场景传播本质上是在特定情境下对消费者的精准服务。

首先，XC 和某品牌联名可以结合双方的特点打造情景式场景门店或者特定的场景区域，建立社群活动、微信群等定期征求顾客的意见和场景需求，让顾客参与其中，实现自己的价值观。例如，RX 咖啡开出首家主题店——重庆"解辣主题店"。与以往 RX 咖啡普通的门店中蓝白相间的主色调完全不同，"解辣主题店"主打潮酷风格，以红白色、金属、玻璃元素相结合，整个店面色调以红白为主，红色自然代表麻辣，白色则代表清凉。其次，节日作为人们生活中需要庆祝的节点，如情人节、元宵节等，节日可以成为品牌在构建营销场景时重视的因素。在节日背景下，XC 品牌可以运用多种元素营造或烘托节日氛围，通过讲故事的方式营造出品牌故事场景。

总之，在万物皆可联名的时代，各种联名产品屡见不鲜。品牌联名只是营销的一种形式，联名品牌背后赢得消费者长期认可的根本是：消费群体的互通和品牌个性的契合、质量保证、品牌符号化、场景式社群营销传播，以此发挥品牌联名真正的价值。

第 11 章

新营销实践：数字化营销理念下 PDD 的崛起

本章研究数字化背景下 PDD 能够快速崛起的内在逻辑。基于 PDD 数字化营销实践的创新，从数字化技术、商业模式画布、市场环境层面对 PDD 的营销逻辑进行详细的分析，总结发展中面临的机遇和存在的威胁。结合用户调查结果，分析当前营销实践过程中存在的典型问题。针对问题提出数字化背景下，在科技创新、营销策略、平台治理、用户满意度、物流体系建设、市场形象等方面进一步优化策略。试通过对典型电商企业 PDD 的数字化营销逻辑分析，为电商企业数字化发展提供启示与借鉴。

11.1　电商的演进历程

11.1.1　国外电商演进历程

电子数据处理技术是电子商务的起源，在计算机、互联网等信息技术的驱动下，促进了电商发展。早在 1839 年电报技术出现之际，以电子手段从事商务活动的讨论随之出现，开创了以电子手段进行商务活动的新纪元。

11.1.1.1　基于数据处理的电子商务（20 世纪 50 ~ 70 年代）

1946 年，第一台电子计算机在美国宾夕法尼亚大学问世。1964 年，美国 IBM 公司研制出了用磁带存储数据的打印机。基于打印机技术，商业文书处理的概念第一次被引入办公中。1969 年，能够进行文字处理的磁卡打印机问世。20 世纪 50 年代中期，美国利用电子数据处理设备实现了单项业务簿记工作的电子化、自动化。这一转变实现了由机器替代手工，降低了人力资源成本，提高了工作效率。但是，传统的业务流程没有改变。

11.1.1.2　基于电子数据交换（EDI）的电子商务（20 世纪 70 ~ 90 年代）

20 世纪 60 年代末，EDI 的出现解决了美国当时数据处理技术无法满足贸易信息传输需求的困境。EDI 电子商务的出现，实现了数据在不同计算机之间的传输，从最初单项业务的电子化逐步发展成为多项业务的电子化处理。虽然这个时期的多项业务的电子化处理是基于应用第三方服务或商业增值网，以统一的数据标准、规范的数据格式进行的，但是技术方面的升级提高了数据的准确性和工作效率，降低了成本。EDI 也因此被称为"无纸贸易"。

此时，EDI 电子商务还没有实现互联网的普及，仅是通过租用的电脑网线连接专用局域网络——"增值网"实现。由于 EDI 的局限性，即不开放的网络环境、昂贵的成本、局限的技术、僵硬的形式等缺点，使它只能应用于少数大型企业间的商务活动。在此阶段，企业运营过程中可以实现通过办公自动化（OA）、企业资源管理系统（ERP）、信息管理系统（MIS）开展信息化的管理工作。采用电子订单、电子邮件、传真等技术，实现了企业间的贸易往来，赋予电子工具商务功能。这一时期，B2B 电子商务模式开始萌芽。

11.1.1.3　基于国际互联网的电子商务（20 世纪 90 年代以后）

20 世纪 90 年代，随着网络技术、计算机技术、信息技术的飞速发展，信息传播的方式发生了巨大的变化，信息传播的能力得到了极大的提高。互联网的安全性、开放性、广泛性、低成本的特点随着技术的进步日益突出，使其从教育科研的应用逐渐渗透到商业领域，并替代基于局域网络的电子商务，向开放的数字化网络方向发展。于是，基于因特网的电子商务应运而生。1991年，美国因特网向公众开放，许可网上商业应用。1993 年，万维网（www）出现。随着在线支付技术的实现，产生了第三方电商平台，将各企业聚集到一个虚拟的空间进行商务活动，并发展成为一个建立在互联网上的商务平台。

随着互联网逐渐成为各项业务活动的桥梁，且全球上网用户呈现快速增长的态势。互联网快速、便捷、低成本、安全的特点，推进电子商务快速发展并被广泛应用。

1995 年，基于互联网的商务应用首次超过科学教育领域的应用，这一时期也成为电子商务大规模发展的标志。1995 年，全球电子商务交易额仅2.5 亿美元；1996 年，全球电子商务交易额达到 28 亿美元；1997 年，全球电商交易额达到 120 亿美元；1998 年，全球网络用户达到 1 亿人，全球电子商务交易额达 430 亿美元，其中，美国为 110 亿美元，中国仅 0.12 亿美元；1999 年，全球已有 155 个国家和地区开展了跨境电子商务，全球网络用户达 3.5 亿人，全球商务交易额达 1550 亿美元，其中，B2B 业务达 1093亿美元。从这时起，B2B 成为主要的电子商务业务[①]。

电子商务起源于美国。2000 年之前，美国的电子商务规模位居世界榜首。从 1995 年起，美国电子商务进入快速发展期。加拿大、英国、德国进

---

① 李晓东. 全球电子商务发展历程［EB/OL］.（2013 – 01 – 18）［2020 – 12 – 13］. https：//www. docin. com/p. 584974804. html.

入快速增长阶段，比美国滞后约 2 年，日本、意大利、法国则滞后 4 年。中国的电子商务启蒙于 1994 年。

20 世纪 90 年代是互联网在美国风起云涌的年代，互联网走进了人们的生活。1995 年，贝佐斯注意到互联网用户的快速增长，意识到将来互联网肯定是一个巨大的市场，于是在西雅图创立了知名的亚马逊电商平台。同年 9 月，另一个电商巨头 eBay 成立。这个阶段国外电商进入高速发展时期，互联网在全球快速蔓延和普及。2001 年，亚马逊实现销售收入 30 亿美元，超出了预期 42 倍。eBay 的全年交易额已经达到 90 亿美元。而中国电子商务才刚刚起步。

1998 年，全球互联网用户规模 2 亿多人。到 2019 年，全球人口达到 76.76 亿人，全球互联网用户规模达到 45.4 亿人，互联网普及率达到 59.15%。1998～2019 年，全球互联网用户增长了 2073.5%[①]。根据《2019 年中国电子商务报告》显示，2019 年，全球网络零售交易额为 3.535 万亿美元[②]。中国、美国、英国、日本、韩国排在前五位。这五大市场的零售电子商务市场交易额占全球的 81.5%。从月访问量来看，电子商务活动主要集中在中国和美国的全球性电商平台（见表 11－1）。

表 11－1　　　　2019 年 2 月全球月访问量排名前十位的电商平台

创立国家	公司名称	公司中文名称	成立时间	性质	产品品类
美国	Amazon	亚马逊	1995	全球性	综合类
美国	eBay	易贝	1995	全球性	综合类
中国	AliExpress	全球速卖通	2010	全球性	综合类

---

①　陶宗瑶. 2019 全球移动互联网用户大数据行为数据：联网用户达 45.4 亿［EB/OL］. (2020－03－31)［2021－04－02］. https：//www. huanqiu. com/a/c36dc8/3xe3J5rVHK7？agt＝8.

②　新浪财经. 中国电子商务、市场规模持续引领全球［EB/OL］. (2020－07－17)［2021－05－03］. https：//finance. sina. com. cn/stock/relnews/cn/2020－07－17/doc-iivhuipn3585880. shtml.

创立国家	公司名称	公司中文名称	成立时间	性质	产品品类
阿根廷	Mercado Libre	美客多	1999	南美洲	综合类
日本	RaKuten	乐天	1997	全球性	综合类
美国	Walmart. com	沃尔玛	2000	北美洲	综合类
中国	JD Worldwide	京东国际	2018	全球性	综合类
中国	Tmall	天猫	2012	东亚	综合类
新加坡	Shoppe	—	2015	东南亚	综合类
波兰	Allegro	—	1999	欧洲	综合类

资料来源：笔者根据资料整理。

11.1.2 中国电商演进历程

11.1.2.1 中国电商起步时期（1994～1999年）

第一阶段，黄页型。1994年互联网引入中国，这个阶段是互联网进入中国的探索期、启蒙期。最初电子商务主要用于信息发布、信息搜寻和邮件沟通等业务。1995年5月9日，马云创办以互联网为媒介进行产品宣传的B2B商业网站，即"中国黄页"，是一个最早为企业提供网页创建传播服务的互联网公司。

第二阶段，广告型。1997年，广告商开始使用网络广告，在黄页的基础上增加了多媒体内容。随着1997年网易的成立、1998年搜狐、新浪、腾讯的成立，国内的互联网发展开启了门户时代。

第三阶段，营销型。当国外电商已经处在蓬勃发展的时候，国内电商才刚刚起步。1997年，我国刚引入全新的物联网。"中国化工网"成为我国第一家垂直B2B网站。1998年3月，实现中国第一笔互联网网上交易。1999年5月，国内首家B2C电子商务网站"8848"成立；同年8月，邵亦波将美国 eBay 的 C2C 模式引入中国，成立了国内首家 C2C 电商平台"易趣网"；同年 9 月，国内首家 B2B 电子商务公司"阿里巴巴"成立，当时主要开拓海外市场；同年 11 月，主营图书业务的"当当网"成立。2000 年，"卓越网"成立。各大电商相继在国内市场成立，意味着 1999 年，是真正意义上掀起国内电商发展浪潮的一年。1999 年，国内诞生了 300 多家电商企业；到 2000 年，电商企业数量达到 700 多家①。

11.1.2.2 互联网泡沫，电商冰河时期（2000～2002 年）

随着 2000 年互联网泡沫破灭，国内"8848"等大量电子商务企业由于现金流等问题，出现经营困难，陷入破产重组的困境，超过 30% 的互联网企业倒闭。电子商务行业经历了一个比较漫长的"冰河时期"，随后迎来了行业重新洗牌。

11.1.2.3 中国电商复苏并快速发展时期（2003～2010 年）

这一阶段，电子商务的 B 端由企业向个人延伸。2003 年 5 月，"阿里巴巴"集团成立"淘宝网"，正式进军个人对个人（C2C）的市场。2003 年 7 月，"易趣网"和"eBay"并购，更名为"eBay 易趣"。同期，"淘宝"和"eBay 易趣"开始争夺国内市场。借助于美国"eBay"的平台，"eBay 易趣"实现了跨境电商。2004 年 1 月，"京东"从实体业务开始涉足电子商务领域。

与此同时，国内电子商务的快速发展引起了国际投资者的关注和青睐，国际电商巨头"亚马逊"也开始布局中国市场。2004 年 8 月，"亚马逊"以 7500 万美元的价格收购经营不善的"卓越网"。经过 3 年的磨合与技术升级，"卓越网"更名为"卓越亚马逊"；2011 年 10 月更名为"亚马逊中国"，并凭

---

① 百库文库.中国电子商务 20 年辉煌发展史［EB/OL］.（2020－04－06）［2022－04－15］.https：//www.baidu.com/s? wd＝15007414_ 4_ pq&ie/FfDMw.

借其全球化的视野、"顾客为先"的经营理念赢得了广大消费者的认可。

2007 年 11 月，阿里巴巴网络有限公司成功在香港主板上市。阿里巴巴、当当、卓越、全球采购、淘宝，这几个平台成为当时国内的主流电商。这些成长在网络时代的企业，短短数年内崛起，并且快速占领国内电商市场。

随着在线业务的普及、网络用户和电子商务交易额的迅速增长，电子商务逐渐成为众多企业和个人追求的新的交易渠道。大量传统企业、商家和资金入驻电子商务领域。2007 年，我国网络零售交易规模达到 561 亿元①。随着在线业务的发展，电子商务生态系统逐渐延伸至供应链环节。电商环境日渐成熟，支付功能和物流体系也在不断优化和完善。

2008 年 7 月，中国成为全球"互联网用户"第一大国。根据中国互联网络信息中心统计，截至 2008 年 6 月底，我国网民用户达到了 2.53 亿人，互联网用户首次超过美国，跃居世界第一位②。

2008 年底，唯品会正式上线运营，以"正品特卖"的方式迅速打开了市场。

2010 年 10 月，麦考林在美国纳斯达克上市，成为中国内地首家 B2C 电子商务概念股，从事会员制邮购业务③。同年 12 月，当当网在美国纽约证券交易所挂牌上市。

11.1.2.4 电子商务移动化、多元化发展时期（2011～2019 年）

这个阶段移动支付普及，电子商务从 PC 端向移动端逐渐渗透，消费场景变得更加多元化、智能化、娱乐化。

---

① 李静. 后浪磅石薄. 电商蓬勃兴起 ［EB/OL］. (2019 – 09 – 30）［2020 – 12 – 15］. https：//baijiahao. baidu. com/s? id = 1646072935231577516&wfr = spider&for = pc.

② 中国互联网信息中心. CNNIC 发布互联网报告：我国网民数跃居世界第一 ［EB/OL］. (2008 – 07 – 24）［2020 – 12 – 18］. https：//www. gov. cn/jrzg/2008 – 07/24/content_1054956. htm.

③ 崔江. "电商第一股"麦考林宣布私有化，垂直电商已死？［EB/OL］. (2015 – 07 – 29）［2020 – 10 – 11］. https：//it. people. com. cn/n/2015/0729/c1009 – 27378859. html.

2010 年，团购模式逐渐在电商市场兴起，初步探索用户以低于零售价的折扣来实现生活服务方面的消费。2011 年，以美团为代表的团购网站迅猛发展。一时间，国内出现了美团、聚划算、窝窝团、糯米等比较知名的团购网站，形成了"千团大战"的局面，中国团购用户规模达到 6465 万人。到 2015 年，中国团购用户规模达到 18022 万人①。

2012 年，"淘宝商城"更名为"天猫"，开始独立运营。同年，以"品牌折扣"为卖点的唯品会在纽交所挂牌上市。2013 年，阿里巴巴集团、银泰集团联合复星集团、富春集团，以及物流企业顺丰、三通一达（申通、中通、圆通、韵达）等组建了"菜鸟"。行业计划在 8 ~ 10 年内建立一张智能物流骨干网络，该网络能支撑日均 300 亿元的网络零售额，实现让全中国任何地区 24 小时内送货必达。

2013 年，我国电子商务交易规模突破 10 万亿元，网络零售交易规模 1.85 万亿元，相当于社会消费品零售总额的 7.8%。中国超越美国，成为全球第一大电子商务市场②。2014 年，我国网民规模达到 6.49 亿人，网络购物用户规模达到 3.61 亿人，网民使用网络购物的比例为 55.62%③。

2013 年，微商兴起，拉开了社交电商的序幕。微商属于直销模式，一方面，直接营销；另一方面，通过线上发展代理的方式实现裂变。

2014 年 4 月，"聚美优品"在纽交所挂牌上市。5 月京东集团在美国纳斯达克挂牌上市。9 月，阿里巴巴以每股 68 美元发行价，在纽交所挂牌上市，成为美股史上最大规模融资额的首次公开募股（IPO）。从 2010 年起，我国快递业务进入快速发展期，2010 ~ 2016 年，快递业务量连续多年同比

---

① 中国网信网. 个人互联网应用发展状况 [EB/OL]. (2016 – 01 – 22) [2020 – 11 – 12]. https：//www. cac. gov. cn/2016 – 01/22/c_1117854415. htm.

② 李文瑶. 数字经济智库发布《中国新零售之城竞争力报告》 [EB/OL]. (2018 – 10 – 19) [2020 – 09 – 14]. https：//tech. huanqiu. com/artide/qcakrnkdPCT.

③ 吴涛. 报告称近一半中国人成为网民，平均每天在线 3.7 小时 [EB/OL]. (2015 – 02 – 04) [2020 – 10 – 15]. https：//www. chinanews. com. cn/sh/2015/02 – 04/7035012. shtml.

增长约 50%。到 2014 年，我国快递业务量接近 140 亿件，跃居世界第一①。

2015 年 9 月 PDD 成立，突破了传统电商 B2B、B2C，搜索式购物模式，成为国内首家 C2B 模式并结合社交元素的电商平台。PDD 的迅速成长并取得成功，吸引了各大电商平台效仿其运营模式（见表 11-2）。

表 11-2　　　　　　　　　　国内主要零售电商平台

名称	成立年份	商业模式	经营范围
8848	1999	B2C	软件
易趣网	1999	C2C	用户自有商品
当当网	1999	B2C	图书
亚马逊中国（卓越网）	2000	B2C	图书音像
淘宝网	2003	B2C、C2C	综合商品
京东	2003	B2C	家电
聚美优品	2010	B2C	化妆品
唯品会	2008	B2C	品牌折扣商品
PDD	2015	C2B、C2M	日化用品、农贸产品

资料来源：笔者根据相关资料整理。

2016 年，抖音、快手等短视频社交平台逐渐向电商市场渗透，并迅速崛起。2019 年，直播电商快速发展，引发了直播带货的浪潮，大量明星及具有影响力的个人随之效仿，纷纷加入直播带货的阵营。内容营销、"关键意见领袖"的强大引流能力和变现能力进一步催化直播电商的发展，电商模式更加多元化。

11.1.2.5　未来数字化、智能化创新融合发展趋势（2020 年至今）

这个阶段随着各个电商平台争夺市场份额和用户量，竞争更加激烈。网

---

① 石为. 快递业连续 6 年保持高速增长，2016 年业务量同比增长 51.7% [N/OL]. (2017-01-06)[2020-11-15]. https：//www. xinhuanet. com/tech/2017-01/06/c_1120254409. htm.

络流量逐渐趋于饱和，流量红利逐渐退去。技术的迭代升级，定制化、个性化、品质化、品牌化的消费趋势趋于明显，无论是平台还是商家都需要探索创新、品牌化的发展思路。在过去 20 多年的发展过程中，中国电子商务已经形成了庞大的规模体系，在先进技术和消费升级的驱动下，中国电子商务面临的是由规模化向高质量的方向转变。电商生态系统的各个环节将更加普遍的运用云计算、大数据、人工智能、虚拟现实等高科技数字技术，打造全供应链、全渠道的数字化。

11.1.3 中国电子商务快速发展的驱动因素

（1）积极的政策扶持是电子商务发展的前提和保障。自从电子商务进入我国以来，国家相继出台了一系列扶持政策为电子商务发展带来深远影响。在政策的基本取向和政策环境营造方面，正是这种务实、前瞻的取向和行动，对于中国电子商务的发展起到了至关重要的保障和引导作用。

（2）人口红利是电商快速发展的重要推动力。中国拥有 14 亿的人口基数，就决定了中国是一个庞大的、区域独立的市场。在这个庞大的市场里，有不同层级的消费群体和不同类型的消费需求，有极具勤劳和耐力素质的劳动力，有过剩的产能，有众多的商家。一方面，电子商务可以解决传统市场存在的供给机制不匹配的问题，以及解决交易信息不对称、不畅通的制约。另一方面，随着以快递员这一劳动力为基础的物流配送体系的不断完善和优化，促使电子商务得以实施的重要推动力和支撑。

（3）持续上升的网络用户规模助推电商市场持续增长。随着互联网的普及，网民快速增加，消费者行为随之发生着变化，消费者逐渐习惯网络购物。网络用户规模的持续增加为其将用户转化为消费者提供无限空间。根据《第 47 次中国互联网络发展状况统计报告》数据显示，截至 2020 年 12 月，我国网民规模达 9.89 亿人，互联网普及率达 70.4%。其中，手机网民规模高达9.86亿人，占整体网民比例高达99.7%；网络购物用户规模达7.82亿人，占整体网民比例达79.1%；手机网络购物用户规模达7.81亿人，占手机网民比例达79.2%^①。截至2021年6月，我国网民规模达到10.11亿人，互联网普及率达71.6%。网络购物用户规模达到8.12亿人^②，占整体网民比例的80.3%（见图11-1）。根据《中国电子商务报告2020》数据显示，我国电子商务交易规模持续增长，2020年达到37.21万亿元，同比增长4.5%（见图11-2）。庞大且日益攀升的网民规模构成了中国蓬勃发展的消费市场，也为电商数字化发展打下了坚实的用户基础。

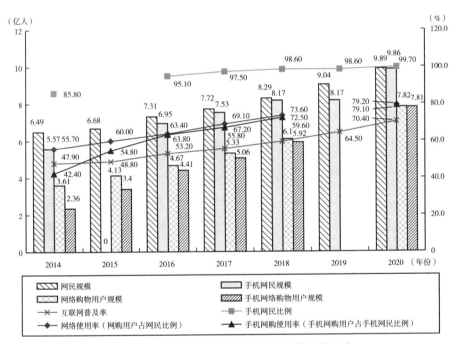

图 11-1　2014~2020 年网络用户规模及使用率

资料来源：历年《中国互联网络发展状况统计报告》。

---

① 杨野. 中国移动互联网发展报告：中国手机网民规模已达9.86亿户［R/OL］.（2021-07-23）［2021-08-09］. https：//baijiahao. baidu. com/s? id=1706052094243181554&wfr=spider&for=pc.

② 何春中. 我国网民规模破10亿　互联网应用服务构建起数字社会新生态［N/OL］. 中国青年报，2021-08-27［2021-9-30］. https：//view. inews. qq. com/a/20210827A0438H00.

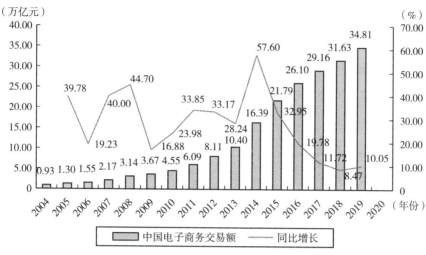

图 11 - 2　2004～2020 年中国电子商务交易额

资料来源：历年《中国电子商务报告》。

（4）富余的制造业资源，为电子商务发展提供了坚实的基础。中国是制造业大国，拥有大量的中低端产业集群及相当数量的外贸出口加工企业。随着国际政治、经济形势的发展，外需增长持续乏力，外贸出口增速逐渐下滑，随之引起我国制造业产能总体过剩，企业转而利用电子商务开拓国内市场，从打折甩卖尾货、清理库存入手，逐步打造自身品牌，拓展渠道体系，为中国电子商务的发展提供了最为丰厚的资源。

（5）电子商务的低成本和便利性是中国电子商务发展的必然趋势。与传统线下商业模式相比，基于互联网的电子商务具有显著优势。电子商务比传统线下商业活动综合成本较低。一方面，房地产的黄金 10 年（2004～2014 年）让社会把中国的房价推到了制高点，使中小实体商家承受的店铺租金压力越来越大。电子商务提供了一个很好的契机，让实体商家向低成本的电商平台转型；另一方面，电子商务在营销渠道上减少了中间商环节。几方面的因素，降低了商家的综合成本。

电子商务克服了传统线下商业活动的局限性。电子商务既突破了传统商业活动在时间上的局限，又突破了传统交易互动在空间上的界限，整体提高了商业活动的效率。

（6）全球疫情常态化加速电商发展。2020 年，新冠肺炎疫情的暴发，影响了各行各业正常的运营节奏。随着全球疫情的蔓延，新冠肺炎疫情常态化也成为不得不接受的现实。为了实现疫情的有效防控，很多人不得不宅在家里，为确保正常的日常生活不受影响，电商、网购、送货到家也成为更多人购物的主要途径和依赖，由此催生了"宅经济"，因此，这一需求也催化了电商进一步快速发展。

（7）在线交易习惯的改变成为电商与时俱进的重要推动力。电商的发展从一定层面上遵循了马斯洛需求层次理论，当低层次的需求得以满足之后，就会寻求更高层次的需求。电子商务最初进入中国，各大门户网站的成立，实现了文化的传播。随着互联网的普及，线上支付功能的完善，促进了消费者从线下到线上消费习惯的改变、从实体到电商的消费模式的转变。随着社会文化的进步，移动通信技术从 2G 发展到 5G，智能高科技技术的迭代创新，在线交易的硬件和支付等配套服务逐渐成熟，电商的载体发生了从 PC 端到移动手机端的转变，大数据、人工智能等科技技术的多元化深入应用，促进了电商形式的多场景化、多元化、智能化的发展。技术的升级，形成了消费者对产品需求由追求低价向追求产品品质的转变，对购物方式从线下向线上的转变，购物体验从单向搜索向多元化、趣味化的转变，因此，社交电商、内容电商、直播电商等形态各异的电商模式，应运而生。

11.2　PDD 演进史

电子商务在中国已经有 20 多年的发展历史，商业模式也在发生着从传统电商向新电商的转变。PDD 无疑是成功崛起的电商企业，也是最具看点，收获了行业最大的关注和重视。PDD 在营销方面，基于先进的数字化技术的开发和运用对其成功起到了关键作用，因此，PDD 也被认为是典型的"社交＋电商"数字化营销企业。

数字化营销是数字技术和营销活动相融合所产生的结果。在数字化的驱动下，大大缓解了传统交易模式现实空间的局限性，企业与消费者之间的虚拟交易空间无限延伸，营销方式实现了创新和变革，缩短交易时间，满足瞬时化的特征，最大化交易时空效用。数字化技术的发展大大推动了电商领域的发展。2020 年《中国电子商务报告》显示，2020 年，我国电子商务交易额达到 37.21 万亿元，同比增长 4.5%，其中，全国网上零售额 11.76 万亿元，同比增长 10.9%；全国农村网络零售额 1.79 万亿元，同比增长 8.9%[①]。由此可见，电子商务市场依然保持快速、良好的发展势头。2015 年 9 月，PDD 成立。与传统电商不同的是，PDD 致力于发展 C2B 业务的第三方社交电商平台，被称为新电商。2016 年 9 月，成立仅 1 年的 PDD 用户数已经超过 1 亿人。2018 年 7 月 26 日，创立仅 3 年的 PDD 在美国纳斯达克挂牌上市，成为全世界范围内最快实现 1000 亿美元市值的公司。PDD 财报数据显示，2018 年度，年用户量达到 4.185 亿人，打破阿里巴巴、京东二分天下的局面，成为国内第三大电商平台，电商市场形成三足鼎立的局势；2019 年度，PDD 年用户量达到 5.852 亿人，成为国内第二大电商平台；2020 年度，年用户量已经达到了 7.884 亿人，成为了国内用户规模最大的电商平台。仅用了 5 年多时间，使成为目前全球用户规模最大的电商平台。PDD 不仅在商业模式上采用 C2B、C2M 的商业模式，与传统电商的 B2C 商业模式不同，是开发下沉市场的先行者。这匹电商界的黑马从出道以来，争议颇多，褒贬不一。PDD 无疑是成功崛起的电商企业，被认为是典型的

---

① 商务部电子商务和信息化司. 中国电子商务报告 2020 ［M］. 北京：中国商务出版社，2021.

数字化营销企业。本节简要回顾 PDD 发展历程，探讨其快速崛起的内在逻辑。

11.2.1　初创阶段

2015 年，随着微商的兴起，黄峥不但看到了传统电商单一搜索购物模式的局限性，也看到了微商直销市场错综复杂、乱象横生的弊端，除此之外，黄峥还抓住了中国社会以及中国人性的特点，于是他发现了新的商机。PDD 通过多方面因素的考虑，瞄准了社交电商领域。它采用了全新的 C2B 商业模式，融入了社交、游戏元素，针对生活在中国三线及以下城市的 10 亿多人口形成了一个和原有电商不一样的购物形态，新的电商模式由此诞生。

2015 年 4 月，上海 XM 信息技术有限公司旗下 C2B 平台 "PHH" 成立，主打水果、生鲜类商品。在这个平台，用户通过对亲朋好友发起邀请，可以低价、拼团的方式购买商品。这种商业模式，被认为是真正意义上的社交电商的商业模式。

2015 年 9 月，上海 XM 信息技术有限公司内部孵化出电商平台 "PDD"。与 PHH 不同的是，PDD 定位的是商家入驻的全品类社交电商平台，商品涵盖日用百货、生鲜食品、母婴用品等全品类。平台结合游戏元素促销和打造爆款的方式，迅速吸引了大量用户，同时也受到投资者的青睐。

11.2.2　培育阶段

2016 年 3 月，PDD 获得 A 轮融资。2016 年 7 月，获得 B 轮融资。此时，PDD 用户量已突破 1 亿人。由于公司两大平台存在业务重叠，拥有共同股东，为优化配置，2016 年 9 月，二者合并，为后续的上市打下了基础。2018 年 4 月，PDD 成功完成了 C 轮融资，相较 B 轮融资，其估值暴增 10 倍以上。

2018 年 7 月，PDD 在美国纳斯达克挂牌上市，发行价 19 美元，市值达到 240 亿美元。此时，其用户量已突破 3 亿人。从成立到上市，PDD 仅用了 2 年 11 个月的时间，成为电商企业中上市最快的企业。

11.2.3　快速发展阶段

2018 年之前，中国电商市场已被阿里巴巴和京东两大电商巨头占领，2018 年，PDD 凭借着独特的社交电商模式及对目标市场的精准把握，收获了大量的用户，使其从电商竞争格局中突出重围，并迅速崛起，占领行业第三的位置，形成电商巨头三足鼎立的局势。到 2019 年，PDD 势如破竹，到 2020 年，一跃成为中国用户量最大的电商平台（见图 11-3）。

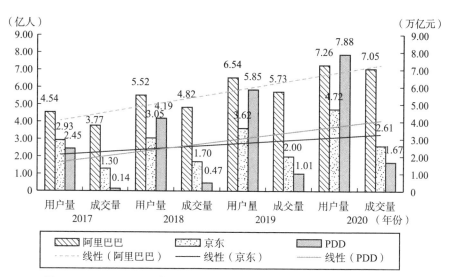

图 11-3　2017~2020 年中国三大电商平台年度活跃用户和成交量对比

资料来源：笔者根据公开资料整理绘制。

11.2.4 转型升级阶段

PDD 于 2018 年 12 月推出了"新品牌计划",致力于打造"聚焦中国中小微制造企业成长的系统性平台",为实现中国制造从中国产品到中国品牌的实质性变革。根据计划,PDD 将扶持 1000 家各行业工厂,为企业提供研发建议、大数据支持和流量倾斜,帮助中小微企业以最低成本、最优价格对接 4.4 亿消费者的真实需求,培育新品牌。例如,"丝飘"就是"新品牌计划"孵化出来的成功案例。

2019 年 6 月 17 日,当中国各大电商正在火热筹备"618"促销活动时,PDD 推出了"百亿补贴"的营销方式,吸引了大量的消费者,为获取三线以上城市的目标客户打下基础。

为响应国家助农扶贫政策,改善农产品的流通状况,2020 年 8 月,PDD 上架了"DD 买菜"板块,这预示着 PDD 正式进军社区团购模式,将与其他社区团购平台正面竞争。

11.3 数字化技术应用是 PDD 崛起的内在根本

PDD 在电商领域创新的商业模式上取得的成功是不可否认的,已经引起了整个行业的重视和效仿。PDD 已经有 20 多年的发展历程,在几近饱和的电商领域,最初在营销方式上,没有选择对传统电商领先者按部就班地跟随,而是适应数字化时代发展的新趋势创造出了全新的商业模式。

2015 年 4 月,电商平台"PHH"正式上线,开启了基于社交性质的网络拼单创新商业模式。当传统电商还没有涉足农贸产品领域时,其上线了以农产品类为主销产品的业务，新颖的品类，引起了广大消费者的青睐，用户量与订单量迅速增长。在该平台迅猛发展的形势下，2015 年 9 月，上海 XM 团队成立 PDD。区别于 PHH 自营产品，其定位为供应商入驻、物流第三方合作的平台模式，与 PHH 同样采用社交拼单裂变模式。

数字化时代的日益更新，改变了消费者的消费习惯，线上消费者消费习惯从自主搜索逐渐向被动推荐转变，传统电商的算法已经不能够满足消费者的购物需求，建立在社交基础上的电商模式崛起，从下沉市场出发，需求侧的 WX 拼团、供给侧的供应链改造和平台侧的数据智能匹配，使 PDD 如虎添翼。围绕平台性能适度、产品刚需、方便操作、价格便宜、技术进步的商业创新原则，实现了智能匹配和精准推荐，PDD 被认为是典型的"低端颠覆式创新"。

11.3.1　数字化技术团队保障创新能力

PDD 的定位是以技术作为驱动力的新电商企业，而不是依赖人工运营的传统电商企业。其创始团队，拥有集 IT 技术研发能力、游戏开发思维、电商强运营思维于一身的强大技术背景。该公司的高层管理者是人工智能和互联网领域知名专家及计算机科学博士，并曾获得世界奥林匹克信息金牌等多项国际性竞赛奖项，且多次在国际学术会议和国际知名期刊上发表数据科学、机器学习相关领域科研成果。

PDD 的技术团队是由不低于 3000 名工程师和专家组成的精良的技术团队，这些技术人员不仅拥有精良的专业素养，而且具备大型互联网科技公司的工作经验。团队人员非常善于运用数字化技术，注重在大数据分析与人工智能领域的积累。PDD 团队优质的技术背景为其发展奠定了技术基因，使其能够在技术方面取得优势。

强大的自主开发的技术手段实现了营销渠道的简化，通过平台将买家与商户进行无缝对接，为企业提供了超常规的爆裂式业务增长能力。通过对平台海量的订单信息及用户行为数据进行分析，有效地设计、管理和运营平台上的个性化服务及解决方案。其自主研发新技术的能力，也最大限度地减少了对第三方商业软件的依赖，不仅降低了运营成本，还提高了创新能力和迅速扩大业务规模的效率。

11.3.2　分布式 AI 技术实现精准营销

PDD 技术团队研发了独特的"分布式人工智能（AI）技术"，以此来精准研究并挖掘用户潜在的消费需求，为平台和商家提供决策的参考价值，为消费者提供产品的精准推荐服务。

"分布式 AI 技术"是指把每一位用户作为一个 AI 代理，通过 AI 代理的继续发展，进行商品分享推荐，以实现货找人模式，从而快速实现裂变效应。一方面，PDD 借助于微信，通过 AI 代理分享机制来快速实现人以群分的目的，能够把有相同或相近需求的用户集合在一起。就如同微信用户通过人工操作的方式建立群聊，把有相同需求的好友聚集到一个群里，实现信息分享，而 PDD 是通过智能技术把需要人工操作的程序智能化；另一方面，PDD 可以通过算法分析，从消费者的分享行为、浏览、购物行为中了解用户的购物习惯和购物需求，能够更精准地分析用户画像，以便于精准智能推荐（见图 11-4）。

"分布式 AI 技术"系统里的各个子系统都是分布存在，且相互联系，彼此协作。

"分布式 AI 技术"能够把用户与用户、用户与商品、商品与商品、用户与商家之间的关系数据化，并形成个性化匹配结果，从而实现商家的精准营销。

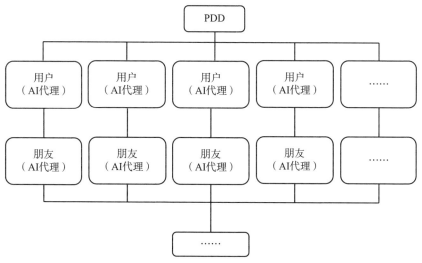

图 11-4　分布式 AI 技术推荐路径图

资料来源：笔者根据研究分析绘制。

"分布式 AI 技术"能够实现人货的匹配方式由"物以类聚"转变为"人以群分"，匹配程度由"千人一面""千人千面"转变为更加精准的"一人千面"。

PDD 通过数字技术实现了从传统的品类驱动到用户驱动，核心就是构建"货找人"的差异化场景。"货找人"是借助人工智能和社交分享手段，通过用户分享，让货找到合适的人，是让任何商家的商品能在 PDD 平台上自由流通，围绕"货找人"，不断建立技术驱动和用户体验的双重壁垒，这是其区别于传统电商淘宝和京东的根本逻辑（见表 11-3）。

表 11-3　　　　　　　　　传统电商与新电商数字技术对比

商业模式	传统电商	新电商
匹配方式	物以类聚	人以群分
匹配程度	千人一面、千人千面	一人千面
数字技术	集中式 AI 技术	分布式 AI 技术

续表

商业模式	传统电商	新电商
实现功能	人找货	货找人
代表企业	阿里、京东、唯品会	PDD

资料来源：笔者根据资料整理而得。

11.3.3　社交场景技术突破空间限制

PDD 通过数字技术，深入算法，构建了虚拟现实的社交场景，将现实中熟人推荐的场景搬到了线上，解决了现实社交过程中时间和空间上的限制。

PDD 在 App 主页显著的位置设置了"拼小圈"功能，由平台系统自动向用户推荐通讯录好友，通过添加好友，实现社交功能，用户不仅可以实时分享自己的交易动态和购买评价，还可以关注好友的购物信息，实现了好友之间信息共享，商家相互引流。这一操作，使其实现了 PDD 在自家平台上对私域流量的共享。

11.3.4　营销游戏化增强用户黏性

营销游戏化的本质就是游戏化。游戏化是指在非游戏环境中将游戏的思维和游戏的机制进行整合运用，以引导用户互动和使用，通过游戏化可以增加受众参与度、忠诚度和趣味性。

PDD 基于游戏逻辑，根据不同用户潜在的需求，构建集合了喜好、秒杀、娱乐、休闲、特卖、优惠券等多种场景的用户体验，不断地挖掘和引导用户需求。同时，通过游戏规则的设置，让用户不断把朋友圈的好友拉拢成为新用户。在"人""货""场"三大要点中，"货"已经不仅仅代表"货物"，更深层次的意义，还包括信息、满足感、潜在需求、欲望等层面。PDD 通过八个角度来实现营销游戏化，如图 11 - 5 所示。

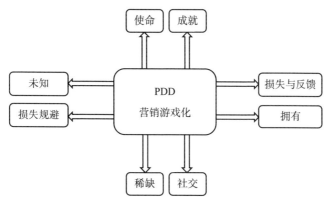

图 11 - 5　营销游戏化八要素

资料来源：笔者根据资料绘制。

首先要通过制定激励策略来创造使命感。创设一种任务，既容易完成，又能够让用户体会到自身优越感和自豪感的情境，来给用户建立自信，以此来作为动力激励用户继续升级完成任务，不达最终目的决不罢休，从而成为忠实用户。

PDD 制定一项活动，像玩游戏一样，用户需要从一级开始执行任务，总共需要完成几级任务，在阶段性完成任务的过程中，设定激励机制，最终完成活动任务。活动规则是由易至难，多劳多得，给用户设定一个目标，让用户有动力为之奋斗，不达目的决不罢休，这样就建立了打怪升级的成就感，让用户沉迷其中，欲罢不能。平台为了实现用户留存也推出了一系列措施，如拉新用户奖励积分、积分换奖品等活动。

平台还通过制定"秒杀、限时折扣、限量"等营销活动吸引更多的消费者来争相购买商品。

在营销游戏化的设计中，未知性的建立能够吸引用户的好奇心。比如抽奖环节的设置，用户可以获得免费抽奖的机会，奖池中的奖品随机。用户会在好奇心的驱使下反复抽奖，也会将抽奖页面分享给好友以获取抽奖资格，从而吸引更多的用户参与。平台还可以设计大量的购物返红包、返优惠券的活动，吸引顾客重复购买产品，如此循环下会产生众多忠实用户，使平台实现用户留存。

11.3.5　数字化技术实现供应链创新

PDD 通过将用户需求、用户画像数据化，将数字化的用户信息和产品销量信息呈现给合作伙伴参考，然后匹配相应稳定的流量，帮助企业实现更好的发展。从供给侧角度来讲，PDD 改变了传统渠道复杂的层层传递的方式，将传统渠道复杂的流通体系打通，让工厂和消费者直接对接，减少了中间渠道。供应链的简化创新大大提高了运营效率，降低了企业成本，同时实现了精准推送，提高了用户购物的体验感。

在数字技术的驱动下，产业链实现了消费端和供给端的直通。PDD 拥有海量的用户信息，并通过对用户信息进行深入分析形成用户画像，根据用户画像发现同类用户的相同需求和不同用户的多种需求，并分析需求量。在 B 端供给端，PDD 将用户需求信息直接对接后方工厂；在 C 端消费端，PDD 通过产品销量来配置流量，将商品信息有的放矢的推送给有需求的用户，免去了品牌宣传环节（见图 11-6）。通过合作，平台商家参与到工厂生产计划和产品营销环节，利用用户数据支撑优势来配合工厂生产计划，更精准地预判销量规模并相应调整工厂产量，实现柔性生产。数字化的另一优势在于提高生产决策效率，节约生产成本，缩短决策周期，为工厂自有品牌的突围创造更多可能性。

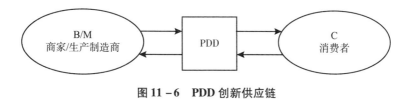

图 11 – 6　PDD 创新供应链

资料来源：笔者根据相关资料绘制。

11.4　基于数字化的营销创新成就了 PDD 的崛起

11.4.1　PDD 商业模式创新

11.4.1.1　反向定制商业模式

传统电商的商业模式主要以产品为中心，利用流量、品牌曝光率、折扣或产品作为引流方式吸引消费者。传统电商阿里巴巴采用的是双边规模效应，同时向 B 端和 C 端渗透。

作为新进场的 PDD，首先要吸引新用户，完成用户积累，其商业模式是基于社交属性的 C2B、用户直接制造（C2M），是货找人商业模式的先行者，也因此被称为社交电商、新电商。PDD 平台的运营主体主要由 B 端商家、PDD 平台和 C 端消费用户三方构成，C 端消费用户分为主动用户和被动用户。在整个产供销运营环节中，先由 C 端主动用户提出购买需求，并向被动消费者分享、推荐、发起拼团邀请，被动用户参与拼团后，B 端商家接收用户需求信息进行产品生产制造。在整个交易过程中，PDD 平台并不会直接参与其中，而是作为中枢系统中介管理者的身份来负责平台运营规则的制定、对 B 端商家及产品的把控和对 C 端消费者负责。在整个产供销闭环中，以消费者为中心，消费者在购买交易体系中占主导位置，消费者对交易订单的形成起着直接影响作用，消费者担任了多重角色，除了是最终商品的购买者，还是商家生产的导向者，更是商品信息的传递者。消费者需求产生在前，企业生产在后，商家通过平台大数据分析消费者需求量，以此来制定下一阶段的生产计划。因此，PDD 的商业模式是依托于网络社交媒介引流，以人群为中心，人以群分，反向定制，以销定产，计划性的产供销。反向定制模式使 PDD 通过先进的数字技术来分析并掌握 C 端消费者需求，从而更好地面向 B 端建立议价权。

随着 PDD 的兴起，2019 年起各大传统电商巨头都关注到新电商领域，纷纷开始拓展 C2B 商业模式（见图 11－7）。

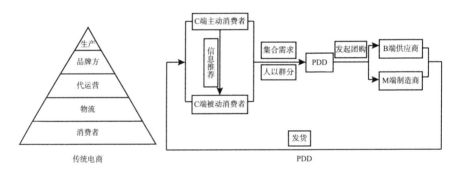

图 11－7　传统电商与拼多多商业模式对比

资料来源：笔者借鉴相关资料绘制。

11.4.1.2　电商平台模式选择

电商领域有两种主要模式，一种是自营型，另一种是平台型。亚马逊自营、京东自营、苏宁自营是典型的自营型电商，PDD 和阿里巴巴旗下的天猫、淘宝都是典型的平台型电商。自营模式需要自采自销，自建物流体系，在品牌和商品引入原则方面有符合自身发展的准入标准。因此，在商品品类扩展方面具有明显的局限性，自建物流体系所需投入的成本很高；平台模式则充分利用广泛的商家和物流公司来迅速完成商品品牌和品类的扩张与仓储物流体系的建立。与自营模式相比，在实施效率上具有明显优势，但在运营管理方面具有更高的难度。

如果 PDD 以自营模式为主，很难实现快速增长的交易规模。而转向平台模式，使其 2017 年吸引了超过 100 万商家，2018 年商家数量达到 360 万家，同比增长了约 260%。正是这样快速增长形成的庞大商家群体，提供全品类且价格低廉的商品，才使 PDD 形成庞大且高度活跃的买家群体。在 PHH 与 PDD 合并之后，PDD 选择平台模式发展战略，放弃自营模式，是其取得指数级增长的一个重要因素。

11.4.2　差异化市场定位

PDD 是电商市场的后来者，在其初创时期，淘宝、京东主打消费升级，这两大电商巨头瓜分了高端市场，而此时，下沉市场成为空白。2016～2017 年，PDD 没有与当时的主流电商争夺高端市场，而是另辟蹊径，带着集社交属性、体验感、游戏感、互动感于一体的营销模式，将目光瞄向三线及以下城市和地区的下沉市场。其独特的营销模式，并未引起电商行业竞争对手的重视和认同，这使 PDD 获得了难得的无竞争对手的战略发展期，以至于能够在电商领域快速发展起来，并迅速成长为可以与淘宝、京东等电商巨头竞争的新电商。

11.4.2.1　聚焦目标客户

PDD 的目标客户分为：①《PDD 用户研究报告》显示，其用户中，女性用户占比高达 70%，而且年龄主要分布在 20～36 岁。其中，有 11.7% 的用户来自于以线下购物为主的人群，这些用户中包括从未通过网络平台进行购物的人。②低收入、学生群体、低价格追求者、勤俭持家、精打细算人群、价格敏感者，这类群体也是中国最广大的消费人群。③被传统电商所忽视的用户群体。④追求娱乐、偏好低价的各层级城市的线上消费者。⑤闲暇时间较多的人群。

这类群体存在赶集心理，无意识购物，跟风，弱品牌意识甚至无品牌意识，对物流时效没有高要求的特征，但是有闲暇时间。就好比乡镇每年特定的时间都会举办的"庙会"，以庙会的方式吸引大大小小的商户，还可以吸引当地大量的消费者，由于消费者对庙会有一种特殊的钟情，因此，PDD很好地利用了这一情感及消费心理进行营销。

11.4.2.2　主要产品定位

PDD目前的主要战略是成本差异化、"普惠"战略，深入三线及以下城市，主打低价快速消费商品。其产品类型主要以日用百货、农产品为主，相当于一个线上大型集贸市场、线上小商品批发市场。PDD的主要商品具有高频消费、低价格、高质量、易消耗的特征。从现实意义来讲，日常生活中人们对必需品的需求量相对较大，对必需品的消费占有很大比例。结合这类产品所具有的低成本、低价值的特征，能够为商家带来高订单量和高利润。

11.4.2.3　区域市场定位

PDD的客户主要来源于三四线及以下城市，这与其营销模式存在一定的关系。第一，三四线以下城市居民的收入水平相对较低，对低价快消商品的需求旺盛，PDD低价拼团的策略从根本上符合该人群的需求。第二，相比一二线城市，大多数三线及以下城市居民的生活节奏相对较慢，闲暇时间相对较多，有更多的闲暇时间去参与游戏性质的砍价活动等。这使PDD游戏化的营销策略在三四及线以下城市存在较强的可行性。第三，随着居民收入水平的不断提升，智能手机在下沉市场的普及，物流成本的逐步下降，引起了下沉市场网购方式的普及，这些也为 PDD 促进三四线及以下城市消费升级奠定了雄厚的基础。第四，在三四线及以下城市或贫困地区，人群的聚集程度较高，比如一个乡村，左邻右舍、街坊邻居甚至一个村子的人都互相熟悉认识，这种地理因素也为 PDD 的快速传播提供了便利。第五，从城市等级分布和居民收入的关系来看，居民的平均收入水平大体上是随着城市等级的下降逐级递减的，但三线及以下城市的人口规模也是相当庞大的。根据消费者需求曲线的规律，只考虑需求和价格的关系，商品价格下降，需求量增加。由于三四线以下城市的用户占大多数，低价商品依然占据主导地位。正是由于这些原因，通过分享拼团、砍价、游戏化的方式，促使 PDD 在三四线及以下城市取得巨大的成功。

　　PDD 市场定位策略是长尾效应的一次现实应用。从长尾理论角度考虑，中国大部分企业的目标是追求处于长尾理论"头部"市场，即追求打造"高价格、高质量产品"，针对于分布在头部的一二线城市的消费者，而往往忽视了处于长尾理论"尾部"市场，即三四线及以下城市消费者的真实价值需求，忽视了我国现实国情：有不低于 10 亿人口的低收入人群，而这 10 亿人群恰恰是"尾部"的消费者，尾部用户的需求在长尾曲线上形成了一条长长的"尾巴"。因此，中国大部分企业没有完整理解中国市场。PDD 把中国消费者的现实情况和长尾效应理论巧妙地结合，从而掌握了一个被忽视的庞大的市场。长尾效应取胜的关键是用户数量和订单量。随着尾部市场三四线及以下城市互联网应用的普及，处丁尾部的"长尾"用户的数量会逐渐超过"头部"用户。正因为如此，PDD 平台上的低价商品有着庞大的市场需求。根据长尾理论可以看出，要想在电商行业立足，市场定位不只是高收入、高端需求的处于头部的"红色市场"，而占有绝对多数的"尾部市场"也是不可忽视的（见图 11 -8）。

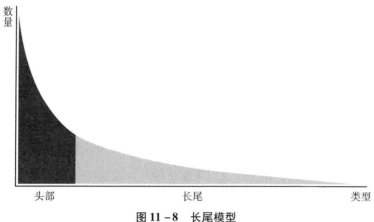

图 11 - 8　长尾模型

资料来源：张旭媛. 长尾理论在电商企业中的应用——以"淘宝"为例［J］. 电子商务，2019
（7）：20 - 21.

PDD 善于对中国国情的理解和把握，中国所拥有的庞大的市场体系，
从来不是一个简单的市场，而是一个高度复杂的市场。与传统电商不同的
是，PDD 的主要战略是低成本差异化竞争战略；主要促销方式是拼团、砍
价、补贴；主要获客方式是分享、裂变 + 心理战术。

从情感上来讲，PDD 是一种基于中国熟人关系的电商；在品类上来看，
PDD 主要是聚焦生活日用品、必需品，例如，水果和纸巾这些高频消费的
产品。它重新定义了电商的营销方法，这是一种以人带动人，扩散迅速，效
果显著的方法。由于其读懂了中国的国情，并适时地利用国情抓住了中国人
的心理，迎合了消费者人性中最基本的需求。

站在消费者的角度，第一，中国有不低于 10 亿人口的低收入人群，而
这类人群在日常消费中，需要买便宜、低价的商品。第二，随着社会的进
步，越来越多的人在满足生活基本需求之外，更加追求生活的品质，更加注
重健康的生活方式。而原生态、绿色、健康、无公害的商品也成为越来越多
人的需求。第三，中国人善于社交，有广泛的朋友圈。

2019 年以前，以天猫、京东为代表的电商平台纷纷转向消费升级和品

质升级，争抢一二线城市市场，而忽略了三四线及以下城市数量庞大的低收入人群的消费需求。从淘宝到天猫，产品覆盖不同层次的消费群体，主要以中高端客户为主。

各大电商平台消费升级的理念如同电子产品的升级，当某个电子产品上市之前，往往会以高科技功能上的创新来作为卖点。随着电子产品的快速更新换代，功能创新也随之增加，但是大部分用户经常使用的也只是一些基础功能，对新功能并没有需求，这就产生了一种"性能过剩"的现象。

实际上，一些平台看到 PDD 的成功之后也开始争取下沉市场，但是三四线及以下城市的市场是一个复杂的市场，各大电商平台在争夺中高端市场的同时，又不好把握价格敏感用户。然而 PDD 恰恰承接了传统电商失去的用户。在 2015 ~ 2019 年，下沉市场成为其主要市场。

相比那些"性能过剩"且"烧脑"烦琐复杂的"满减"优惠策略，PDD 简单直接的优惠模式更能够被消费者所接受和理解。

11.4.3　关键活动和促销方式创新

PDD 的关键活动形式主要是电商、社交与游戏的结合。依托社交元素，借助微信 10 亿用户的天然流量池优势，以做游戏的形式完成分享和购物，快速形成"病毒裂变式"传播，在获客的渠道上有着得大独厚的优势。其主要促销形式有：低价拼团、砍价免费拿、9 块 9 特卖、DD 果园、百亿补贴、DD 买菜、DD 农园、DD 读书月。

11.4.3.1　"低价拼团"促销

"低价拼团"的概念出现之前，网购大环境中已经出现了团购的模式。PDD 的团购是在设定的时间内，用户通过社交平台分享商品信息，与他人达成共同购买意向后完成订单操作。这种模式能够降低个人单独购买的成本。而淘宝、京东等主流电商在制定低价促销策略时，主要是将不太畅销的商品在短时间内以"秒杀、打折、满减"的形式出售。而 PDD 则将主流电商的"特价商品"以低价拼团的模式形成自己营销的核心商品类型，其主要客户流量来源于拼单。比如，单独购买一件标价 15.9 元的商品，选择拼单购买只需支付 10.9 元即可购买成功（见图 11 - 9）。这种拼购模式并不是 PDD 创新的模式，较早以前，美团等团购电商就曾采取过拼单享优惠的模式，然而美团如今已发展成为以外卖为主的电商，而且没有任何一家电商能够像 PDD 这样，通过与第三方社交平台微信合作，将拼单与社交完美融合在一起。依托于微信的巨大流量入口，通过"社交 + 电商"的商业模式，其成功利用人与人之间的社交链接形成流量枢纽，每一个单独的顾客都成为可以继续转化为流量入口的渠道。这种社交的购物模式，是对传统搜索模式的创新，它让一次简单的购物建立在以人与人之间的交际互动基础之上，从而实现了消费者购物需求的裂变。

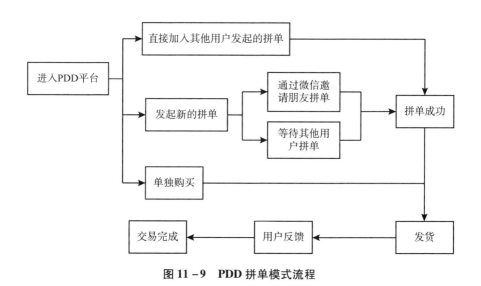

图 11 - 9　PDD 拼单模式流程

资料来源：笔者借鉴相关资料绘制。

PDD 的购物界面设置了单独购买价格和发起拼单价格，这种方式是营销中常用的锚定效应的体现，也是对人性心理的把握。在传统的销售过程中，"单独购买价 15.9 元"就是锚，消费者会以这个价格标准来与商家进行砍价谈判，最终以低于标价的实际价格达成购买目标时，就会认为自己享受到了实惠。PDD 正是利用消费者的心理诉求，把现实生活中线下购物过程实现了在线化，设定了符合消费者心理价位的拼单价作为实际购买价，当消费者看到单独购买价格和拼单价格的差距时，就会更加愿意以拼单价购买商品。

11.4.3.2　砍价免费拿、免费抽奖

我们经常会收到微信群里的用户或者微信好友发送的"帮我'砍一刀'""现金抽奖"等类似于游戏的活动链接，PDD 用户通过发送活动链接，让朋友参与的方式，有机会免费获得某种商品或现金红包。通过用户参与活动的过程，可以得出一个规律：活动规则的制定遵循的是边际效应递减的规律。比如，一位客户想获得 100 元的 A 产品，邀请了微信朋友圈的一位好友帮忙砍价，可以砍掉 80 元；再邀请一位好友，可以砍掉 10 元；此后随着邀请好友数量的增加，砍价金额是递减的，且越难以实现成功砍到 0 元。一次成功的砍价，不仅需要耗费较长的时间，还需要多到几十人甚至更多人的助力才能完成，存在很大的不确定性。在邀请好友砍价的过程中，好友首先需要注册成为 PDD 用户。在好友帮忙砍价的过程中，会有更多的客户被砍价免费拿、免费抽奖等活动带来的预期利益所吸引，会创造更多的新用户。PDD 通过这样游戏式的活动模式，做到了一传十，十传百，实现了社交裂变。

11.4.3.3　特卖 9 块 9

"9 块 9 特卖"是 PDD 主推 0～29.9 元小商品的板块。很多人不理解"9 块 9 特卖"活动，这种赔钱赚吆喝的生意是怎么长期持久坐稳平台的。

"9 块 9 特卖"板块的商品的特点是与衣食住行相关的快消易耗品类，背后隐藏的市场是巨大的，每一个用户都在更新迭代、循环的消费。快消易耗品又分为两种：一种是高溢价值的商品，如小件电器、日化洗护品类的商品，商家会在参与官方补贴活动的同时，前期做战略性亏损。针对高溢价值的商品做低价特卖，可以为商家积累大量的用户和订单，促使商家在短期内具有稳定的收益，在销量排行榜占据稳定地位。另一种快消易耗品是低溢价值的商品，如家用配件、小饰品、袜子、围巾等小件商品，而这些商品的成本价是远低于消费者想象的。比如，"买 2.9 元的地漏，不但包邮，还有 2 元的好评返现"，看似商家是赔钱的，实际上商品的批量生产成本可能只有几毛钱，而运费的成本也是很低的，只需要 1 元左右的成本。而在消费者惯性思维看来，商品和运费成本加起来至少也要 10 元，因此觉得购买商品得到了极大的实惠，再加上"返现"优惠券的加持，消费者出于规避损失的心理，会回购商品。实际上，商家有海量的订单就会有很大的利润空间。

11.4.3.4 DD 果园

DD 果园是 PDD 设计的一款游戏，用户通过完成任务，可以免费获取水果、蔬菜、干果等商品。在这个活动中，用户只需在该游戏环境中，领取一棵果树，之后每天需要按照平台要求，坚持浇水施肥，完成平台任务。平台会根据用户完成浇水情况、浏览广告的数量、分享等任务情况，赠送水滴给用户，供下次浇水使用。用户活跃度越高，所获得的水滴越多，同时也会缩短果子成熟的时间。果子成熟后就会免费为客户赠送相应水果，也可选择其他商品。在这个过程中，如果将果树分享给其他好友，果树便可以早些成熟。从任务开始到完成，一般分为 5 个阶段，幼苗—成树—开花—结果—成熟，这个过程需要持续至少 1 个月的时间才能完成。在分享的过程中，消费者实际上在进行着社交活动，为该平台增加流量。在种树的过程中增加了用户黏性。

11.4.3.5　百亿补贴

为巩固下沉市场，开拓中高端市场，近年来，PDD 一直坚持巨额补贴的优惠政策，从 2018 年起，PDD 开始着手实施"百亿补贴"项目，对"品牌下乡"活动实施了高达 5 亿元的补贴。到 2019 年 6 月起，PDD"百亿补贴"板块正式上线，继续联合各大品牌，定向直接补贴不低于 5 亿元，以促进"品牌下乡"和低端市场消费升级。2020 年，其单季度补贴超百亿平台的商家规模累积超过 860 万元。2021 年第一季度继续保持增长，入驻"百亿补贴"的品牌官方旗舰店相比 2020 年第一季度增长了 10 倍以上。截至 2021 年第一季度，PDD"百亿补贴"频道的活跃用户数已经超过 1 亿人，每天有超过 1000 万人在"百亿补贴"板块购物。而 PDD 除了持续对"百亿补贴"加大资金投入之外，还对生鲜和农产品商家实施零佣金策略。

2021 年 5 月，PDD 对"百亿补贴"进行升级和改革，全面提高"百亿补贴"商家入驻门槛和商家服务标准。服务方面，PDD 不断提升物流和售后服务的运营能力。从百亿补贴两周年活动开始，绝大部分订单可以实现 24 小时内发货的物流服务。数码类商品订单当日发货，顺丰包邮并开具正品发票；大家电一律送货到家；退货时可选择上门取件服务；信用良好的用户有一键退款立即到账的优先权。发货速度更快、配送能力更强、品控标准更严、售后服务更好，带给消费者更多乐趣、更多实惠、更多便利的消费体验。该平台的升级改革吸引了一大批供应链韧性高和服务能力强的商家群体。

从入驻 PDD 品牌的知名度来看，"百亿补贴"的意义已经从让利消费端，即让消费者得到真正的实惠，开始向商家端的升级进化。2021 年 5 月，开通"官方合作旗舰店"入口，意味着"百亿补贴"将与更多的品牌合作，这也说明越来越多的品牌商对该平台的认可，直接影响获取新消费群体的潜能。

"百亿补贴"是 PDD 目前最强的业务支撑，也是其拓展潜在用户的渠道之一。一方面，用户在"百亿补贴"购物，可以享受到品牌商品正品低价的体验，而该平台能够获得更多层级的用户；另一方面，可以吸引更多的品牌商家入驻，增强商家和用户对平台的黏性。这种相互促进与反哺的作用，在短期内让 PDD 收获了海量用户。短期的高收益不是其运营之道，长期的薄利多销、细水长流才是终极目标。PDD 的"百亿补贴"模式，吸引来不少电商平台的效仿，目前，国内各大电商平台都已开展补贴业务，与其形成强烈的竞争态势。

11.4.3.6 DD 买菜

"DD 买菜"于 2020 年 8 月上线，是 PDD 在线助农业务。客户通过 DD 买菜板块可以拼团购买农产品，当购买到一定金额，PDD 会向用户返现金红包，用户可以在规定期限内使用现金红包，以此方式来增加用户黏性，提高复购率。PDD 在各小区附近都设有提货点，DD 买菜业务属于社区团购业务。

截至 2020 年 11 月，DD 买菜业务已覆盖了全国 159 个城市，并将打造全球最大的农产品零售平台。

PDD 以其独特的技术手段，打造超短供应链，简单的算法与操作对应上游的供应链，尤其是对网络操作较为困难的农户来说更便于上手操作。

2019 年，PDD 平台农产品成交额达 1364 亿元，较上年同期增长 109%；2020 年，该平台农产品成交额超过 2200 亿元，较上年同期增长 61.29%，进一步体现了全网农产品上行领先优势。2019 年，平台农（副）产品活跃商家数量达 58.6 万元，同比增长 142%；活跃买家数达 2.4 亿人，同比增长 174%，复购率超 70%。

一些从事生鲜农产品的商家，对产品包装进行改良和升级，加快发货效率，消费者到手的农货坏损率明显下降，形成农民—物流—消费者—复购的良性循环。

2020 年，PDD 将 AI 技术赋能数字化程度较低的农业领域，试水 AI 农业。2020 年 8 月，其开展"顶尖农人 VS 人工智能"高原草莓种植竞赛，参赛的 AI 队伍建构了各自的草莓 AI 种植管控系统，让 AI 模仿人类专家，实现了草莓种植全过程的自动化。草莓 AI 种植管控系统，相当于 AI 种植大脑，其包括生长模型、种植决策、生长状态识别等模块，涉及多个机器学习的算法。这项举措开启了农产品上行、农产品标准化、农业现代化的探索之路。

11.4.3.7　DD 农园

"DD 农园"是"振兴乡村、扶贫助农"的新路径。从 2019 年起，PDD 联合各地区乡村政府，开始在贫困地区打造"DD 农园"项目，计划在 5 年内成立 1000 个"DD 农园"。区别于传统的通过流量支持来增加销量的电商扶贫方式，PDD 通过培育新农人、打造农产品品牌、精准匹配供需、提供流量与数据扶持、缩短产业链条等方式。首先，邀请农业专家团队驻地考察，了解当地产品的生产销售情况和农户收入状况。其次，通过建立工厂、农户建档立卡、成立合作社，形成集产、销、研、加工一体化的现代农业产业链，改变整个利益分配格局，让农户成为全产业链最核心的利益者。PDD 的产业扶贫改善了贫困农户低收入的状况，对贫困地区农产品产业链实现了升级。它将"建档立卡户"通过数字化的方式直接对接消费者，能够将市场的需求反馈到供应端，让农产品实现从生产到销售的无缝连接，从供给侧两端助力产业变革。一些贫困地区在"DD 农园"的帮助下顺利脱贫。

11.4.3.8　DD 读书月

"低价拼团""DD 买菜""百亿补贴"上述系列业务主要是基于日常生活品类的产品。为能够全面体现 PDD"普惠"战略的推行，在满足消费者日常生活需求的基础上，也在试图进一步满足消费者精神层面的需求。从

2021 年 4 月起，PDD 联合"百亿补贴"推出了两季"DD 读书月"公益活动。该活动是其推出的知识普惠活动，每季投入 5000 万元读书基金，并联合中国出版社、人民文学出版社等国内众多权威出版社，推出正版平价好书，让消费者能够花最少的钱，买最多的书，以此来撬动广大读者对纸质图书的购买欲望，助推下沉市场精神层面的升级，这也是 PDD 消费升级策略面的体现。

11.4.4　营销传播与渠道创新

11.4.4.1　病毒式社交传播模式

PDD 与腾讯合作，借助微信导流，由主动消费者推荐产品信息给被动消费者，利用人际网络关系，网络推动公众的积极参与性，让营销信息像病毒一样快速传播和扩散。推动平台用户呈指数级增长，带来了"滚雪球效应"。庞大且高度活跃的用户对该平台的认可有助于平台吸引更多的商家，最大限度地扩大商户和用户规模，造就社交裂变式的效果，快速实现病毒式宣传营销。PDD 的营销实践证明，社交网络是获客和提高买家活跃度的有效途径。

PDD 依赖社交关系链，是基于熟人的口碑传播和微信好友分享、群分享模式，达到去中心化目的，几乎零成本实现了精准营销，把节约下来的品牌推广费、营销费用部分直接让利给了消费者，降低了产品成本，让消费者在购物的过程中享受了直接实惠，实现了商家、平台、消费者三方共赢。

11.4.4.2　直播营销方式

PDD 平台很多商家融合了直播营销的模式，通过主播对商品详细的讲解以及回复消费者的问题，能够让消费者更直观地了解商品。

11.4.4.3　广告宣传方式

铺天盖地的广告宣传、热门综艺赞助、电视、网络、户外广告宣传，增加品牌曝光度，知名度。

从 2016 年开始，PDD 投入大量资金用于广告推广。在广告方面，在地铁、公交站牌、电梯间等公共场所投放大量的广告。2017 年，一则 PDD 的视频广告在各大电视、视频网站、户外电梯间等各个媒体渠道传播。一时间，这则广告被消费者所熟知，达到了家喻户晓的传播效应。在娱乐营销方面，PDD 则相继赞助了各大高收视率地方卫视的综艺晚会，同时在当下热门的各大综艺节目中，也几乎都有 PDD 的赞助。

2020 年初，PDD 将平台与"抗疫农货"等热点话题联系起来，带动了公众对该平台的关注度。2021 年，又拿下了春晚独家红包互动权，承包了春晚红包的独家赞助。

PDD 一系列宣传推广举措，保障了其不间断曝光效率，迅速提升了品牌知名度。

11.4.4.4　去中间化的供应链

PDD 的供应链是工厂生产—物流—消费者，其拥有大量 B 端供应商，主要来源于中国中小微制造企业及一些代工厂。这些供应商的特征是无法栖身于传统电商大平台，但是有能力生产出平价高质量商品，而在品牌营销方面薄弱的中国传统制造企业通过微利模式下的大规模生产，让价值真正回归到生产和消费本身，节省中间渠道成本。工厂品牌有着高质量、高效率、规模化的生产线。爆款、大批量、低价格与该平台的模式完美地契合，可以为消费者直接输出大批量高品质、低价的商品；另外，通过大数据等技术对销售进行预测，指导生产，可以使厂家库存成本更低，通过直发的模式改变了传统电商供应链由生产、品牌方、代运营、物流、消费者的流通模式，从而实现降低成本。

从供应商的角度来看，一方面，中国有许多地区有很多中小微企业或者代工厂，这些中小微企业或代工厂有充足的产能，生产的产品性价比高，但是这些企业不懂如何进行营销，不懂如何创建品牌。同时，也没有资本做营销、创品牌，不得不在外需持续减弱、出口量逐渐下降的背景下，逐渐降低产能，随着时间的推移，逐渐失去竞争力，从而被逐出市场。但是这些企业具备低成本和高效率的生产力，他们所生产的产品是低价、高质的产品，只是缺乏品牌附加值。另一方面，目前国内许多领域的产能过剩，有些商品在城市的需求不多，即使降价也没有很好的销量。但是这些类型的商品可能在县城、乡村或较贫困地区会有需求，但是有需求的地方又找不到供给；而中国有许多农村、贫困地区的农产品大量积压滞销，然而这些农产品质优价廉，对于这样的商品实际上有大量的需求者，其中，城市的需求尤其旺盛，但却找不到供给。

当 B 端供应商、M 端生产制造商和 C 端消费者都大量存在的时候，然而好的产品无法传递给需求者，就存在着需求和供给无法实现适当匹配的问题，也就是供需失衡的问题，从而导致中国有大量的"两元店"需要在线化。PDD 这个平台的诞生很合时宜地为供应商和消费者解决了产供销的问题。

PDD 正在做一些极具价值的事情，一方面，就是让城市和乡村的需求及供给对流循环起来，成为商品在城市和乡村县城贫困地区之间的供给侧调配平台，也就是城乡之间的商品供给侧结构性改革。通过供给侧的优化实现商品、资金、生产力的再流动，从而改善经济循环，消化产能。另一方面，扶持中小微企业或工厂创造单品，通过单个产品引爆市场，从而实现品牌建设。如成就了"可心柔"，濒临倒闭的主要生产纸巾的企业，因为入驻该平台，实现了去中间商，可以更低成本获客，也因为一款纸巾的火爆销量和良好的口碑，让消费者认识并认可这个品牌，从而进入一个良性循环。

11.5　面临的机遇与问题

11.5.1　面临的机遇

11.5.1.1　"双循环"影响下的下沉市场潜能巨大

根据 Trustdata 统计数据，从 2016 年起，下沉市场电商用户活跃度及消费额持续增长，随着网络购物在下沉市场的渗透及加速普及，未来消费者的消费习惯必将进一步由线下向线上转移。2020 年下沉市场人口总量超 10 亿人，城镇及农村人口占比各半，农村经济发展水平及居民消费水平低于城镇，但随着中国城镇化的加速推进，小康社会的全面建成，居民可支配收入呈现快速增长态势。总体来看，在城乡发展逐渐均衡的大前提下，拥有 10亿人口的下沉市场，有十足的开拓潜力，有较大的结构性优化空间，必将成为双循环之内循环的强劲引擎。对于 PDD 来讲，拓展下沉市场用户还有很大的潜力。

11.5.1.2　以人民为中心的理念助力

"让中国制造造福于中国人民"是 PDD 未来发展的重要方向之一，其拥有大量的在传统平台难以立足的生活必需品的供应商、生产商。入驻该平台的供应商具有以下特征：一是拥有强大供应链、在区域市场有竞争力、急需走向全国的中小企业；二是长期为国外一线品牌提供代工服务，与国际市场具有竞争力；三是生产制造能力强，自身品牌影响力弱或无品牌附加值，生产制造能力和品牌影响力不匹配；四是抵御风险能力较弱，易受国际经济形势波动影响；五是出口转内销后，市场需求量大，拥有广阔的利润空间，企业能稳定发展。如果 PDD 能够很好地利用供应商的能力，把好的产品推向国内市场，树立良好的口碑形象，创立中国制造自有品牌，将中国制造造福于中国人民。不仅为中国众多中小制造企业实现了自身的价值，也为消费者带来了实质性的购物满足感，最重要的是其自身格局实现了突破性的升级变革。

11.5.1.3　新电商行业本身还有很大的发展空间

新电商 PDD 通过技术驱动，借助游戏思维重新定义了差异化用户群，实现"货找人"，并结合用户体验驱动，创造多维度电商系统技术升级，塑造优势壁垒。PDD 正在实现成为平台型企业和全产业链的管理者，让用户和商品在平台上自由生长，是新电商发展的主要趋势。

11.5.1.4　补贴加持拓展高端市场

如今 PDD 的销售额、用户量和影响力已经行业领先，然而其自身"低质低价""山寨"的标签成为了其进军天猫、京东等电商巨头所占据的高端市场的一大阻碍，如何改变公众的这一看法是未来其发展的目标。在此过程中，一方面，需要努力提升商品品质和商家信誉，强化供应链效能；另一方面，依靠"百亿补贴"，以"全网最低价"为卖点吸引客户。PDD 正在通过百亿补贴建立中高端市场主要玩家的用户心智，从长远来看这是最大、也是最核心的价值。

11.5.2　面临的问题

尽管 PDD 一路高歌猛进，但在其迅猛发展的背后，也存在着一些问题和挑战。

11.5.2.1　行业巨头围追堵截，瓜分下沉市场

面对强大的竞争对手，PDD 以其多年累积的供应商和用户数据库系统支持，以及在满足消费者诉求等方面有充足的经验和巨大的优势，成功引起了行业内各大电商纷纷效仿商业模式，如淘宝成立了淘宝特价版等。在社群团购业务方面，兴盛优选、十荟团、橙心优选、美团优选，早已在 DD 买菜之前就已进入市场，而且这些社区团购电商已经积累了大量的客户群。快速崛起的直播电商，吸引大量商家和用户。以抖音、快手为代表的直播电商，基于直达厂家生产一线的直播带货模式、低价的营销策略、更直观的用户体验、有趣的短视频内容、KOL 效应等特色，与 PDD 形成了强烈的竞争态势，是其面临的巨大威胁（见表 11 - 4）。

表 11 - 4　　　　　　　　　　社群团购电商基本情况

电商名称	上线时间	品类
兴盛优选	2017 年 3 月	蔬菜水果，肉禽水产，米面粮油，日用百货
十荟团	2018 年 8 月	果蔬、生鲜及家居用品
美团优选	2020 年 7 月	蔬菜、水果、肉禽蛋、酒水零食、家居厨卫、速食冻品、粮油调味
橙心优选	2020 年 6 月	水果蔬菜、肉禽蛋奶、米面粮油、日用百货
DD 买菜	2020 年 8 月	蔬菜、水果、肉蛋、米面、粮油、乳品、轻食、日百用品

资料来源：笔者根据相关资料整理。

11.5.2.2　营销费用居高不下

运营过程中的主要成本包括：营销费用、研发与开发费用、一般及行政费用。销售与营销费用在成本结构中占比最高。为了增加新用户、留住老用户，增加用户活跃度，要投入大量商业赞助、广告投放、折扣补贴、现金推

广等费用。虽然,表面上看,PDD 吸引了大量的用户,但是实际上其一直处于亏损状态,亏损的主要原因是营业收入几乎全部用于市场营销,在营销费用中"百亿补贴"占大部分(见图 11 – 10)。

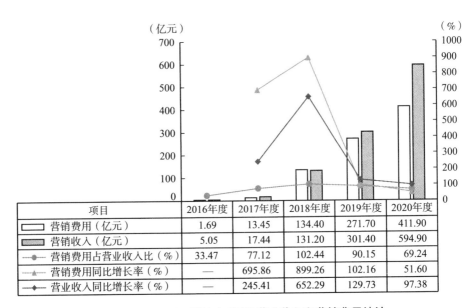

项目	2016年度	2017年度	2018年度	2019年度	2020年度
营销费用(亿元)	1.69	13.45	134.40	271.70	411.90
营销收入(亿元)	5.05	17.44	131.20	301.40	594.90
营销费用占营业收入比(%)	33.47	77.12	102.44	90.15	69.24
营销费用同比增长率(%)	—	695.86	899.26	102.16	51.60
营业收入同比增长率(%)	—	245.41	652.29	129.73	97.38

图 11 – 10　2016 ~ 2020 年 PDD 营业收入和营销费用统计

资料来源:笔者根据 PDD 财报相关资料整理绘制。

　　PDD 的主营业务收入主要是来源于商家入驻缴纳保证金、交易佣金收入、在线营销服务收入、自由商城入驻销售收入、广告收入这五部分。

　　2020 年三季度之前,PDD 营业收入主要来源于在线营销服务收入(广告推广)和交易服务收入两部分;在 2020 年四季度,PDD 增加了商品销售收入 55.38 亿元,该项业务主要来源于新上线的"DD 买菜"业务[①]。2020 年度,PDD 全年实现营业收入 594.9 亿元,与 2019 年 301.4 亿元相比,同

---

　　① 开甲财经. PDD 为何不再公布 GMV 了 [EB/OL]. (2021 – 05 – 30)[2021 – 06 – 17]. https://baijiahao. baidu. com/s? id = 1701172368793867861&wfr = spider&for = pc.

比增长 97.38%，接近翻倍增长。而同期营销费用占到收入的近 70%，仍是居高不下①。同时，用户的黏性并不能通过长期高额补贴来得到保证，高额的补贴还会给平台造成巨大压力。为争夺市场，一轮又一轮的价格战形成恶性循环，电商市场内卷形势严重，最终会导致各商家甚至各个平台的合理利益受损。

11.5.2.3　商品质量问题

一直以来，PDD 都以"全网最低价"这个卖点作为获客之源，采取低价的营销策略，但大量商品存在质量问题，低端产品形象在消费者印象中根深蒂固。比如，商品描述与实物不符，商品质量存在低质、山寨、假货问题。

商品存在质量问题有几方面的原因：

第一，平台的商家为了达到平台要求的优惠力度，又要确保商家自身的利润率，可能会提供一些存在问题的商品。

第二，平台在建设初期对于店铺商家的准入门槛很低，与传统电商相比，商家入驻该平台无需缴纳高额保证金及执照、资质、品牌证书等文件，致使许多良莠不齐的商家进驻平台，并在平台上销售劣质商品。当这种现象在平台上蔓延的时候，提供高质量产品的商家看到低质量产品的商家能够在该平台获利时，根据劣币驱逐良币的现象，那些提供高质量产品的商家，会为了获得更高的利润会转而提供低质量的产品。而平台对出售假冒伪劣商品的商家没有进行及时、合理的监管和处罚，对于商品质量没有做到严格地把控，以至于平台一直存在假冒伪劣商品层出不穷的问题。

第三，拼团购物会带给平台的商家大量的订单，工厂为了缩短工期，需要进行大规模、大批量采购和生产，在这种情况下，会为工厂节约运营成

---

① 新浪财经. PDD 发布 2020 年财报：全年营收 594.9 亿元，同比增长 97%［EB/OL］.（2021 -03 -17）［2021 -06 -07］. https：//finance. sina. com. cn/stock/relnews/us/2021 -03 -17/doc-ikknsc-si7350557. shtml.

本。有些商家会把积压多年的库存、边角料制品、不合格商品用来生产和销售，出现偷工减料的问题，导致劣质商品流入市场。

第四，平台不乏一些商家存在与知名商品名称、包装等相同或者近似标识设计的混淆商品的行为，以此来生产假冒伪劣商品，误导消费者。

11.5.2.4 营销方式问题

（1）过度渠道依赖。从 PDD 的成长历程来看，其快速发展是建立在微信社交网络的基础上的，流量来源也是来自于微信导流，渠道过度依赖社交关系链。其与腾讯一旦发生合作分歧，即会出现危机，一旦断流，则很难寻找新的流量来源，势必将会直接影响其潜在用户。因此，依托微信导流模式不宜长期存在，如果失去微信支持，PDD 又没有足够的流量完成自身造血，就会面临彻底被颠覆的风险，这也是其面临的关键问题。

（2）在电商多元化格局中保持增长优势存在困难。随着网络数字技术的快速发展，直播带货已成为当下主流的网络营销模式，而 PDD 在融合直播模式上较落后于各大主流电商平台，也因此会失去一些用户。抖音平台直播带货的兴起，对商家来说，赋予新的玩法，内容营销、直达工厂直播卖货、一手货源、出厂价格也是对 PDD 造成了巨大的威胁。拥有 12 亿用户量的抖音将成为 PDD 最大的竞争对手。

（3）病毒式营销的负面影响。基于社交关系链的病毒式营销方式，为PDD 带来了大量的用户和可观的收益，但是也损害了自身的信誉。

主要表现一：友情式砍价消费人情。团购、砍价免费拿、抢现金红包，作为 PDD 常见的营销模式之一，也是前期推广的重要途径之一，获得了呈指数级增长的用户，并获得了巨额的收益。对于用户来说，基于娱乐属性，满足自己需求的同时，自身作为一个传播媒介，由自己发起邀请，参与团购、砍价、助力的用户也可以再次作为一个发起者，邀请其他用户的参与，这样可以实现一传十、十传百的效果。这样滚雪球发散式的传播方式可以使越来越多的人免费或者以低价获得自己所选的商品。对于平台而言，这种病毒式营销的方式除了能够为平台带来更多的新客户，增加用户注册数量，发掘潜在客户，能够快速提升用户的参与度，也提升了平台和品牌的曝光度。所以对于游戏参与者以及商家和平台来说是一种三赢的局面。

但由于商品价值远远超出其自身价格，所以对于游戏参与用户来说，想要获得免费商品并不是一件容易简单的事情，可能需要邀请几十人或者上百人才能够为商品砍价成功。对于帮忙砍价、助力的人来说，多数人是不情愿的，而碍于亲人朋友关系又不得不帮忙，往往被大量的分享链接所打扰。久而久之，一部分受众会对 PDD 产生厌恶的情绪，从而影响其声誉。对于游戏参与者来说无形之中消费了自己的人情，造成一些消费者的反感。

因此，通过微信分享请求助力，PDD 这种病毒式营销的方式，降低了部分受众对分享机制的好感度；而消费者为了得到更多的优惠，又不得不参与其中。

主要表现二：频繁的广告推送让用户反感。注册 PDD 的用户都知道，每天都会收到平台发送的大量广告信息，只要打开该平台的 App 首先看到的就是广告推送。甚至将广告信息植入到抽奖活动中。这种广告推送方式引起了用户极大的反感，甚至有些用户因为频繁的广告推送而卸载或者不再使用 App，这种方式造成了一定数量的用户流失。

主要表现三：诱导式拉新存在信任危机。PDD 平台开展的"砍价免费拿""0.01 元抢""好友助力领取现金红包"等游戏式促销活动，这些活动往往宣称用户只要参与活动，并且转发活动链接邀请亲朋好友助力，当人数达到要求时，就可免费或者以"0.01 元"极低的价格获得该商品或现金红包。但是，这类活动的参与者的中奖率往往极低。比如，平台发起了一个好友助力领取 800 元现金红包的活动，当用户开始参与活动，平台提示获得现金红包的难度很低，也就是说给用户的感觉是很容易就能够获得 800 元现金红包，这样的提示给用户增加参与活动的信心。当参与者按照活动提示进行下一步操作时，系统提醒仅差 0.05 元便可提现，这又给用户增加了提现的信心。而在接下来的过程中，需要邀请朋友助力，才能够获得奖励，越来越接近提现金额，给人一种即将中奖的感觉，于是参与者会邀请大量的微信好友来助力。而越是接近提现金额，获得的奖励越少，需要邀请的朋友越多，实际上中奖的可能性也越来越低，而实际上中奖率也是极低的。游戏参与者在参与的过程中会产生一种被欺骗的感觉，这种游戏规则也会使用户产生失望的情绪，不利于品牌形象的树立。

主要表现四：先涨价再降价的信任危机。PDD 平台上的"团购""砍价免费拿"活动存在先抬高商品的售价再进行团购、砍价的现象，如把商品的价格抬高到高于普通实体超市或其他购物平台价格的几倍，然后让用户低于该价格进行团购或者基于该价格进行砍价，容易导致用户对促销优惠活动真实性产生怀疑，存在信任危机。

（4）售后服务问题。从 PDD 成立至今，用户对其投诉量居行业第一位，同时，在售后服务的质量上仍然存在较多问题。消息回复不及时、服务态度差、用户投诉得不到及时解决等问题，大大影响了消费者对该平台的印象，给消费者带来了较差的购物体验，造成一部分用户流失。面对层出不穷的质量问题，消费者找不到有效解决途径，而商家不解决，客服也不解决等问题大大影响了消费者的购物体验，形成较差的印象，最终导致消费者放弃对该平台的继续使用。

（5）平台安全隐患。PDD 的发展时间较短，相对于其他大型电商平台，其信息安全技术方面还存在较大差距，存在很多漏洞，且监管力度不够，可能会导致消费者信息泄露，对用户隐私和个人利益造成安全隐患。在 PDD 平台购物，可以通过微信链接直接购买，购买程序方便简捷，无需登录 App。但是在操作过程中也存在安全隐患。如点击微信链接，只需绑定手机号注册账号，下单即可通过微信支付直接完成。没有了烦琐的安全验证过程，也就为犯罪分子提供了可乘之机。在用户注册 PDD 之后，每天都会收到平台的广告信息推送，并且在广告推送信息中用显著文字提醒用户已经中奖免费领取商品，但进入链接后又显示需要下载 App，而下载 App 后，原中奖界面却不知所终，换成了其他的商品信息，或者已经在商品界面对规则进行了变动，不是免费领取，而是需要消费购买。这种行为存在以虚假广告诱导消费者，变相获取用户信息的问题，给消费者的个人隐私造成安全威胁。

（6）物流体系问题。电商平台与物流体系属于相辅相成、互相促进的关系，两者相互关联。由于低成本的原因，在物流方面，PDD 也引起了消费者的不满，在发展初期，大部分商家选择的快递并不是"三通一达"或大型电商平台普遍合作的物流公司，而是选用一些小规模的快递公司及一些口碑较差的快递公司，这些快递公司主要有物流速度过慢，卖家发货后物流信息更新不及时，商品在运输过程中没有保障等问题，消费者多次向商家及平台建议选用一些比较快速的物流公司，但卖家在压低了商品价格也没有很高利润的情况下，只能在快递方面降低成本。

在物流配送环节，很多用户反映，快递已经到达快递站，但是没有收到取件短信提醒。究其原因，是因为 PDD 为了保护用户信息，设置了隐藏用户真实电话号码的功能，快递员获得的用户电话号码是平台设置的虚拟号码，因此，快递员发送的取件信息并不是真实的收件号码。这样就导致在物流配送环节方面产生了信息不对称的问题。收件人因为没有收到取件通知而不能及时收货，导致大量快递在快递站滞留，对于快递员和买家都会造成一定的影响。

11.6　数字化改进策略

PDD 的诞生造就了社交电商发展，也被称为新电商市场的发展。而它迅速攀升的市场占有率也成功证明了其在竞争激烈的电商市场中地位的逐步攀升。不可否认，PDD 的迅速成长背后存在一系列的问题，其自身也正在通过各种途径进行优化完善。本节针对 PDD 在营销策略中出现的问题，提出一些建议来更好地优化营销策略，以便更好地为电商领域服务。

11.6.1 数字化营销优化策略

11.6.1.1 营销模式变革

一是 PDD 要改变依赖微信导流的局面。站在长远发展角度来看，一个具有自身造血功能的电商平台才是未来能够在电商市场立足的根本。

二是随着直播的兴起，越来越多的平台都有直播带货的功能。直播带货可以将商品进行更直观的展示，同时，也可以满足消费者与商家的实时互动。越来越多的消费者更加偏爱直播店铺购物，商家对产品的介绍也能够刺激消费者的购买欲望。目前，直播带货成为主流营销、消费模式的趋势越来越显著。而 PDD 平台的一些商家也融合了直播带货功能，但是没有完全普及。因此，该平台的商家要尽快跟上直播带货的步伐，尤其是生鲜板块，更加便利地实现商家的直接营销，更好地迎合消费者需求，这也是其急需要优化的营销方式。

11.6.1.2 营销渠道多元化

（1）利用数字化工具，建立虚拟社交场景、交易场景、购物场景，结合口碑营销、内容营销、KOL 等多元化的营销模式，社交电商和多媒体的深度融合，使营销渠道更加扁平化，受众更加宽泛化，更加便捷地实现社交电商的裂变性。

（2）随着线上下单，线下提货或者线下体验的购物方式普及，以及营销渠道多元化的发展，各行业都在做从线下向线上、线下一体化的方向转型，大到房地产企业、汽车企业，小到餐饮企业、商场，纷纷进驻直播电商平台，线上、线下一体化的营销方式已经成为当下实体门店主要营销渠道。PDD 应该深入挖掘"线上＋线下"的营销机制，把握多样化品类的商家入驻平台。

（3）天猫、抖音众多商家采用 KOL 和网红营销方式，无论是 KOL 营销还是网红营销，都是通过与一些知名人士合作来实现产品推广的目的。消费者在没有了解过某种商品的情形下，会更加相信他们所认可的 KOL 的建议，KOL 的建议会在很大程度上影响消费者的购物倾向。而 PDD 在这种营销模式上是欠缺的，因此，其要重视 KOL 营销、网红营销所产生的规模效应，加强 KOL 合作。一方面，能够为商家带来大量的爆发式增长的订单；另一方面，能够带来更高的投资回报率。

11.6.1.3　深度精准营销

（1）电商平台已经进入下沉市场发展多年，应当围绕下沉市场"社交＋文化＋价格敏感"的特殊性，把握"社交＋娱乐＋直观＋低价"的体验感的方向，不断引入先进的智能技术，并以数字技术为基础，结合人工剖析，深度挖掘不断变化的人性特点，建立精准的用户画像，恰当的价值观，注重良好的客户关系的培养，实现营销效率高效化、效果精准化。在注重新用户增长的同时，也要注重培养提高老用户黏性。

（2）在深度挖掘下沉市场的同时，也应当关注一二线城市消费者的需求，积极分析下沉市场以外的客户群体，发挥社交的优势，挖掘潜在市场和用户，并实现用户留存。

11.6.1.4　探索农产品标准化策略

农产品标准化是指农产品从生产到销售形成标准化的管理体系，包括农产品生产过程标准化、农产品品质监测标准化、配送体系标准化，而农产品标准化的最终结果就是农产品数字化。

PDD 一直以来都将"农产品"作为平台发展的核心项目，并应当将"乡村振兴、推行农产品上行"作为企业的责任。在数字经济、线上经济的背景下，依托于数字技术，加大对农产品标准化的项目建设力度，进一步探索农产品在生产、管理、场景、营销、交易、物流、售后等全渠道的数字化，完善农产品线上线下融合发展。

11.6.2　数字化背景下平台治理策略

11.6.2.1　提升内部控制管理水平

作为一家平台型上市公司，要有上市公司所具备的管理水平。电商企业数字化管理是基于云计算、大数据、信息化的管理体系，是一个虚拟化、动态化、高度复杂多变的管理环境。PDD 存在的种种问题暴露了其在内部控制管理上的不足，因此，要加强内部环境建设，提升内部控制管理机制，完善网络管理模式，加强人、财、物、产、供、销、责、权、利的网络监管能力，建立严谨的风险评估机制，优化平台网络环境，确保信息安全。

11.6.2.2　规范平台监管以实现消费升级

（1）规范商家准入门槛。在对 PDD 的市场满意度调查中，消费者对商品质量表现出了很大程度的不满。为了改善这一问题，首先，从供给端来说，需要从源头上严格把控商家入驻门槛的要求，提高入驻商家品质，严格相关市场准入规则，加强审核管理制度，筛选信用良好商家，对商家进行标签化管理，并对商家的上架商品建立平台定期调查机制。其次，形成完善的惩罚机制，对于商家销售假冒伪劣、以次充好、"三无"产品等违规行为，根据行为严重程度，给予相应的处罚，甚至取缔、终止合作。

（2）建立对商家的激励机制。建立良好的竞争机制和激励政策，让优秀的商家脱颖而出。优化与商家的互利关系，与商家建立和谐的合作关系。对于高品质、信誉好、好评率高的商家，平台应与其建立长期战略合作关系。

11.6.3　提升用户满意度策略

11.6.3.1　优化促销活动

经过 5 年的发展，目前 PDD 拥有的客户量已经达到了电商行业第一位，但如何来提高用户留存和回购率，是其当下发展需要面对和解决的问题。

首先，可以适当地减少最初创立时所使用的为了大量的集聚客户所使用的促销手段，转而一方面，要重视优质产品的培育；另一方面，增加一些能够给消费者带来实际好处和更大优惠的促销方式，从而能够真正地维持平台的活跃度，将对 PDD "又爱又恨"的用户转化成为其忠实粉丝，有利于平台的持续性发展。

其次，优化消息推送。第一，要调整对注册用户消息推送的内容，不推送虚假信息。减少广告推送的频率，减少没有意义的外部链接推送，增加有必要的广告推送，合理利用数字化工具，通过技术手段有针对性地筛选、过滤有用信息推送给用户，使营销更加精准。第二，要优化优惠活动信息推送画面。目前 PDD 平台信息推送内容过于烦琐复杂，会给用户带来一定程度的反感，应当精简信息内容，以简洁直观的方式呈现，提升用户体验感。

11.6.3.2 提高信息保密度

（1）由于 PDD 在购买方式上可以直接通过微信小程序或者微信链接分享，无需再通过 App 注册购买，因此，要高度重视用户信息安全问题，规范平台运营流程，强化消费者信息保密机制，避免因消费者难以辨别链接的安全性，而盲目点击外部链接，造成信息泄露的风险，从而导致用户支付信息、个人账号以及重要个人信息落入不法分子手中。

（2）为提升整体效能，在合理使用用户数据进行分析整合时，要重视用户个人隐私的保护，确保用户信息安全。

11.6.3.3 合理进行病毒式营销

PDD 依托在微信进行推广和营销，简化了操作流程，为用户带来便利的同时也过度干扰了微信用户。许多微信用户经常会收到朋友发来的 PDD 团购、砍价、助力抢红包等链接，而造成了一定的困扰。这种过度泛滥地通过社交使用户获得优惠，从而使平台实现病毒式营销的模式，虽然能够快速实现 PDD 的推广和营销，却给用户带来了困扰，甚至破坏了用户的人际关系，用户的体验感也会大打折扣，甚至会影响用户黏性和忠诚度。因此，要想改变这一现状，将在以下两方面做出改变：

（1）PDD 不应专注于单一增长渠道，应在保持裂变式社交特色的基础上，发掘多元化用户增长策略，把握用户增长的重点和难点，更重要的是要提高用户的黏性和满意度。

（2）加强信用意识。平台在采用"砍价免费拿或抢现金红包"等优惠活动时，应当对活动规则进行直观详细的说明介绍，减少消费者的理解误差和不切实际的期望。明确地告知参与者需要有多少个用户才可以帮助其砍价成功。除此之外，要禁止商家对商品进行先涨价后优惠的操作，保持流量热度。

11.6.3.4 提高售后服务能力

在售后方面，应加强客服人员的培训，提升服务水平，确保用户能够及时得到合理的答复，提升顾客满意度。

11.6.4 完善数字化物流体系策略

对比 PDD 与其他电商巨头物流服务效率，普遍用户认为 PDD 物流速度相对较慢。作为一家以生鲜产品入市的电商平台，应最先考虑到生鲜产品所应具备的物流时速。在很多电商均已布局生鲜产品板块的当下，更应该把数字化物流体系作为重点优化的一个方面。

目前，PDD 的物流配送基本都是由商家自主选择物流公司，物流速度和质量难以得到保证，也增大了管理和监控难度。因此，PDD 可以借鉴京东、顺丰，建立专属于自己的一个物流配送网络。设置多个城市的仓库站点，根据消费者的地址选择就近仓发货，这样一来，为自己提供了便利，也满足了消费者的物流速度需求。通过数字化、智能化手段实现物流体系转型升级，来缓解海量订单造成的庞大且复杂的业务流程和管理流程，不仅可以提高配送效率，还可以降低人工成本。还可以与已具备成熟物流网络的商业公司合作，共建物流网络提升物流速度。采用末位淘汰机制，考核合作物流方的配送速度和商品损耗率等。只有提高配送时效，物流体系才能更好地满足用户需求。

11.6.5 提升企业形象策略

11.6.5.1 提升社会责任感

社会责任是企业形象的重要表现。对消费者负责，是企业承担社会责任的一种职责。在电商平台复杂的运营环境中，主动打假、参与打假，通过智能技术提升风险防控能力，对于电商平台非常重要，这是关乎一个电商长期发展的关键，也是表现社会责任的一种形式，只有质量过关，产品让消费者满意，才能使消费者对平台建立起信任感，平台才能良性发展。推卸责任的做法对平台的发展是不利的，应该积极勇敢地承担责任，让消费者看到平台的诚意，让消费者感受到企业是一个有社会责任感的企业，紧紧跟随国家政策，对平台的发展也是百利而无一害的。

PDD 可以通过向用户发放网络调查问卷的方式，收集用户反馈意见，深入了解用户需求，以及对选购产品的真实评价，可以提升产品监管的效率，提高顾客满意度，从而建立良好的社会责任形象。

11.6.5.2　强化品牌建设

5 年前，很多企业因经营不善而即将濒临破产或退出市场，PDD 平台的出现，给了这些企业起死回生的机会，甚至有些企业通过该平台，打造了销量可观的爆品，从而创造了自有品牌。比如"可心柔"抽纸，在没有入驻PDD 之前，正在面临经营困难的境地。而入驻之后，在平台病毒式营销的作用下，高品质的产品，赢得了良好的口碑形象，同时也建立了自有品牌。

在 PDD 平台，还有很多企业像"可心柔"纸巾一样，创造了爆品，建立了自有品牌，但是并没有被消费者所知晓，因此，应该加大对平台企业自有品牌建设的扶持力度。除此之外，还应加强农产品品牌的建设力度，打造品牌的农产品，创造绿色品牌。并扩大品牌在口碑和内容上多元化、多渠道的宣传方式，比如，在社交媒体上进行广告推广，或与网红、KOL 建立合作关系，促使他们对品牌进行宣传推广，以此来提升品牌知名度。让更多的企业能够从 PDD 走出去，赢得消费者的认可，这不仅可以为企业创造利润、赢得口碑、建立品牌，也能为该平台收获更多的用户，建立口碑形象，维持可持续发展，从而形成三方共赢的局面。

11.6.5.3　拓展高端市场

拓展高端商品市场是 PDD 实现可持续发展的重要战略方向。

第一，现阶段，PDD 主要目标市场是下沉市场，主打低价商品。随着经济的发展，人们的收入不断提高，生活水平也逐步提升，对生活质量的要求也随之提高，因此，PDD 应当对商品的品质有更高的要求，以吸引高端潜在消费群体。

第二，继续加大补贴力度，优化合作规则，吸引大品牌入驻，同时要与微博、小红书、抖音等平台合作，通过数字技术，以广告、视频等多元化的形式，加大品牌入驻的宣传力度，让更多消费者知晓，以吸引高端消费人群。

参 考 文 献

[1] 张旭梅，郑雁文，李梦丽，等. O2O 模式中考虑附加服务和平台营销努力的供应链合作策略研究 [J]. 中国管理科学，2022，30 (02)：181 - 190.

[2] 李娟. 产业融合发展视域下乡村旅游市场营销的创新对策 [J]. 农业经济，2019 (07)：125 - 126.

[3] 佟伟. 大数据时代背景下农产品营销模式与创新策略 [J]. 农业经济，2019 (06)：138 - 140.

[4] 孟昭宇. 跨境电商群直播商业模式下品牌营销策略 [J]. 对外经贸实务，2017 (05)：59 - 62.

[5] 赵永胜. 互联网背景下企业市场营销创新研究 [J]. 技术经济与管理研究，2020 (04)：72 - 79.

[6] 张桁. 对传统营销演进模式的反思 [J]. 外国经济与管理，1989 (03)：15 - 17.

[7] 陈明亮，李怀祖. 网上营销模式探讨 [J]. 中国软科学，2000 (07)：77 - 81.

[8] 齐严. 论商业模式的市场营销意义 [J]. 中国流通经济，2011 (09)：88 - 93.

[9] 王佳航，张帅男. 营销模式迁移：场景传播视角下的直播带货 [J]. 新闻与写作，2020 (09)：13 - 20.

［10］吉峰，牟宇鹏．基于扎根理论的传统企业互联网化转型影响因素研究［J］．湖南社会科学，2016（06）：141-146．

［11］巩天雷，赵领娣．基于顾客情感和谐的情感营销驱动模式研究［J］．预测，2007（02）：25-29．

［12］任俊霖，彭梓倩，伍新木，等．中国生态补偿研究最新进展与前沿分析［J］．林业经济，2020（05）：19-29．

［13］王永贵，王帅，胡宇．中国市场营销研究70年：回顾与展望［J］．经济管理，2019，41（09）：191-208．

［14］徐大佑，韩德昌．绿色营销理论研究述评［J］．中国流通经济，2007（07）：49-52．

［15］徐大佑，韩德昌．绿色营销模式及其演进的规律性研究［J］．贵州社会科学，2007（05）：46-49．

［16］罗永泰，卢政营．基于消费者隐性需求的营销模式研究策略［J］．南开管理评论，2008（04）：57-62．

［17］葛洪波．"三屏联动"——社会化媒体新营销传播模式研究［J］．新闻界，2012（01）：21-23．

［18］吴瑶，肖静华，谢康，等．从价值提供到价值共创的营销转型——企业与消费者协同演化视角的双案例研究［J］．管理世界，2017（04）：138-157．

［19］宋泽明，宁凌．我国海洋经济高质量发展的研究热点、前沿及展望——基于CiteSpace知识图谱的量化分析．海洋开发与管理．［J］．海洋开发与管理，2020，37（12）：3-9．

［20］庄贵军，席酉民．关系营销在中国的文化基础［J］．管理世界，2003（10）：98-109．

［21］应斌．试论病毒式营销［J］．经济管理，2005（09）：59-62．

［22］张立玮．服务营销创造顾客忠诚［J］．外国经济与管理，2001，

23 (11)：34 – 38.

[23] 谢毅. 多渠道服务管理研究述评 [J]. 外国经济与管理，2012，34 (12)：71 – 78.

[24] 汪涛，崔国华. 经济形态演进背景下体验营销的解读和构建 [J]. 经济管理，2003 (20)：43 – 49.

[25] 邓乔茜，王丞，周志民. 社会化媒体营销研究述评 [J]. 外国经济与管理，2015，37 (01)：32 – 42.

[26] 吴卫钢. 网络营销与传统营销的整合 [J]. 经济管理，2000 (06)：36 – 37.

[27] 费鹏，屠梅曾. 定制营销：网络营销的突破口 [J]. 经济管理，2003 (07)：94 – 96.

[28] 邱文华. 基于网络营销下提高顾客满意的研究 [J]. 经济管理，2008 (12)：93 – 96.

[29] 金晓彤，王天新，杨潇. 大数据时代的联动式数据库营销模式构建——基于 "一汽大众" 的案例研究 [J]. 中国工业经济，2013 (06)：122 – 134.

[30] 蔡宾，芮明杰，郑鑫. 基于 SCP 范式的汽车营销模式对比研究 [J]. 系统管理学报，2018，27 (03)：588 – 591，600.

[31] 黄岳南. 服装行业的柔性制造 [J]. 经济管理，2004 (07)：30 – 33.

[32] 李艳文，赵文斌，姜丹丹. 浅谈出版业的 6 种营销模式 [J]. 科技与出版，2012 (10)：90 – 92.

[33] 唐凯江，杨启智，李玫玫. "互联网 +" 休闲农业运营模式演化研究 [J]. 农村经济，2015 (11)：28 – 34.

[34] 李燕琴，陈灵飞，俞方圆. 基于价值共创的旅游营销运作模式与创新路径案例研究 [J]. 管理学报，2020，17 (06)：899 – 906.

［35］贾履让，沈小静. 导入新的营销模式：货仓式连锁商业模式［J］.
财贸研究，1995（02）：30 - 33.

［36］余丽霞. 网络营销——21 世纪企业营销的主流［J］. 经济体制改
革，2000（增刊）：127 - 129.

［37］吴淼. 关系营销和交易营销的演化与兼容［J］. 经济管理，2002
（10）：41 - 45.

［38］侯家麟. 体验营销下如何提高顾客忠诚度［J］. 中国流通经济，
2007（09）：62 - 64.

［39］贺和平，刘雁妮，周志民. 体验营销研究前沿评介［J］. 外国经
济与管理，2010，32（08）：42 - 50.

［40］郭颖. 微博传播的影响力及其发展分析［J］. 湖北社会科学，
2012（02）：191 - 193.

［41］王霞，牛海鹏. 企业微博营销中品牌曝光度对网络口碑的影响研
究［J］. 管理评论，2013，25（05）：116 - 122，135.

［42］张筱筠，连娜. 网络水军：微博营销中的“灰色阴影”［J］. 新
闻界，2012（01）：10 - 12.

［43］薛杨，许正良，景涛. 微信营销环境下用户信息分享意愿提升及
管理应用［J］. 情报科学，2017，35（02）：98 - 101，137.

［44］龙思思. 自媒体营销价值与盈利模式分析——以微信公众号为例
［J］. 当代传播，2017（02）：84 - 87.

［45］王战，冯帆. 社群经济背景下的品牌传播与营销策略研究［J］.
湖南师范大学社会科学学报，2017，46（01）：141 - 148.

［46］程明，周亚齐. 社群经济视角下营销传播的变革与创新研究［J］.
编辑之友，2018（12）：20 - 26.

［47］彭兰. 如何在网络社群中培育“社群经济”［J］. 江淮论坛，
2020（03）：123 - 129.

［48］彭诗金，符加林．市场营销学（第 2 版）［M］．北京：中国铁道出版社，2017.

［49］彼得·多伊尔．价值营销［M］．屈云波，郑宏，等译．北京：企业管理出版社，2008.

［50］菲利普·科特勒．营销管理［M］．上海：格致出版社，2016.

［51］菲利普·科特勒，阿姆斯特朗．市场营销：原理与实践（第 16 版）［M］．楼尊，译．北京：中国人民大学出版社，2015.

［52］沈胜白．价值营销——企业集团经营战略的探讨［J］．价值工程，1992（06）：22 – 23.

［53］白长虹．西方的顾客价值研究及其实践启示［J］．南开管理评论，2001（02）：51 – 55.

［54］荆淑文，白怀志．论价值营销［J］．山西财经大学学报，2002（S2）：25.

［55］王曼莹．论价值营销［J］．中央财经大学学报，2009（12）：20 – 85.

［56］杨龙，王永贵．顾客价值及其驱动因素剖析［J］．管理世界，2002（06）：146 – 147.

［57］董大海．基于顾客价值构建竞争优势的理论与方法研究［D］．大连：大连理工大学，2003.

［58］迈克尔·波特．竞争优势［M］．陈小悦译．北京：华夏出版社，1997.

［59］刘英姿，姚兰，严赤卫．基于价值链的顾客价值分析［J］．管理工程学报，2004（04）：99 – 101.

［60］裴正兵．价值链提升：基于"顾客价值"的价值环构建［J］．会计之友，2017（10）：16 – 20.

［61］金焕民．中美营销大盘点——为什么说中国营销比美国更代表未

来？ [J]. 销售与市场（管理版），2019 (08)：28 - 40.

[62] 金焕民. 经典营销理论和跨国公司面临中国式挑战 [J]. 销售与市场（管理版），2019 (06)：26 - 33.

[63] 彭春雨，王玉，金焕民. 中国营销的跨越式突破 [J]. 销售与市场（管理版），2019 (11)：61 - 63.

[64] 张军. 中国改革开放 40 年的历程与进步 [N]. 证券时报，2018 - 08 - 02 (A02).

[65] 金焕民. 中国营销的新发现 [J]. 销售与市场（管理版），2019 (10)：33 - 34.

[66] 江中民. 企业营销渠道对公司经营效益的影响 [D]. 苏州：苏州大学，2017.

[67] 李健伟. 基于消费成本视角的零售业态演进分析 [D]. 北京：北京交通大学，2012.

[68] 邓涛. 生鲜农产品零售业态变革研究 [D]. 武汉：华中农业大学，2006.

[69] 吴国周. 中国零售业态现状与发展趋势研究 [D]. 厦门：厦门大学，2006.

[70] 彭娟. 中国零售业态研究现状与文献回顾——基于 CSSCI (2003 ~ 2013) 文献分析 [J]. 重庆工商大学学报（社会科学版），2015，32 (02)：25 - 34.

[71] 干海波. 我国零售业态演化的研究 [D]. 北京：北京交通大学，2016.

[72] 石江艳. 基于 SCP 分析的我国零售业态发展问题研究 [D]. 天津：天津财经大学，2014.

[73] 陈耀庭，华志芹. 生态位理论视角下我国生鲜零售业态的演进 [J]. 中国流通经济，2018，32 (08)：34 - 41.

[74] 温平平. 我国零售业态变迁及结构优化研究 [D]. 天津：天津财经大学，2013.

[75] 邵昶，蒋青云. 营销渠道理论的演进与渠道学习范式的提出 [J]. 外国经济与管理，2011，33（01）：50-58.

[76] 戴环宇. 营销渠道冲突理论与应用研究 [D]. 沈阳：沈阳理工大学，2009.

[77] 贺威. 社会网络视角下渠道演进与知识创新的关系 [D]. 大连：大连理工大学，2009.

[78] 卢向虎，凌翼. 中国营销渠道结构的演进及影响因素评价 [J]. 重庆大学学报（社会科学版），2004（05）：34-38.

[79] 连玉新. 中国家电制造商自建品牌专营店研究 [D]. 太原：山西财经大学，2010.

[80] 刘香. 中国家电业制造商与连锁零售商渠道联盟关系研究 [D]. 青岛：中国海洋大学，2008.

[81] 张剑渝，樊志文. 渠道冲突、协商策略与企业关系质量——契约明确性的调节作用 [J]. 财经科学，2019（06）：83-94.

[82] 张建军，赵启兰. 面向新零售的全渠道供应链整合与优化——基于服务主导逻辑视角 [J]. 当代经济管理，2019，41（04）：23-29.

[83] 李博. 基于全渠道零售的消费者体验影响因素研究 [D]. 沈阳：沈阳工业大学，2018.

[84] 张深律，蔡回超，何佳惠. 浅谈智能化家用电器设备的现状和发展前景 [J]. 科学咨询（科技·管理），2019（12）：51.

[85] 庄贵军. 关于关系营销的几个问题——兼与林有成先生商榷 [J]. 企业营销，1997（06）：48-49.

[86] 陈波. 关系营销与中国关系型商业模式的兼容性研究——社会网络理论的视角 [J]. 北京工商大学学报（社会科学版），2005（03）：66-71.

[87] 彭建仿. 关系营销中的关系取向与演进机制——共生理论视角 [J]. 华东经济管理, 2009 (08): 119 - 122.

[88] 张忠民. 关于网络时代营销理念与实践变化的研究 [J]. 南开管理评论, 2001 (04): 46 - 50.

[89] 朱明洋, 张永强. 社会化媒体营销研究: 概念与实施 [J]. 北京工商大学学报 (社会科学版), 2017 (06): 45 - 55.

[90] 李欣, 张明立, 罗暖. 品牌形象对品牌关系利益的影响 [J]. 管理科学, 2016 (06): 120 - 130.

[91] 张健. 营销新时代——体验经济 [J]. 商业研究, 1999 (11): 33 - 34.

[92] 侯家麟. 体验营销下如何提高顾客忠诚度 [J]. 中国流通经济, 2007 (09): 62 - 64.

[93] 王存. 基于体验消费的电子商务网络营销 [J]. 电子商务, 2018 (11): 151 - 153.

[94] 胡景香. 体验营销在电子商务营销中的运用研究 [J]. 价格月刊, 2016 (07): 73 - 76.

[95] 王崇锋, 刘洋. 业态演进的驱动因素研究——泡泡玛特商业模式探索 [J]. 财务管理研究, 2021 (04): 1 - 10.

[96] 威桥. 泡泡玛特的盛世与泡沫 [J]. 销售与市场 (管理版), 2021 (02): 32 - 34.

[97] 庄郑悦. 盲盒, 能火多久 [N]. 杭州日报, 2019 - 9 - 26 (25).

[98] 卢泰宏. 消费者行为学 50 年: 演化与颠覆 [J]. 外国经济与管理, 2017, 39 (06): 23 - 38.

[99] 黄旻. "赌徒心理" 在股市中的表现及其影响 [J]. 财经界, 2010 (21): 90 - 91.

[100] 宋淑琴, 代淑江. 管理者过度自信、并购类型与并购绩效 [J].

宏观经济研究，2015（05）：139-149.

[101] 陆银. 行为经济学视角下的营销分析 [D]. 昆明：云南大学，2015.

[102] 盘和林. 勿让"盲盒"消费变成资本游戏 [N]. 中国商报，2019-09-24（P02）.

[103] 徐梦迪. 从抓娃娃到抽盲盒，人们在玩具里消费的是什么？[J]. 销售与市场（管理版），2019（05）：76-78.

[104] 张波. O2O移动互联网时代的商业革命 [M]. 北京：机械业出版社，2013.

[105] 曹玉月. 场景和共情：品牌叙事理论的观念创新及实践探索 [J]. 传媒观察，2020（07）：52-59.

[106] 沈国梁. 品牌跨界IP，需要开哪些脑洞？[J]. 中国广告，2019（09）：108-110.

[107] 王赛. 营销4.0：从传统到数字，营销的"变"与"不变"——"现代营销学之父"菲利普·科特勒专访 [J]. 清华管理评论，2017（03）：60-64.

[108] 姚佳. 时装品牌联名营销研究 [D]. 长春：吉林大学，2018.

[109] 卢秋月. 消费主义思潮对"00后"大学生的影响及对策研究 [D]. 长春：东北师范大学，2019.

[110] 杨玉. "互联网+"时代的跨界营销研究 [D]. 哈尔滨：黑龙江大学，2018.

[111] 赵亚琼. 基于消费者学习理论的服装品牌联合效应研究 [D]. 上海：东华大学，2016.

[112] 倪维然. 跨界——品牌营销传播研究 [D]. 苏州：苏州大学，2010.

[113] 唐兴通. 引爆社群——移动互联网时代的新4C法则 [M]. 北

京：机械工业出版社，2015.

[114]［美］罗伯特·斯考伯，谢尔·伊斯雷尔.即将到来的场景时代[M].赵乾坤，周宝曜译.北京：北京联合出版公司，2014.

[115] 阳翼.数字营销[M].北京：中国人民大学出版社，2019.

[116] 周茂君.数字营销概论[M].北京：科学出版社，2019.

[117] 胡涵清，金春华，贠晓哲，等.大数据营销[M].北京：经济管理出版社，2020.

[118] 水藏玺，吴平新."互联网＋"中外电商发展路线图[M].北京：中国纺织出版社，2017.

[119] 郑丽勇.论数字营销的内涵、外延与功能[J].国际品牌观察杂志，2020（08）：22－26.

[120] 姚曦，秦雪冰.技术与生存：数字营销的本质[J].新闻大学，2013（06）：58－63.

[121] 邓倩.新媒体营销研究综述与展望[J].科学决策，2020（08）：67－88.

[122] 叶惠娟.社交电商促进农产品销售对策研究——以拼多多为例[J].商场现代化，2020（24）：1－5.

[123] 艾瑞咨询.2019年中国社交电商行业发展分析报告[R].2020.

[124] 胡子纯.病毒性营销传播机理文献综述[J].市场周刊，2021（09）：86－87，112.

[125] 陈家乐."社交电商"拼多多野蛮增长的经济秘密和未来展望[J].现代商业，2019（02）：5－6.

[126] 赖红波.数字技术赋能与"新零售"的创新机理——以阿里犀牛和拼多多为例[J].中国流通经济，2020（12）：11－19.

[127] 王崇锋，赵潇雨.下沉市场的社交电商商业模式研究——拼多多之胜与淘集集之败[J].财务管理研究，2020：43－49.

［128］王烽权，江积海，王若瑾．人工智能如何重构商业模式匹配性——新电商拼多多案例研究［J］．外国经济与管理，2020（07）：48－63.

［129］华永轩．数字化时代的内容与零售［J］．青年记者，2021（04）：9－12.

［130］陈菡，张佳林，罗冬秀．拼多多的崛起路径与创新机理［J］．财会月刊，2021（01）：155－160.

［131］童世骏，文军，等．我们时代的精神文化生活［M］．上海：上海人民出版社，2019.

［132］Shashank（Sash）Vaid，Michael Ahearne，Ryan Krause. Joint marketing and sales appointment：Uncertainty from intertwining of marketing and sales in one position［J］. Industrial Marketing Management，2020，85：221－239.

［133］Tammo H. A. Bijmolt，Manda Broekhuis，Sander de Leeuw et al. Challenges at the marketing-operations interface in omni-channel retail environments［J］. Journal of Business Research，2019，122（c）：864－874.

［134］Philip Kotler. Marketing Management［M］. Presentice-Hall. International. Inc，2006.

［135］James R. Brown，Ralph L Day. Measures of manifest conflict in distributions channels［J］. Journal of Marketing Research，1981（18）：263－274.

［136］ACR Dressman，Patterns of evolution in retailing［J］. Joarnal of Retailing，1968，44（01）：64－81.

［137］McNair M. P. Significant trends and developments in the Post War Period. Competitiveness of distribution in a free high level economy and its implication for the University，Pittsburg［M］. University of Pittsburg Press，1958.

［138］Hollander S. C. Notes on the retail accordion［J］. Journal of Retailing，1966，42（02）：29－40.

［139］ Valarie A. Zeithaml. Consumer perceptions of price, quality, and value: A means-end model and synthesis of evidence ［J］. Journal of Marketing, 1988, 52（03）: 2－22.

［140］ American Marketing Association. Definitions of Marketing ［EB/OL］. （2020－04－20）（2021－01－10）, https: //www. ama. org/the-definition-of-marketing-what-is-marketing.

［141］ Cait Lamberton, Andrew T. Stephen. A thematic exploration of digital, social media, and mobile marketing: Research evolution from 2000 to 2015 and an agenda for future inquiry ［J］. Journal of Marketing, 2016, 80（06）: 146－172.

［142］ Manjit S. Yadav, Paul A. Pavlou. Marketing in computer-mediated environments: Research synthesis and new directions ［J］. Journal of Marketing, 2014, 78（01）: 20－40.

［143］ Trusov M., Bodapati A. V., Bucklin R. E. Determining influential users in internet social networks ［J］. Journal of Marketing Research, 2010, 47（04）: 643－658.

［144］ Moe W. W., Trusov M. The value of social dynamics in online product ratings forums ［J］. Journal of Marketing Research, 2011, 48（03）: 444－456.

［145］ Bucklin R. E., Sismeiro C. A model of web site browsing behavior estimated on clickstream data ［J］. Journal of Marketing Research, 2003, 40（03）: 249－267.